プリント形式のリアル過去問で本番の臨場感！

山形県

山形学院高等学校

2025年春受験用

解答集

本書は，実物をなるべくそのままに，プリント形式で年度ごとに収録しています。
問題用紙を教科別に分けて使うことができるので，本番さながらの演習ができます。

■ 収録内容

・解答集(この冊子です)

書籍ＩＤ番号，この問題集の使い方，最新年度実物データ，リアル過去問の活用，
解答例と解説，ご使用にあたってのお願い・ご注意，お問い合わせ

・2024(令和６)年度 ～ 2021(令和３)年度　学力検査問題

JN131835

○は収録あり

年度	'24	'23	'22	'21		
■ 問題収録	○	○	○	○		
■ 解答用紙	○	○	○	○		
■ 配点	○	○		○		
■ 英語リスニング音声・原稿						

解答はありますが
解説はありません

注)問題文等非掲載:2024年度国語の四と五，2023年度国語の四，2021年度国語の五，社会の5と6

問題文などの非掲載につきまして

著作権上の都合により，本書に収録している過去入試問題の本文や図表の一部を掲載しておりません。ご不便をおかけし，誠に申し訳ございません。

本文の一部を掲載できなかったことによる国語の演習不足を補うため，論説文および小説文の演習問題のダウンロード付録があります。弊社ウェブサイトから書籍ＩＤ番号を入力してご利用ください。

なお，問題の量，形式，難易度などの傾向が，実際の入試問題と一致しない場合があります。

教英出版

■　書籍ＩＤ番号

入試に役立つダウンロード付録や学校情報などを随時更新して掲載しています。
教英出版ウェブサイトの「ご購入者様のページ」画面で，書籍ＩＤ番号を入力してご利用ください。

書籍ＩＤ番号　105505

（有効期限：2025年9月30日まで）

【入試に役立つダウンロード付録】
「ラストチェックテスト(標準／ハイレベル)」
「高校合格への道」

■　この問題集の使い方

年度ごとにプリント形式で収録しています。針を外して教科ごとに分けて使用します。①片側，②中央のどちらかでとじてありますので，下図を参考に，問題用紙と解答用紙に分けて準備をしましょう（解答用紙がない場合もあります）。

針を外すときは，けがをしないように十分注意してください。また，針を外すと紛失しやすくなりますので気をつけましょう。

① 片側でとじてあるもの

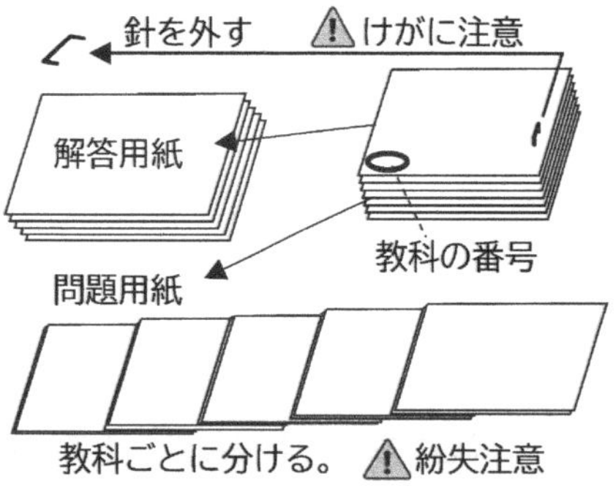

② 中央でとじてあるもの

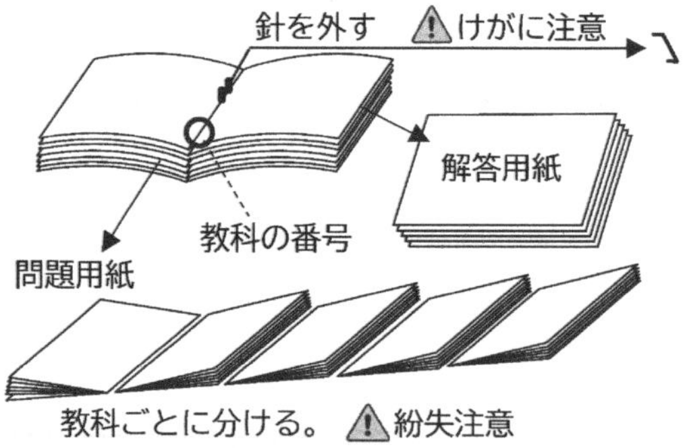

※教科数が上図と異なる場合があります。
解答用紙がない場合や，問題と一体になっている場合があります。
教科の番号は，教科ごとに分けるときの参考にしてください。

■　最新年度　実物データ

実物をなるべくそのままに編集していますが，収録の都合上，実際の試験問題とは異なる場合があります。実物のサイズ，様式は右表で確認してください。

問題用紙	Ａ４冊子(二つ折り)
解答用紙	Ｂ４片面プリント

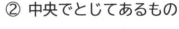

リアル過去問の活用

～リアル過去問なら入試本番で力を発揮することができる～

本番を体験しよう！

問題用紙の形式（縦向き / 横向き），問題の配置や余白など，実物に近い紙面構成なので本番の臨場感が味わえます。まずはパラパラとめくって眺めてみてください。「これが志望校の入試問題なんだ！」と思えば入試に向けて気持ちが高まることでしょう。

入試を知ろう！

同じ教科の過去数年分の問題紙面を並べて，見比べてみましょう。

①　問題の量

毎年同じ大問数か，年によって違うのか，また全体の問題量はどのくらいか知っておきましょう。どのくらいのスピードで解けば時間内に終わるのか，大問ひとつにかけられる時間を計算してみましょう。

②　出題分野

よく出題されている分野とそうでない分野を見つけましょう。同じような問題が過去にも出題されていることに気がつくはずです。

③　出題順序

得意な分野が毎年同じ大問番号で出題されていると分かれば，本番で取りこぼさないように先回りして解答することができるでしょう。

④　解答方法

記述式か選択式か（マークシートか），見ておきましょう。記述式なら，単位まで書く必要があるかどうか，文字数はどのくらいかなど，細かいところまでチェックしておきましょう。計算過程を書く必要があるかどうかも重要です。

⑤　問題の難易度

必ず正解したい基本問題，条件や指示の読み間違いといったケアレスミスに気をつけたい問題，後回しにしたほうがいい問題などをチェックしておきましょう。

問題を解こう！

志望校の入試傾向をつかんだら，問題を何度も解いていきましょう。ほかにも問題文の独特な言いまわしや，その学校独自の答え方を発見できることもあるでしょう。オリンピックや環境問題など，話題になった出来事を毎年出題する学校だと分かれば，日頃のニュースの見かたも変わってきます。

こうして志望校の入試傾向を知り対策を立てることこそが，過去問を解く最大の理由なのです。

実力を知ろう！

過去問を解くにあたって，得点はそれほど重要ではありません。大切なのは，志望校の過去問演習を通して，苦手な教科，苦手な分野を知ることです。苦手な教科，分野が分かったら，教科書や参考書に戻って重点的に学習する時間をつくりましょう。今の自分の実力を知れば，入試本番までの勉強の道すじが見えてきます。

試験に慣れよう！

入試では時間配分も重要です。本番で時間が足りなくなってあわてないように，リアル過去問で実戦演習をして，時間配分や出題パターンに慣れておきましょう。教科ごとに気持ちを切り替える練習もしておきましょう。

心を整えよう！

入試は誰でも緊張するものです。入試前日になったら，演習をやり尽くしたリアル過去問の表紙を眺めてみましょう。問題の内容を見る必要はもうありません。どんな形式だったかな？受験番号や氏名はどこに書くのかな？…ほんの少し見ておくだけでも，志望校の入試に向けて心の準備が整うことでしょう。

そして入試本番では，見慣れた問題紙面が緊張した心を落ち着かせてくれるはずです。

※まれに入試形式を変更する学校もありますが，条件はほかの受験生も同じです。心を整えてあせらずに問題に取りかかりましょう。

山形学院高等学校

《国　語》

一 問一．ア．あいしょう　イ．びんかん　ウ．よわね　　問二．エ　　問三．A．線を引く　B．分断　C．孤立　D．悲しくて寂しい　　問四．立場の違いを超えてどんな人にも届く力がある音楽を、自分も奏でられると思ったから。　　問五．ア，エ　　問六．ウ

二 問一．ア．だんぺんてき　イ．じゅくせい　　問二．イ　　問三．ア　　問四．無関係に見えていた現象の相関発見のトレーニングができる場所。　　問五．体系化　　問六．フィールドワーク　　問七．エ

三 問一．にわかに　　問二．イ　　問三．乞食の僧に物を与えず、ののしり殴りつけて鉢を打ち割ったこと。　問四．エ

四 問一．1．簡単　2．平穏　3．宇宙　4．務　5．幹　　問二．オ　　問三．ウ

五 〈作文のポイント〉

・最初に自分の主張、立場を明確に決め、その内容に沿って書いていく。

・わかりやすい表現を心がける。自信のない表現や漢字は使わない。

さらにくわしい作文の書き方・作文例はこちら！→https://kyoei-syuppan.net/mobile/files/sakupo.html

《数　学》

1　1．(1) -10　(2) $-\frac{23}{12}$　(3) $\frac{3}{2b}$　(4) $\sqrt{3}-4$　　2．$\frac{1\pm\sqrt{61}}{6}$　　3．240　　4．9：4

2　1．ア　　2．(1) $\frac{2}{5}$　(2) $\frac{3}{5}$　　3．(1) $3\sqrt{3}$　(2) $9\sqrt{3}\pi$

3　1．7　　2．③　　3．34，36　　4．ウ

4　1．Aプラン…3800　Bプラン…3300　　2．右グラフ

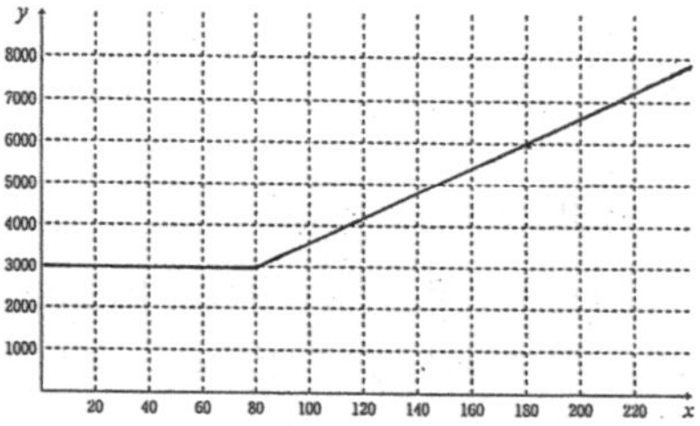

3．(1)50　(2)140　(3)60　(4)B

5　1．$\frac{1}{4}$　　2．$y=\frac{1}{2}x+2$　　3．6　　4．$y=\frac{1}{2}x$

6　1．(1)ひし形　(2)∠DAF　(3)∠ECF　((2)，(3)は順不同)　(4)AD　(5)CE　((4)，(5)は順不同)　(6)1組の辺とその両端の角

2．$2\sqrt{3}$

《社　会》

1　問1．㋤　　問2．ⓐエ　ⓑア　ⓒウ　　問3．ウ　　問4．B　　問5．石油輸出国機構〔別解〕OPEC　問6．難民　　問7．イ，エ　　問8．ア　　問9．(1)経済特区　(2)ア

2　問1．ウ　　問2．猛暑日　　問3．ヒートアイランド現象

問4．［記号／正しい語句］　1)［ウ／約4分の1］　2)［ア／京浜工業地帯］　3)［イ／銀座］　　問5．イ

問6．①カ　②ア

3　問1．(1)太陽暦　(2)ピラミッド　　問2．(1)くさび形文字　(2)太陰暦　　問3．(1)エ　(2)イ　　問4．(1)甲骨文字　(2)儒学〔別解〕儒教　　問5．ウ

4 問1．勘合　問2．カ　問3．Ⅰ．徳川家光　Ⅱ．井伊直弼　問4．ア
問5．異国船打払令〔別解〕無二念打払令　問6．エ　問7．シベリア出兵を見こした米の買いしめや売りおしみが起こったから。　問8．イ　問9．ウ

5 問1．X．18　Y．25　Z．30　問2．(1)イ　(2)三審制　問3．(1)二元代表制　(2)直接請求権　問4．(1)ウ　(2)天皇

6 問1．景気変動　問2．デフレーション〔別解〕デフレ　問3．会社…つくっている会社の利益が増えない　働く人…給料が上がらない　問4．1　問5．消費／所得／法人　問6．Y．輸出　Z．輸入
問7．あやか

《理　科》

1 Ⅰ．問1．メスシリンダー　問2．ウ　問3．(1)A　(2)6
(3)C，E　(4)A　Ⅱ．問1．1.1　問2．ア．大きい　イ．体積

2 問1．黒　問2．$2Cu+O_2 \rightarrow 2CuO$　問3．右グラフ
問4．イ　問5．0.15

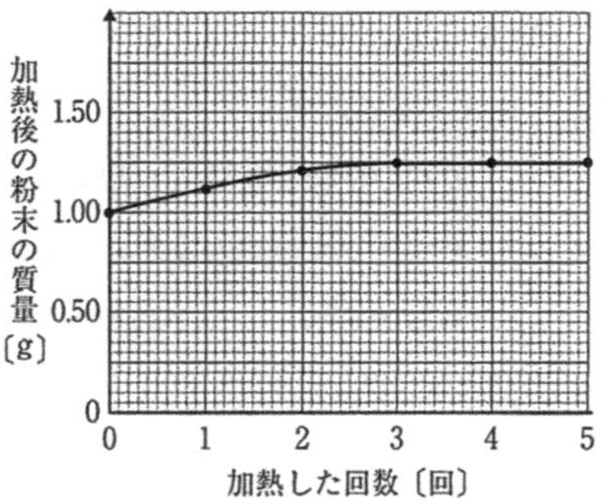

3 問1．ア　問2．ウ　問3．ギンナン…オ　サクランボ…キ
問4．雄花　問5．スギの花粉は風で運ばれるため，広い範囲に飛んでいく。　問6．A．カ　B．イ

4 問1．X．横隔膜　Y．肺胞　問2．筋肉がないから。
問3．空気とふれ合う表面積が大きくなるから。　問4．エ　問5．A　問6．イ

5 問1．慣性　問2．右図　問3．31.5　問4．エ　問5．重力

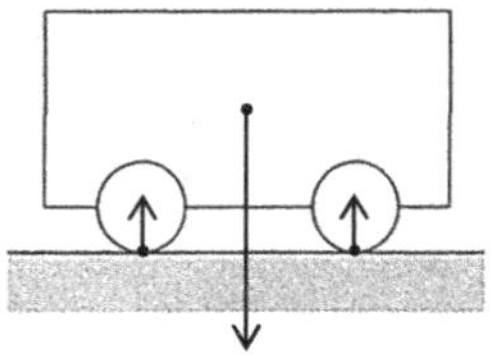

6 問1．①ア　②エ　③イ　問2．送電のとき，発熱による電気エネルギーの損失を少なくするため。　問3．(1)電磁誘導　(2)イ　(3)50　問4．㋑

7 問1．露点　問2．12.8　問3．55.4　問4．①イ　②イ　問5．ウ
問6．湿度が高い空気

8 問1．しゅう曲　問2．断層　問3．プレート運動　問4．ボーリング試料
問5．柱状図　問6．示相化石　問7．オ

《英　語》

1 放送原稿非公表のため，解答例は掲載しておりません。

2 1．(1)join　(2)wrong　(3)breakfast　2．(1)ア　(2)エ　3．(1)X．ウ　Y．オ　Z．エ
(2)X．イ　Y．カ　Z．オ

3 1．イ　2．Korea　3．ア　4．ウ

4 1．ウ　2．(1)It contains more calcium and magnesium than soft water.　(2)Minerals do.　(3)No, it isn't.　3．A
4．日本は山が多いため，水が高い所から低い所へ流れ続け土の中からミネラルを吸収する時間がない。一方で，西洋では，山が少ないため水が時間をかけて流れるので，土の中のミネラルを吸収しやすいから。　5．イ，オ

5 (Kyotoの例文)　I want to visit Kinkakuji Temple.　I also want to eat traditional Japanese food.

2023 解答例 令和5年度　山形学院高等学校

《国　語》

一　問一．ア．いた　イ．びさい　ウ．いま　　問二．イ　　問三．緩慢　　問四．ウ　　問五．作業に集中する時計屋に声をかけるか迷っていたところへ、突然鳴った鳩時計の音に驚いたから。　　問六．イ

二　問一．いいける　　問二．エ　　問三．イ　　問四．土にこぼした水を元に戻すことは不可能だから。
問五．イ　　問六．a．オ　b．ア

三　1．拍手　　2．忠告　　3．開放　　4．厚　　5．撮

四　問一．ア．きょうめい　イ．あこが　ウ．めんどう　　問二．A．エ　B．イ　　問三．ドリーム
問四．受動的　　問五．ア　　問六．イ，ウ　　問七．a．ア　b．オ　c．キ

五　〈作文のポイント〉
・最初に自分の主張、立場を明確に決め、その内容に沿って書いていく。
・わかりやすい表現を心がける。自信のない表現や漢字は使わない。
さらにくわしい作文の書き方・作文例はこちら！→
https://kyoei-syuppan.net/mobile/files/sakupo.html

《数　学》

1　1．(1)2　(2)$\frac{1}{6}$　(3)$2a-3b^2$　(4)$-8\sqrt{3}$　　2．$-\frac{3}{2}$　　3．$\frac{3}{8}$　　4．$6\sqrt{10}\pi$

2　1．(1)$2x+3y=20400$　$x+2y=11800$　(2)大人…5400　子ども…3200　　2．3

3　1．(1)16　(2)5250　(3)(エ)　(4)6000，7500　　2．(1)20　(2)60

4　1．$y=3x$　　2．12　　3．(ア)　　4．$\frac{10}{3}$，$\frac{32}{3}$

5　1．(1)∠BED　(2)∠BGE　((1)，(2)は順不同)　(3)∠DBE　(4)∠EBG　((3)，(4)は順不同)
(5)2組の角がそれぞれ等しい　　2．$\sqrt{3}$

《社　会》

1　問1．ハ　　問2．(a)グレートアーテジアン盆地（下線部は大鑽井でもよい）　(b)シドニー　　問3．Y　　問4．イ
問5．①ウ　②レアメタル　③鉄鉱石　　問6．①ウ　②距離が近いと物を輸送する時間やコストが少なくてすむため。／イギリスがECに加盟して，オーストラリアとイギリスの結び付きが弱まったから。などから1つ

2　問1．(1)X　(2)瀬戸内(の)気候　　問2．エ　　問3．(1)①エ　②イ　③カ　(2)イ　(3)二毛作は異なる作物を栽培するのに対し，二期作は同一の作物を栽培する。　　問4．特徴…瀬戸内海に面した都市や港湾で発達している。
理由…原材料の輸入や製品の輸出に便利だから。

3　問1．(1)ムラ　(2)ウ　　問2．(1)埴輪　(2)ア　　問3．(1)イ　(2)ウ　　問4．(1)正倉院　(2)遣唐使　　問5．ウ

4　問1．①北条泰時　②徳川吉宗　　問2．オ　　問3．ウ　　問4．(1)①将軍　②藩　③武家諸法度　(2)イ，ウ
(3)朝鮮　　問5．ア　　問6．(1)下関　(2)エ　　問7．納税額による制限をなくした〔別解〕25歳以上の全ての男子に選挙権が与えられた　　問8．エ

5　問1．三権分立　　問2．A．立法　B．行政　C．司法　　問3．カ　　問4．(1)18　(2)イ　　問5．(1)イ

⑵一票の格差　問６．⑴エ　⑵メディアリテラシー

6 問１．①社会保険　②公的扶助　③財政政策　④社会福祉　⑤公衆衛生　問２．イ　問３．Ｃ　問４．w

問５．生存権　問６．保健所

《理　科》

1 問１．（炭酸カルシウムが生成するため）白くにごる

問２．記号…ア　化学反応式…$2NaHCO_3 \rightarrow Na_2CO_3 + H_2O + CO_2$

問３．右グラフ　問４．10　問５．ア

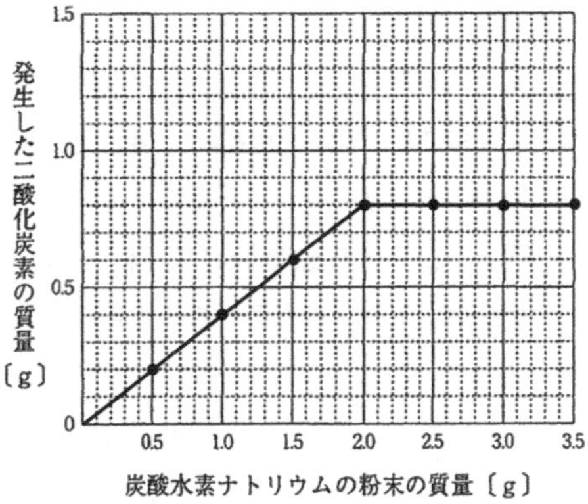

2 問１．ア．黄　イ．赤　ウ．水素　問２．ウ，エ

問３．（ろ紙に電解質である塩化ナトリウムの水溶液をしみ込ませることで）電流が流れるようにするため　問４．エ

問５．酸性の液体…H^+　アルカリ性の液体…OH^-

3 問１．減数分裂　問２．半減している　問３．有性生殖

問４．３番目…カ　６番目…エ　問５．右図

問６．組み合わせが両親と異なる

4 問１．①光合成　②呼吸　問２．分解者　問３．二酸化炭素

問４．ア　問５．Ｄ

3問５の図

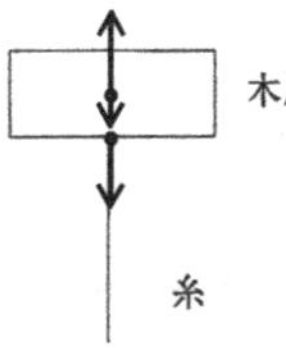

5問１の図

5 問１．右図　問２．イ　問３．2.5　問４．エ

6 問１．等しい　問２．イ　問３．ウ　問４．78000

問５．Ｘ．大きく　Ｙ．大きく

7 問１．おもり　問２．Ｓ波…主要動　Ｐ波…初期微動／4.0　問３．イ　問４．９，26，50　問５．18

8 問１．夏　問２．Ａ　問３．ウ　問４．エ　問５．一晩中地平線の下にあるため観測することはできない。

記号…Ｄ　問６．イ

《英　語》

1 放送原稿非公表のため，解答例は掲載しておりません。

2 １．⑴favorite　⑵twelve　⑶December　２．⑴ア　⑵ウ　３．⑴Ｘ．オ　Ｙ．ウ　Ｚ．エ

⑵Ｘ．エ　Ｙ．オ　Ｚ．イ

3 １．ウ　２．イ　３．4000　４．ア，オ

4 １．農場でのおじいさん達の仕事をよく観察すること／知りたいことがあったら何でも聞くこと

２．⒜Yes, he was.　⒝They cleaned the animals' houses.　３．ウ　４．Do you like the work on the farm?

５．とても美味しい／どこでどのようにして作られたのかよりわかりやすい／値段が高くない　６．エ，カ

5 a doctor in the future.　My father is a doctor and always helps sick people.　I want to help sick people like him.

山形学院高等学校

《国　語》

一　問一．ア．かたすみ　イ．ほうい　ウ．よこはば　　問二．ウ　　問三．音程　　問四．あんまり大～が悪くなる　問五．躍る　　問六．ウ　　問七．歌詞はちっ

二　問一．なりわい　　問二．顔氏家訓に　　問三．漁夫　　問四．イ　　問五．エ　　問六．ア

三　１．栽培　　２．発揮　　３．習慣　　４．健　　５．速

四　問一．ア．けいし　イ．こんげん　ウ．そな　　問二．A．エ　B．イ　　問三．他者への想像力　　問四．同じ　問五．相手への根源的な〈信頼〉を成立させ、他者への想像力を養わせることによって、共存の条件となる他者を思いやる気持ちを育ませる　　問六．エ

五　〈作文のポイント〉

・最初に自分の主張、立場を明確に決め、その内容に沿って書いていく。

・わかりやすい表現を心がける。自信のない表現や漢字は使わない。

さらにくわしい作文の書き方・作文例はこちら！→

https://kyoei-syuppan.net/mobile/files/sakupo.html

《数　学》

1　１．(1)8　(2)1　(3)$\frac{a+5b}{6}$　(4)$4x^2+4x+1$　(5)$-2\sqrt{2}$　　２．$4\pm\sqrt{11}$　　３．$x=5$　$y=8$
４．(1)30°　(2)$\angle x=50°$　$\angle y=95°$

2　１．(1)㋐球　㋑円柱　(2)表面積…36π　体積…36π　　２．(1)$\frac{1}{6}$　(2)$\frac{3}{4}$

3　１．(1)445　(2)42　　２．X．８月下旬　Y．６月下旬　　３．ウ，オ

4　１．16　　２．25.6　　３．エ

5　１．$0\leqq y\leqq 9$　　２．$y=2x+3$　　３．4：1

6　１．(1)平行線の錯角　(2)∠BFG　(3)対頂角　(4)∠BGF　(5)２組の角がそれぞれ等しい　　２．$3\sqrt{5}$

《社　会》

1　問１．a．サハラ　b．ナイル　　問２．ハ　　問３．７　　問４．(1)エ　(2)C　　問５．(1)カカオ　(2)モノカルチャー経済　　問６．(1)銅　(2)レアメタル　　問７．欧米諸国が植民地支配するときに地図上で決めた国境線を今でも使っているから。

2　問１．①山形県　②宮城県　③福島県　④青森県　⑤岩手県　⑥秋田県　　問２．①オ　②イ
問３．東日本大震災　　問４．理由…海から湿った冬の季節風が吹くから。　工夫…消雪道路〔別解〕縦型の信号機
問５．少子高齢化が進んでいること。

3　問１．(1)大王　(2)オ　　問２．(1)聖徳太子　(2)遣隋使　　問３．(1)正倉院　(2)シルクロード　　問４．(1)ア　(2)菅原道真　　問５．(1)金剛力士像　(2)①オ　②エ　③ウ

4　問１．イ　　問２．①ウ　②エ　③ア　　問３．エ　　問４．(1)ウ　(2)イギリス　　問５．(1)ア　(2)殖産興業
問６．(1)ウ　(2)エ　　問７．犬養毅

5 問1．⑴11月3日…ア　5月3日…ウ　⑵主権　⑶小選挙区比例代表並立制　⑷イ　　問2．⑴イ　⑵イ，エ

⑶象徴　　問3．⑴(D)高い　原因…イ　⑵イ　⑶男女雇用機会均等法

6 問1．借りた　　問2．ⓐ　　問3．ア　　問4．直接金融　　問5．ノンバンクはお金を預かることはせず，貸し出しのみを行う。　　問6．オ　　問7．ア．発券　イ．政府　ウ．銀行　　問8．ウ

《理　科》

1 問1．イ　　問2．物質名…二酸化炭素　元素記号…C　　問3．水よりも密度が大きい

問4．ポリプロピレン　　問5．1.3

2 問1．(ア)電解質　(イ)非電解質　　問2．［A］Zn^{2+}　［B］H^{+}　　問3．20　　問4．イ，ウ，エ

問5．イ，オ

3 問1．感覚器官　　問2．刺激を受けとる細胞があるところ…C　名称…網膜　　問3．ウ→エ→イ→ア

問4．記号…ウ　理由…目に入る光の量を調節するため　　問5．ウ

4 問1．ベネジクト液　　問2．煮沸　　問3．⑴ア　⑵エ　⑶酵素がはたらきやすい温度にするため　⑷対照実験

⑸でんぷんは，だ液によって小さな糖に分解される。

5 問1．30　　問2．60　　問3．12　　問4．右図

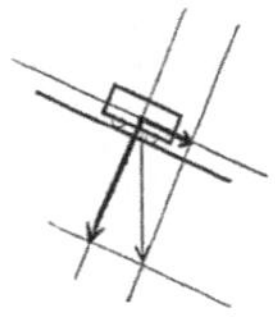

問5．力学的エネルギー…ウ　運動エネルギー…イ

6 問1．15　　問2．ア　　問3．⑴4.8　⑵12　⑶2.4　⑷5

7 問1．等圧線　　問2．高気圧　　問3．イ　　問4．1004　　問5．イ　　問6．名称…寒冷前線　記号…ア

問7．40.7

8 問1．ウ　　問2．b層…イ　a層…エ　　問3．イ　　問4．ア　　問5．エ→ウ→イ→ア

《英　語》

1 リスニング問題省略

2 1．⑴stamp　⑵try　⑶What　　2．⑴ア　⑵エ　　3．⑴X．ア　Y．カ　Z．イ　⑵X．イ　Y．オ　Z．カ

3 1．イ　　2．X．レストラン　Y．休暇　Z．買っ〔別解〕購入し　　3．ア，エ

4 1．B　　2．ウ　　3．私たちだけで私たちの権利を守ることは簡単ではないから。／私たち1人1人の力は小さいが，他の人に助けてもらうことで，私たちの生活をより良いものにしていけるから。などから1つ

4．⑴Because they're very easy to exercise in, and they can protect our legs from cold winds in winter.　⑵No, she didn't.　　5．エ→イ→ア→ウ→オ　　6．Ⅰ．How many　Ⅱ．will become better

5 I love cooking.　I sometimes help my mother for dinner.　After dinner, I wash our family's dishes.　I play games with my friends.

2021 解答例
令和３年度

山形学院高等学校

《国　語》

一　問一．ア．かりぬ　イ．むなもと　ウ．もよう　　問二．A．まじめ　B．にがて　C．人見知り　　問三．エ　問四．女子校って　　問五．ウ　　問六．A．新緑　B．夏空　C．制服（A・Bは順不同）

二　問一．くわえて　　問二．エ　　問三．イ　　問四．A．ア　B．ウ　　問五．Ⅰ．悪人　Ⅱ．奉公

三　1．解熱　　2．強引　　3．仰　　4．和　　5．実況

四　問一．ア．そな　イ．せいぎょ　ウ．えんかく　　問二．A．ア　B．エ　　問三．エ　　問四．自由に動き回れる　　問五．動き回って何か困ったことに出会い、何をなすべきか判断する場合に限られるから。　　問六．ア　問七．イ

五　〈作文のポイント〉

・最初に自分の主張、立場を明確に決め、その内容に沿って書いていく。

・わかりやすい表現を心がける。自信のない表現や漢字は使わない。

さらにくわしい作文の書き方・作文例はこちら！→

https://kyoei-syuppan.net/mobile/files/sakupo.html

《数　学》

1　1．(1)12　(2)$-\frac{9}{7}$　(3)$-a$　(4)2　　2．(1)$\frac{-3\pm\sqrt{17}}{2}$　(2)$x=2$　$y=-1$　　3．$\frac{7}{36}$

2　1．(1)5　(2)$5\sqrt{2}$　　2．(1)2625　(2)4　　3．6

3　1．3　　2．$y=-\frac{1}{2}x+6$　　3．右グラフ

4　1．2　　2．32　　3．2，14

5　1．5　　2．(1)DE　(2)対頂角　(3)錯角　(4)１辺とその両端の角

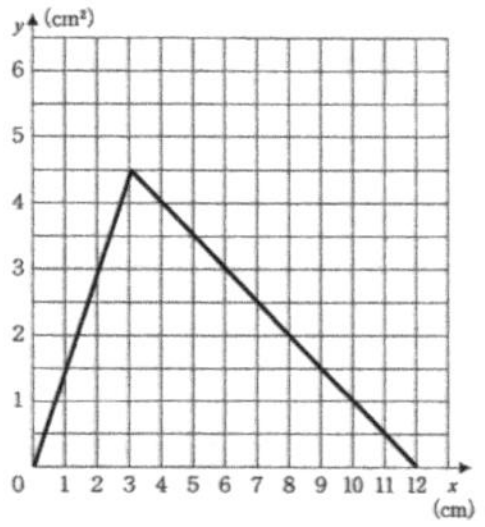

《社　会》

1　問１．(1)アルプス山脈　(2)ア　(3)1．ユーラシア　2．北大西洋　3．偏西風　　問２．ア　　問３．よりよい製品を安く作るため，各国の得意分野を生かして複数の国が分担しているから。
問４．(1)欧州連合〔別解〕ヨーロッパ連合　(2)ウ，エ　(3)イギリス

2　問１．［記号／山脈名］［ウ／赤石山脈］［エ／木曽山脈］　　問２．ア，カ　　問３．冬期間は雪が多く，農作業が難しかったため。　　問４．①あ　②お　③う　　問５．ア　　問６．イ

3　問１．(1)資料Ⅰ…オ　資料Ⅱ…ウ　(2)貝塚　　問２．(1)埴輪　(2)鉄　　問３．(1)C　(2)ア　　問４．(1)貴族　(2)班田収授法　　問５．(1)摂関政治　(2)ウ

4　問１．X．オ　Y．ア　Z．イ　　問２．ウ　　問３．あ．足利尊氏　い．足利義満　　問４．参勤交代
問５．(1)Ⅱ　(2)Ⅳ　　問６．う．25　え．1.1　　問７．イ，ウ

5　問１．二院制　　問２．(1)カ　(2)弾劾裁判　(3)イ　　問３．解散があり，任期も短いため，直近の国民の意見をよ

り反映していると考えられるから。　問4．(1)ア，ウ　(2)格差　問5．(1)イ．6　ロ．3　ハ．半数　(2)イ

6　問1．①オ　②ウ　③ア　問2．(1)A．株主総会　B．取締役会　C．配当　D．株主　(2)株価の変動を利用して差益を得る。　(3)ア，イ，ウ　問3．私企業…ア，エ　公企業…イ，ウ　問4．中小企業…Z　事業所数で1.0%にすぎない大企業が，従業者数，製造品出荷額等で多くの割合を占めること。

《理　科》

1　問1．銅　問2．物質名…水銀　理由…水銀の方が銅より密度が大きいから。(下線部は物質Xでもよい)
問3．20　問4．沸騰石　問5．イ　問6．蒸留

2　Ⅰ．問1．①水素　②水素　③水酸化物　④酸　問2．$HCl + NaOH \rightarrow NaCl + H_2O$　問3．アルカリ
問4．うすい塩酸／7.5　Ⅱ．問5．イ　問6．a

3　問1．ア．被子　イ．胚珠　ウ．子房　エ．精細胞　オ．胚　問2．a　問3．発生　問4．減数分裂

4　問1．毛細血管　問2．ヘモグロビン　問3．酸素の多いところでは酸素と結びつき，酸素の少ないところでは酸素をはなす。　問4．①エネルギー　②呼吸　問5．エ

5　問1．①a　②b　③d　④e　⑤b　⑥c　⑦d　問2．25　問3．c　問4．ウ

6　問1．①5　②5　③位置　問2．1.8　問3．36　問4．位置エネルギーから電気エネルギーに変換される過程で，熱や音など他のエネルギーも生じてしまうから。

7　問1．恒星　問2．太陽からの光を反射しているから。　問3．ウ，エ，オ　問4．ウ
問5．D．木星　E．土星　記号…ウ

8　問1．火山岩　問2．斑晶　問3．斑状組織　問4．②蒸発皿　③水　問5．長石　問6．イ

《英　語》

1　リスニング問題省略

2　1．(1)dentist　(2)follow　(3)between　2．(1)ア　(2)エ
3．(1)X．イ　Y．ウ　Z．ア　(2)X．イ　Y．オ　Z．エ

3　1．X．あ　Y．い　Z．う　2．60歳以上の人が以前よりたくさんスポーツをしていることを知ったから。
3．イ，オ

4　1．I think the battle is not over.　2．After　3．e　4．X．起こってほしくない　Y．テニスの試合に　Z．素晴らしかった　5．1．They talked about many things.　2．Yes, they did.

5　(例文)I like cooking.　Recently, I have more time at home, so I can help my family more.　It's fun to try to make new recipes.

■ ご使用にあたってのお願い・ご注意

（１）問題文等の非掲載

著作権上の都合により，問題文や図表などの一部を掲載できない場合があります。

誠に申し訳ございませんが，ご了承くださいますようお願いいたします。

（２）過去問における時事性

過去問題集は，学習指導要領の改訂や社会状況の変化，新たな発見などにより，現在とは異なる表記や解説になっている場合があります。過去問の特性上，出題当時のままで出版していますので，あらかじめご了承ください。

（３）配点

学校等から配点が公表されている場合は，記載しています。公表されていない場合は，記載していません。

独自の予想配点は，出題者の意図と異なる場合があり，お客様が学習するうえで誤った判断をしてしまう恐れがあるため記載していません。

（４）無断複製等の禁止

購入された個人のお客様が，ご家庭でご自身またはご家族の学習のためにコピーをすることは可能ですが，それ以外の目的でコピー，スキャン，転載（ブログ，ＳＮＳなどでの公開を含みます）などをすることは法律により禁止されています。学校や学習塾などで，児童生徒のためにコピーをして使用することも法律により禁止されています。

ご不明な点や，違法な疑いのある行為を確認された場合は，弊社までご連絡ください。

（５）けがに注意

この問題集は針を外して使用します。針を外すときは，けがをしないように注意してください。また，表紙カバーや問題用紙の端で手指を傷つけないように十分注意してください。

（６）正誤

制作には万全を期しておりますが，万が一誤りなどがございましたら，弊社までご連絡ください。

なお，誤りが判明した場合は，弊社ウェブサイトの「ご購入者様のページ」に掲載しておりますので，そちらもご確認ください。

■ お問い合わせ

解答例，解説，印刷，製本など，問題集発行におけるすべての責任は弊社にあります。

ご不明な点がございましたら，弊社ウェブサイトの「お問い合わせ」フォームよりご連絡ください。迅速に対応いたしますが，営業日の都合で回答に数日を要する場合があります。

ご入力いただいたメールアドレス宛に自動返信メールをお送りしています。自動返信メールが届かない場合は，「よくある質問」の「メールの問い合わせに対し返信がありません。」の項目をご確認ください。

また弊社営業日（平日）は，午前９時から午後５時まで，電話でのお問い合わせも受け付けています。

2025 春

株式会社教英出版

〒422-8054　静岡県静岡市駿河区南安倍３丁目 12-28

TEL　054-288-2131　　FAX　054-288-2133

URL　https://kyoei-syuppan.net/

MAIL siteform@kyoei-syuppan.net

学校別問題集

北海道
①札幌北斗高等学校
②北星学園大学附属高等学校
③東海大学付属札幌高等学校
④立命館慶祥高等学校
⑤北海高等学校
⑥北見藤高等学校
⑦札幌光星高等学校
⑧函館ラ・サール高等学校
⑨札幌大谷高等学校
⑩北海道科学大学高等学校
⑪遺愛女子高等学校
⑫札幌龍谷学園高等学校
⑬札幌日本大学高等学校
⑭札幌第一高等学校
⑮旭川実業高等学校
⑯北海学園札幌高等学校

青森県
①八戸工業大学第二高等学校

宮城県
①聖和学園高等学校(A日程)
②聖和学園高等学校(B日程)
③東北学院高等学校(A日程)
④東北学院高等学校(B日程)
⑤仙台大学附属明成高等学校
⑥仙台城南高等学校
⑦東北学院榴ケ岡高等学校
⑧古川学園高等学校
⑨仙台育英学園高等学校(A日程)
⑩仙台育英学園高等学校(B日程)
⑪聖ウルスラ学院英智高等学校
⑫宮城学院高等学校
⑬東北生活文化大学高等学校
⑭東北高等学校
⑮常盤木学園高等学校
⑯仙台白百合学園高等学校
⑰尚絅学院高等学校(A日程)
⑱尚絅学院高等学校(B日程)

山形県
①日本大学山形高等学校
②惺山高等学校
③東北文教大学山形城北高等学校
④東海大学山形高等学校
⑤山形学院高等学校

福島県
①日本大学東北高等学校

新潟県
①中越高等学校
②新潟第一高等学校
③東京学館新潟高等学校
④日本文理高等学校
⑤新潟青陵高等学校
⑥帝京長岡高等学校
⑦北越高等学校
⑧新潟明訓高等学校

富山県
①高岡第一高等学校
②富山第一高等学校

石川県
①金沢高等学校
②金沢学院大学附属高等学校
③遊学館高等学校
④星稜高等学校
⑤鵬学園高等学校

山梨県
①駿台甲府高等学校
②山梨学院高等学校(特進)
③山梨学院高等学校(進学)
④山梨英和高等学校

岐阜県
①鶯谷高等学校
②富田高等学校
③岐阜東高等学校
④岐阜聖徳学園高等学校
⑤大垣日本大学高等学校
⑥美濃加茂高等学校
⑦済美高等学校

静岡県
①御殿場西高等学校
②知徳高等学校
③日本大学三島高等学校
④沼津中央高等学校
⑤飛龍高等学校
⑥桐陽高等学校
⑦加藤学園高等学校
⑧加藤学園暁秀高等学校
⑨誠恵高等学校
⑩星陵高等学校
⑪静岡県富士見高等学校
⑫清水国際高等学校
⑬静岡サレジオ高等学校
⑭東海大学付属静岡翔洋高等学校
⑮静岡大成高等学校
⑯静岡英和女学院高等学校
⑰城南静岡高等学校
⑱静岡女子高等学校
⑲常葉大学附属常葉高等学校
常葉大学附属橘高等学校
常葉大学附属菊川高等学校
⑳静岡北高等学校
㉑静岡学園高等学校
㉒焼津高等学校
㉓藤枝明誠高等学校
㉔静清高等学校
㉕磐田東高等学校
㉖浜松学院高等学校
㉗浜松修学舎高等学校
㉘浜松開誠館高等学校
㉙浜松学芸高等学校
㉚浜松聖星高等学校
㉛浜松日体高等学校
㉜聖隷クリストファー高等学校
㉝浜松啓陽高等学校
㉞オイスカ浜松国際高等学校

愛知県
①[国立]愛知教育大学附属高等学校
②愛知高等学校
③名古屋経済大学市邨高等学校
④名古屋経済大学高蔵高等学校
⑤名古屋大谷高等学校
⑥享栄高等学校
⑦椙山女学園高等学校
⑧大同大学大同高等学校
⑨日本福祉大学付属高等学校
⑩中京大学附属中京高等学校
⑪至学館高等学校
⑫東海高等学校
⑬名古屋たちばな高等学校
⑭東邦高等学校
⑮名古屋高等学校
⑯名古屋工業高等学校
⑰名古屋葵大学高等学校
(名古屋女子大学高等学校)
⑱中部大学第一高等学校
⑲桜花学園高等学校
⑳愛知工業大学名電高等学校
㉑愛知みずほ大学瑞穂高等学校
㉒名城大学附属高等学校
㉓修文学院高等学校
㉔愛知啓成高等学校
㉕聖カピタニオ女子高等学校
㉖滝高等学校
㉗中部大学春日丘高等学校
㉘清林館高等学校
㉙愛知黎明高等学校
㉚岡崎城西高等学校
㉛人間環境大学附属岡崎高等学校
㉜桜丘高等学校

㉝光ヶ丘女子高等学校
㉞藤ノ花女子高等学校
㉟栄徳高等学校
㊱同朋高等学校
㊲星城高等学校
㊳安城学園高等学校
㊴愛知産業大学三河高等学校
㊵大成高等学校
㊶豊田大谷高等学校
㊷東海学園高等学校
㊸名古屋国際高等学校
㊹啓明学館高等学校
㊺聖霊高等学校
㊻誠信高等学校
㊼誉高等学校
㊽杜若高等学校
㊾菊華高等学校
㊿豊川高等学校

三重県

①暁高等学校（3年制）
②暁高等学校（6年制）
③海星高等学校
④四日市メリノール学院高等学校
⑤鈴鹿高等学校
⑥高田高等学校
⑦三重高等学校
⑧皇學館高等学校
⑨伊勢学園高等学校
⑩津田学園高等学校

滋賀県

①近江高等学校

大阪府

①上宮高等学校
②大阪高等学校
③興國高等学校
④清風高等学校
⑤早稲田大阪高等学校
（早稲田摂陵高等学校）
⑥大商学園高等学校
⑦浪速高等学校
⑧大阪夕陽丘学園高等学校
⑨大阪成蹊女子高等学校
⑩四天王寺高等学校
⑪梅花高等学校
⑫追手門学院高等学校
⑬大阪学院大学高等学校
⑭大阪学芸高等学校
⑮常翔学園高等学校
⑯大阪桐蔭高等学校
⑰関西大倉高等学校
⑱近畿大学附属高等学校
⑲金光大阪高等学校
⑳星翔高等学校
㉑阪南大学高等学校
㉒箕面自由学園高等学校
㉓桃山学院高等学校
㉔関西大学北陽高等学校

兵庫県

①雲雀丘学園高等学校
②園田学園高等学校
③関西学院高等部
④灘高等学校
⑤神戸龍谷高等学校
⑥神戸第一高等学校
⑦神港学園高等学校
⑧神戸学院大学附属高等学校
⑨神戸弘陵学園高等学校
⑩彩星工科高等学校
⑪神戸野田高等学校
⑫滝川高等学校
⑬須磨学園高等学校
⑭神戸星城高等学校
⑮啓明学院高等学校
⑯神戸国際大学附属高等学校
⑰滝川第二高等学校
⑱三田松聖高等学校
⑲姫路女学院高等学校
⑳東洋大学附属姫路高等学校
㉑日ノ本学園高等学校
㉒市川高等学校
㉓近畿大学附属豊岡高等学校
㉔夙川高等学校
㉕仁川学院高等学校
㉖育英高等学校

奈良県

①西大和学園高等学校

岡山県

①［県立］岡山朝日高等学校
②清心女子高等学校
③就実高等学校
（特別進学コース〈ハイグレード・アドバンス〉）
④就実高等学校
（特別進学チャレンジコース・総合進学コース）
⑤岡山白陵高等学校
⑥山陽学園高等学校
⑦関西高等学校
⑧おかやま山陽高等学校
⑨岡山商科大学附属高等学校
⑩倉敷高等学校
⑪岡山学芸館高等学校（1期1日目）
⑫岡山学芸館高等学校（1期2日目）
⑬倉敷翠松高等学校
⑭岡山理科大学附属高等学校
⑮創志学園高等学校
⑯明誠学院高等学校
⑰岡山龍谷高等学校

広島県

①［国立］広島大学附属高等学校
②［国立］広島大学附属福山高等学校
③修道高等学校
④崇徳高等学校
⑤広島修道大学ひろしま協創高等学校
⑥比治山女子高等学校
⑦呉港高等学校
⑧清水ヶ丘高等学校
⑨盈進高等学校
⑩尾道高等学校
⑪如水館高等学校
⑫広島新庄高等学校
⑬広島文教大学附属高等学校
⑭銀河学院高等学校
⑮安田女子高等学校
⑯山陽高等学校
⑰広島工業大学高等学校
⑱広陵高等学校
⑲近畿大学附属広島高等学校福山校
⑳武田高等学校
㉑広島県瀬戸内高等学校（特別進学）
㉒広島県瀬戸内高等学校（一般）
㉓広島国際学院高等学校
㉔近畿大学附属広島高等学校東広島校
㉕広島桜が丘高等学校

山口県

①高水高等学校
②野田学園高等学校
③宇部フロンティア大学付属香川高等学校
（普通科〈特進・進学コース〉）
④宇部フロンティア大学付属香川高等学校
（生活デザイン・食物調理・保育科）
⑤宇部鴻城高等学校

徳島県

①徳島文理高等学校

香川県

①香川誠陵高等学校
②大手前高松高等学校

愛媛県

①愛光高等学校
②済美高等学校
③FC今治高等学校
④新田高等学校
⑤聖カタリナ学園高等学校

福岡県

①福岡大学附属若葉高等学校
②精華女子高等学校(専願試験)
③精華女子高等学校(前期試験)
④西南学院高等学校
⑤筑紫女学園高等学校
⑥中村学園女子高等学校(専願入試)
⑦中村学園女子高等学校(前期入試)
⑧博多女子高等学校
⑨博多高等学校
⑩東福岡高等学校
⑪福岡大学附属大濠高等学校
⑫自由ケ丘高等学校
⑬常磐高等学校
⑭東筑紫学園高等学校
⑮敬愛高等学校
⑯久留米大学附設高等学校
⑰久留米信愛高等学校
⑱福岡海星女子学院高等学校
⑲誠修高等学校
⑳筑陽学園高等学校(専願入試)
㉑筑陽学園高等学校(前期入試)
㉒真颯館高等学校
㉓筑紫台高等学校
㉔純真高等学校
㉕福岡舞鶴高等学校
㉖折尾愛真高等学校
㉗九州国際大学付属高等学校
㉘祐誠高等学校
㉙西日本短期大学附属高等学校
㉚東海大学付属福岡高等学校
㉛慶成高等学校
㉜高稜高等学校
㉝中村学園三陽高等学校
㉞柳川高等学校
㉟沖学園高等学校
㊱福岡常葉高等学校
㊲九州産業大学付属九州高等学校
㊳近畿大学附属福岡高等学校
㊴大牟田高等学校
㊵久留米学園高等学校
㊶福岡工業大学附属城東高等学校
(専願入試)
㊷福岡工業大学附属城東高等学校
(前期入試)
㊸八女学院高等学校
㊹星琳高等学校
㊺九州産業大学付属九州産業高等学校
㊻福岡雙葉高等学校

佐賀県

①龍谷高等学校
②佐賀学園高等学校
③佐賀女子短期大学付属佐賀女子高等学校
④弘学館高等学校
⑤東明館高等学校
⑥佐賀清和高等学校
⑦早稲田佐賀高等学校

長崎県

①海星高等学校(奨学生試験)
②海星高等学校(一般入試)
③活水高等学校
④純心女子高等学校
⑤長崎南山高等学校
⑥長崎日本大学高等学校(特別入試)
⑦長崎日本大学高等学校(一次入試)
⑧青雲高等学校
⑨向陽高等学校
⑩創成館高等学校
⑪鎮西学院高等学校

熊本県

①真和高等学校
②九州学院高等学校
(奨学生・専願生)
③九州学院高等学校
(一般生)
④ルーテル学院高等学校
(専願入試・奨学入試)
⑤ルーテル学院高等学校
(一般入試)
⑥熊本信愛女学院高等学校
⑦熊本学園大学付属高等学校
(奨学生試験・専願生試験)
⑧熊本学園大学付属高等学校
(一般生試験)
⑨熊本中央高等学校
⑩尚絅高等学校
⑪文徳高等学校
⑫熊本マリスト学園高等学校
⑬慶誠高等学校

大分県

①大分高等学校

宮崎県

①鵬翔高等学校
②宮崎日本大学高等学校
③宮崎学園高等学校
④日向学院高等学校
⑤宮崎第一高等学校
(文理科)
⑥宮崎第一高等学校
(普通科・国際マルチメディア科・電気科)

鹿児島県

①鹿児島高等学校
②鹿児島実業高等学校
③樟南高等学校
④れいめい高等学校
⑤ラ・サール高等学校

新刊
もっと過去問シリーズ

愛知県

愛知高等学校
7年分(数学・英語)
中京大学附属中京高等学校
7年分(数学・英語)
東海高等学校
7年分(数学・英語)
名古屋高等学校
7年分(数学・英語)
愛知工業大学名電高等学校
7年分(数学・英語)
名城大学附属高等学校
7年分(数学・英語)
滝高等学校
7年分(数学・英語)

※もっと過去問シリーズは入学試験の実施教科に関わらず、数学と英語のみの収録となります。

教英出版
〒422-8054
静岡県静岡市駿河区南安倍3丁目12−28
TEL 054-288-2131
FAX 054-288-2133
詳しくは教英出版で検索
教英出版 検索
URL https://kyoei-syuppan.net/

2024年度

山形学院高等学校入学者選抜
学力試験問題

国　語

（ 8：50 ～ 9：40 ）

注　意

1 「開始」の合図があるまで、開いてはいけません。

2 問題は、7ページまであります。

3 **作文**は、五にあります。

4 「開始」の合図があったら、まず、解答用紙に受験番号を書きなさい。

5 答えは、すべて解答用紙に書きなさい。

6 「終了」の合図で、筆記用具をおき、解答用紙を裏返しにしなさい。

2024(R6) 山形学院高
教英出版

一　次の文章を読んで、あとの問いに答えなさい。

（十歳の眠人《みんと》は、公園で偶然聞いた春帆《はるほ》の沖縄民謡に心ひかれ、春帆に頼み込んで三線《さんしん》（沖縄の弦楽器）を教えてもらうことになった。春帆は沖縄出身で、親戚の家に住んで東京の高校に通っている。レッスンには眠人の同級生の竜征《りゅうせい》が同席することもあった。）

三線のレッスンが再開された。以前と同じく春帆と会えたときに限ってのレッスンだ。しかしレッスンの時間は長くなった。最低でも一時間、長いときは二時間にも及び、春帆は真剣に教えてくれた。

「はいたい！　はーるーです。さて、今日もレッスンを始めましょう」

最近の春帆は、テレビの子供番組で見かける進行役のお姉さんみたいなノリでレッスンを開始する。「はいたい」は沖縄の軽い挨拶《あいさつ》だそうで、「はーるー」は春帆自身の[ア]愛称らしい。

「いつかインターネットの動画で三線講座を開きたいんだよ。いまからその練習をしようと思ってさ」

ちなみに「はいたい」は女の人が言う挨拶で、男の人は「はいさい」と言うのだそうだ。一時期、竜征とのあいだで「はいさい」は流行《はや》った。

沖縄の言葉は「うちなーぐち」と呼ばれるという。春帆は親しくなればなるほど、うちなーぐちを使うようになった。語尾も「さぁ」と上がった。眠人も竜征もついついそのしゃべり方に引っ張られ、同じようにしゃべってしまう。うちなーぐちのおおらかで温かな感じのせいだろう。ついついまねしたくなってしまうのだ。

レッスンが行われた日に春帆が宿題を見てくれることもあった。眠人と竜征のテストの点数の悪さに驚いた春帆が、勉強を見てやると言い出したのだ。

竜征が公園に来ない日は春帆とふたりきり。いろんなことを話した。たとえばパチンコばかりしている父について。母が亡くなっていることについて。やさしかった祖母について。竜征以外の友達がいないことについて。学校の図書室で本を借りるのが好きなことについて。自分よりも年齢の上の人とゆっくりと話し、親身になって聞いてもらう。こうした体験は初めてだった。

「学校は線を引く場所だからいやなんだ」

そう眠人が訴えたら、春帆は　1　。

「線を引く場所？」

「男子と女子のあいだとか、仲のいい人とそうじゃない人のあいだとか、イ

「どんな人にも届く力」

小声で春帆の言葉を復唱してみた。心に響いた言葉だったから。

「それでね、誰の心にも届く音楽を、わたしも眠人も奏でることができるわけでしょう」

春帆は微笑みつつ、手にしていた自らの三線に視線を落とした。

「音楽」

いままで何度も耳にし、口にしてきた言葉だ。でも特別な意味を帯びて聞こえ、胸に響いた。音楽はこれからの自分の行き先を照らす光にもなる。そんなふうにも感じられた。

[3]音楽というその言葉が特別に聞こえた日から、さらに熱心にレッスンを受けるようになった。いまにして思えば夢のような日々だったと言える。家や学校に居場所がなくても、公園に行けば尊敬できる春帆がいた。親しい竜征がいた。夢中になれる三線があった。年上の人が苦手だったのに、春帆と[ウ]軽口を叩《たた》けるまでになった。気づけばクラスメイトに自らの考えを述べたり、弱音を吐いたりもできるようになっていた。

「眠人は変わったね」

十二月にやってきた春帆との別れの日、彼女はそう言って頭を撫《な》でてくれた。春帆は沖縄に帰り、地元の高校に転入するのだという。すでに何回か沖縄に戻っていて、転入試験も受けていた。

「わたしさ、おばあみたいな三線の先生になりたいんだよ」

沖縄に戻ることを初めて報告してきたときの春帆は晴れ晴れとしていた。出会ってから見たなかで一番いい笑顔をしていた。[4]引き止めるような言葉は口にできなかった。

〈関口尚『虹の音色が聞こえたら』による。一部省略がある。〉

〔注〕
＊おばあ＝「おばあちゃん」を表す沖縄の言葉。

問一　～～～部**ア**～**ウ**の漢字の読み方を、ひらがなで書きなさい。

問二　1　にあてはまる語として最も適切なものを、次の**ア**～**エ**の中から一つ選び、記号で答えなさい。

ア　顔をしかめた　　**イ**　出鼻をくじかれた
ウ　肩を落とした　　**エ**　小首をかしげた

ケてるやつとイケてないやつのあいだとか」

「それはあるね」

「線ってどんどん引かれてって、毎日のように新しくなって、そういうのにイ敏感じゃないと駄目って感じもいやなんだ」

「学校って線を引いてグループ分けしたがるところだからね。わたしなんて沖縄出身で言葉もイントネーションも違うし、見た目もみんなとちょっと違うから、しょっちゅう線を引かれる側だよ」

「ぼくも引かれる側。引かれて外側に出されちゃう。あいつはお母さんがいないやつ、家にお金がなくてゲームもケータイも持ってないやつ、勉強のできないやつって。でもさ、そういう線引きをするから、揉《も》めたりけんかしたりするんじゃないかな。たぶん線を引くから戦争って起きるんだよ。国と国のあいだに線を引いたり、お金のある人とない人のあいだで線を引いたりするから」

「なるほどね」と春帆は真面目な顔でうなずいた。「眠人の言う通りかもしれないね。国が違うからって線を引いて、人種が違うからって線を引いて、信じてる神様が違うからって線を引いて、みんな分かれて争ってるわけだもんね」

「線は毎日増えてって、この世界を小刻みに分けてって、身の回りのどんなことにも引かれて、みんなをどんどんひとりにしていくんだよ。孤立ってやつ。で、みんな自分で引いた線で苦しんでる。それって悲しくて寂しいことだよ」

いままでぼんやりと考えていたことだけれど、春帆を相手に話してみると不思議とうまく言葉にできた。

「悲しくて寂しい、か。わたしは2眠人みたいな見方でこの世界を見たことがなかったな。眠人って繊細だね。それでやさしい」

「やさしい?」

「わたしだったら線を引かれたその時点で憎んじゃう。ばか野郎って。でも眠人は違うわけでしょう。やさしいよ」

褒められ慣れていなくて、恥ずかしくなってうつむいた。

「でもね、眠人。世界がどんなに細かく線引きされても、たとえみんながばらばらに分断されても、わたしたちには音楽があるじゃないの」

「音楽?」

「わたしのおばあ*が言ってたよ。音楽には立場の違いを超えてどんな人にも届く力があるって。沖縄の歴史はね、線を引かれて外側に置かれることが多かったんだよ。おばあはそういう歴史を踏まえて言ったんだと思う」

問三 ——部2「眠人みたいな見方」を説明した次の文の空欄に入れる適切な言葉を、それぞれ指定の字数で本文中から抜き出して書きなさい。

人間は身の回りのあらゆるものに［A（四字）］ことによって世界を小刻みに［B（二字）］するが、それが原因となってどんどん［C（二字）］してしまうことを、［D（七字）］ととらえる見方。

問四 ——部3「音楽というその言葉が特別に聞こえた」と眠人が感じた理由を、四十字以内で説明しなさい。

問五 ——部4「引き止めるような言葉は口にできなかった」における眠人の心情として適切なものを、次の**ア〜エ**から二つ選び、記号で答えなさい。

ア 夢を持って前に進む春帆を応援する気持ち。

イ 春帆と二度と会えないかもしれないという恐怖。

ウ 三線の先生になって春帆に恩返しするという決意。

エ せっかく出会えた春帆と離れることの切なさ。

問六 本文を読んだ生徒四人が述べる感想のうち、本文の内容に照らして明らかに**適切でないもの**を、次の**ア〜エ**から一つ選び、記号で答えなさい。

ア 生徒A「この話は、『線を引く』という言葉が一つのキーワードになっていますね。眠人の言葉に春帆が同意している様子がうかがえます。」

イ 生徒B「眠人も春帆も『線を引かれた』経験を語っていますね。その上で音楽を通して前向きに生きようとする姿が印象的でした。」

ウ 生徒C「二人が演奏する『三線』にも『線』の字が入っていて、興味深いと思いました。ここからこの二人の間にも『線』があることが読み取れます。」

エ 生徒D「眠人の成長も見られますね。年上の人が苦手だった彼が春帆に心を開いていくことで、彼自身が一つの『線』を超えたのだと感じました。」

二　次の文章を読んで、あとの問いに答えなさい。

わたしたちは、ふだん世界を知る手段として、メディアを活用している。インターネットの発達によって、いまでは誰でもいつでも、比較的容易に一定レベルまでの情報にはアクセスできるようになった。インターネットが普及する前なら、[1]しかるべき紹介状をもっていないと、*ペンタゴンや*ホワイトハウスはもちろん、大学の研究室でも門前払いされたものである。紹介者の[2]〝格〟によってアクセスできる情報の質が大きく変わったりもした。ところが、いまでは定型化された公式の情報であれば、高校生でもインターネットを通じて入手できるようになった。

しかし、大量の情報にアクセスできるようになるにつれ、膨大な情報のなかから筋道を立てて体系化したものの見方や考え方をつくっていくことが、ますます難しくなってきている。メディアも、体系化した情報の提供からはどんどん遠ざかり、ちぎっては投げちぎっては投げで、[ア]断片的な情報ばかりを扱うようになってきた。

バラバラな情報と、いかにつき合えば、わたしたちは自分なりの世界像――仮説といってもいいだろう――を構築していけるのだろうか。

[3]わたしは、まず古本屋通いをおすすめする。いや、おすすめというよりは不可欠な話だと思っている。

古本屋通いの何がバラバラな情報を統合していく上でのトレーニングになるのかといえば、目当ての本以外の、それまで意識しなかった、あるいは知らなかった本が同じ棚や近くの棚に並んでいるのを目にし手に取ることで、わたしたちに思いもかけぬ相関の発見を促すからである。本と本との相関が見えなければ知性は花開かない。

無論、新刊書店でもいいのだが、いまの新刊書店は売れ筋のものばかりを平積みしているところが多いので、あまり発見がない。しかも、似たり寄ったりのものを一カ所に集めすぎている。

図書館でもいいが、日頃ネットで行っている「検索型アプローチ」（それも必要だが）ではトレーニングにならない。本の前に立って、じっと本を眺めて、手にとって考える。これが重要なのである。なぜか。情報と情報の相

〔注〕
＊ペンタゴン＝　アメリカ国防総省の本庁舎。バージニア州にある。
＊ホワイトハウス＝　アメリカのワシントンにある、大統領が国の仕事をするための建物。
＊プロットする＝　表に点を打つ。
＊揺籃《ようらん》期＝　ものごとの発展していく、初めの時期。

問一　～～部**ア**、**イ**の漢字の読み方を、ひらがなで書きなさい。

問二　――部**1**「しかるべき」の品詞として最も適切なものを、次の**ア**～**エ**から一つ選び、記号で答えなさい。

ア　副詞　　**イ**　連体詞　　**ウ**　接続詞　　**エ**　助動詞

問三　――部**2**における「〝格〟」と同じ意味で使われている「格」が含まれる言葉を、次の**ア**～**エ**から一つ選び、記号で答えなさい。

ア　格式　　**イ**　格子　　**ウ**　格闘　　**エ**　骨格

問四　――部**3**「わたしは、まず古本屋通いをおすすめする」とあるが、筆者は「古本屋」をどのような場所だととらえていますか。次の三つの言葉を使って、三十字以内で書きなさい。なお、三つの言葉はどのような順序で使ってもかまいません。

無関係　　**相関**　　**トレーニング**

関は、表題だけではわからないことが多いからだ。「なぜ、この本がここに？」と思ったら、目次を開いてみる。すると、表題からは伝わらなかった斬新《ざんしん》な切り口が見えたりする。

　そういう発見をひとつひとつ積み重ねていくことで、情報相互の連関や無関係に見えていた現象の相関などが、だんだん見えてくるようになる。そのうち、個々の情報をプロット*する座標軸のようなものが頭のなかに形成されていき、さらには、座標軸自体が多次元的なものへと発展していく。4知識が、「全体知」へと高まっていくのである。

　もちろん、本屋でなければ相関発見のトレーニングができないわけではない。要するに、深くものを考えるためには、思考のプロセスを成熟させていく揺籃期*のような時期が必要で、その場として本屋は格好の場所なのである。「世界を知る」とは、断片的だった知識が、さまざまな相関を見出すことによってスパークして結びつき、全体的な知性へと変化していく過程を指すのではないだろうか。

　本屋の話ばかりしていると、文献だけ読んでいれば世界はつかめる、と勘違いする人が出るかもしれない。わたしは、「世界を知る力」を養うためには、大空から世界を見渡す「鳥の眼」と、しっかりと地面を見つめる「虫の眼」の両方が必要だと考えている。その「虫の眼」を鍛えるのは、なんといってもフィールドワークである。

　いま思い起こすと、文献に当たるだけではつかめない細かな真実や人間社会の深みを求めて、現場に立ち人々の声に耳を傾けていた自分の姿が浮かぶ。それが、わたしの原風景なのだろう。文献同様、フィールドワークをも重視する姿勢は、その頃からまったく変わらない。

　生身の身体性を有した体験は、ネットを通じてディスプレイに表示される情報とは比較にならないほどの強い印象を、わたしたちの脳に刻み込む。それが、文献では得られない強い問題意識を醸成させる。ただし、それをイ熟成させていくには、文献の力が必要だ。深い知恵は、［　Ⅰ　］と文献の相関のなかでしか生まれないのである。

〈寺島実郎『世界を知る力』ＰＨＰ研究所による。一部省略がある。〉

問五　――部4「知識が、『全体知』へと高まっていく」とはどのようなことですか。次のような形で説明したとき、［　　］に入る適切な言葉を、本文中から三字で抜き出して書きなさい。

　バラバラだった知識が［　　］されて、つながりのあるひとつの知識に変化すること。

問六　［　Ⅰ　］に入る適切な言葉を、本文中から抜き出して書きなさい。

問七　本文の内容について述べたものとして最も適切なものを、次の**ア**～**エ**から一つ選び、記号で答えなさい。

ア　図書館は売れ筋のものばかり置いてあり、おもしろみがない。
イ　それなりの地位がなければ、多くの情報は入手できない。
ウ　高校生には、インターネットではなく、読書をすすめたい。
エ　古本屋では新刊書店に比べ、思いがけない本との出会いがある。

三　次の文章を読んで、あとの問いに答えなさい。

今は昔、備中《びちう》の国小田の郡に、白髪部《しらかべ》の猪麿《ゐまろ》といふものありけり。心邪見《じやけん》にして、*三宝を信ぜず。また人に物を与ふる心なかりけり。*しかる間、*乞食の僧ありて、猪麿が家に至りて食を乞《こ》ふ。猪麿物を*施せずして、乞食を*罵り打ちて、その乞食の持ちたる鉢を打ち破《わ》りて、追ひ去《の》けつ。その後、要事《えうじ》ありて他の郷《さと》に行く間、途中にして、にはかに雨降り風吹く。然《しか》れば、行く事能《あた》はずして、しばらく人の倉の有る下に立ち寄りて、雨風の止むを待つ間に、その倉にはかに倒れぬ。然れば、猪麿打ちおそはれて死ぬ。*妻子眷属に思ふ事をもいひ置かずして、思ひ懸《か》けずして死ぬれば、「此《こ》れ他にあらず、乞食に物を施せずして、罵り打ちて、鉢を打ち破れる*咎なり。」と知りて、此れを見聞く人みな*現報を感ぜることをぞ誇《そし》りける。

然れば、乞食を見ては、喜びて多少を嫌わず、いそぎて物を施すべし。いかにいはむや、罵り打たむ事をば、*ゆめゆめ止《とど》むべし。

〈『今昔物語集』による。一部改変がある。〉

〔注〕

*三宝《さんぼう》＝　仏教における三つの宝。仏・法・僧のこと。
*しかる間＝　ある日のこと。
*乞食《こつじき》＝　修行のため家の前に立ち、鉢をささげ、食を求めること。
*施《せ》せずして＝　与えないで。
*罵《の》り打ちて＝　ののしり殴りつけ。
*眷属《けんぞく》＝　身内の者。親族。
*咎《とが》＝　罰。
*現報《げんぽう》＝　現世の所業によって現世で受ける報い。
*ゆめゆめ止むべし＝　決してしてはならない。

問一　〰〰部「にはかに」を現代かなづかいに直し、すべてひらがなで書きなさい。

問二　第一段落で描かれた「猪麿」の人物像として最も適切なものを、次の**ア**〜**エ**から一つ選び、記号で答えなさい。

ア　残忍な心の持ち主で三宝を拝むことなく、人から物を奪うことばかり考えている。
イ　よこしまな心の持ち主で三宝を信じようとせず、人に物を与えようという心がない。
ウ　ずるい心の持ち主で三宝を自分のものにして、人に分けようとは思っていない。
エ　千里眼の持ち主で三宝のありかを知り、人に教えず自分が独占しようとしている。

問三　——部「然れば、猪麿打ちおそはれて死ぬ。」において、「猪麿」の死を知った人たちは、猪麿が何をしたことが原因だと言っていたのか、現代語で三十字以内で書きなさい。

問四　この話に通じることばとして最も適切なものを、次の**ア**〜**エ**から一つ選び、記号で答えなさい。

ア　果報は寝て待て
イ　家書万金
ウ　泣きっ面に蜂《はち》
エ　因果応報

四　次の問いに答えなさい。

問一　次の1～5の＝＝部のカタカナの部分を、漢字で書きなさい。なお、楷書で丁寧に書くこと。

1　カンタンな説明。

2　ヘイオン無事。

3　ウチュウ飛行士。

4　委員長をツトめる。

5　木の太いミキ。

問二　次にある図は思考ツール「ピラミッドチャート」です。【図1】は「学校が活気づく」というテーマを設定して、《上段》に入れています。その結論が導き出せるように、《下段》には、「テーマを実現するための具体的方策」を、《中段》には、「その結果得られるメリット」をそれぞれ考えて入れました。

（例）

【図1】

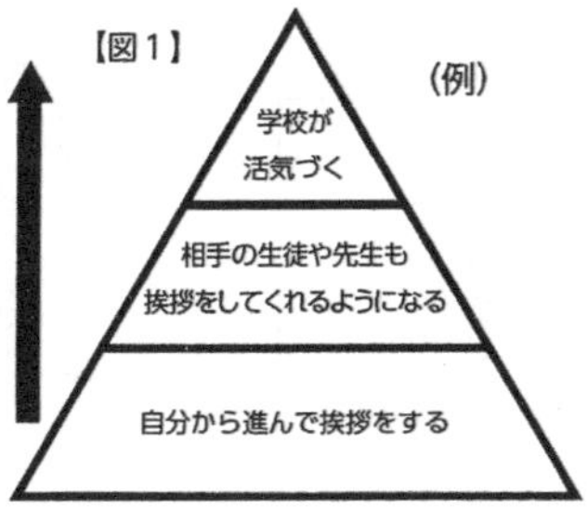

《下段》「自分から進んで挨拶《あいさつ》をする」
←
《中段》「相手の生徒や先生も挨拶をしてくれるようになる」
←
《上段》「学校が活気づく」

【図2】のように「地域が元気になる」というテーマを設定した時、《下段》の①と《中段》の②を埋める組み合わせとして**適切でないもの**を、あとのア～オから一つ選び、記号で答えなさい。

（問）

【図2】

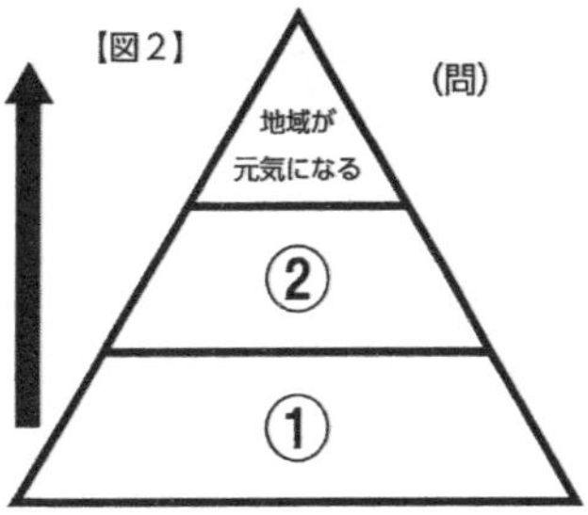

ア　①密集しすぎた森林の立木を一部伐採し、その中の細い木を燃料として利用する事業
　　②森林の手入れなどの仕事が増える・収入が増える

イ　①スキー場周辺に、グランピング（気軽なキャンプ体験）などのアウトドア施設を展開する事業
　　②一年を通して訪れる人が増える・働く場所が増える

ウ　①プロスポーツチームを設立し、スタジアムにショッピングセンターやホテルを併設する事業
　　②若者の働く場所が増える・訪れる人が増える

エ　①大学と連携して、マグロなどの養殖を行う事業
　　②海洋資源の枯渇を防ぐことができる・見学や視察に訪れる人が増える

オ　①鳥類の住む森林を大規模に伐採し、風力発電の風車を建設する事業
　　②環境を整えるための仕事が増える・収入が増える

問三　次の文章は、「ＡＩが、あらゆるデータを解析して最適な答えを出す社会になれば、従来の知識詰め込み型の教育は不要になるのか。」という質問に、ある学校の校長が答えたものです。
　次の①～⑥までの各文を、意味の通る文章にするために、どのような順序に並び替えればよいですか。最も適切なものを、あとの**ア～オ**から一つ選び、記号で答えなさい。

お詫び
著作権上の都合により、文章は掲載しておりません。
ご不便をおかけし、誠に申し訳ございません。
教英出版

ア　⑥→①→②→③→④→⑤
イ　⑥→①→②→⑤→③→④
ウ　⑥→④→②→③→①→⑤
エ　⑥→④→②→⑤→①→③
オ　⑥→⑤→②→④→③→①

〈日本経済新聞社編『ＡＩ　２０４５』による。〉

五

　とある地方都市が、「人口を減少させないようにするためには、どうすればいいのか」というテーマで、アイディアを募集することになりました。あなたが応募するとしたら、どのような発表をしますか。次の【**資料**】を参考にしながら、そのための原稿を書きなさい。
　第一段落には、「あなたの具体的なアイディア」を、第二段落には、「どのような効果があると考えられるか」を書きなさい。
ただし、あとの《**注意**》に従うこと。

【**資料**】「地域が活《い》きる六モデル」

お詫び
著作権上の都合により、文章は掲載しておりません。
ご不便をおかけし、誠に申し訳ございません。
教英出版

〈増田寛也編著『地方消滅』による。一部改変がある。〉

《**注意**》
◇「題名」は書かないこと。
◇二〇〇字以上、二四〇字以内で書くこと。
◇文字は、正しく、整えて書くこと。

2024 年 度

山形学院高等学校入学者選抜
学力試験問題

数　　学

（ 10：00 ～ 10：50 ）

注　　意

1 「開始」の合図があるまで，開いてはいけません。

2 問題は，7ページまであります。

3 「開始」の合図があったら，まず，解答用紙に受験番号を書きなさい。

4 答えは，全て解答用紙に書きなさい。

5 「終了」の合図で，筆記用具をおき，解答用紙を裏返しにしなさい。

1 次の問いに答えなさい。

1．次の計算をしなさい。

(1) $-6-(-3)-7$

(2) $-\frac{7}{6}-\frac{5}{6}\div\frac{10}{9}$

(3) $4a^2b\div(-2ab)^3\times(-3ab)$

(4) $\sqrt{27}-\left(\sqrt{3}+1\right)^2$

2．2次方程式 $(3x+5)(x-2)=-5$ を解きなさい。

3．3% の食塩水と8% の食塩水を混ぜて6% の食塩水を 600 g つくりたい。
このとき，3% の食塩水は何 g 必要か求めなさい。

4．次の図の平行四辺形 ABCD において，辺 CD 上に CE：ED＝1：2となるように，点 E をとる。
線分 BD と線分 AE の交点を F としたとき，△ABF と△EDF の面積比を最も簡単な整数の比で表しなさい。

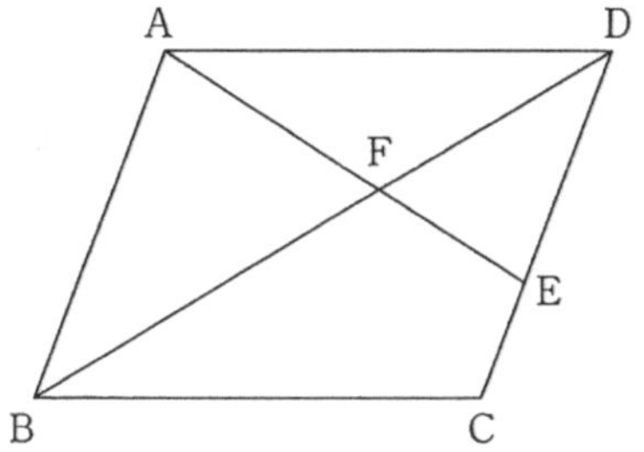

2 次の問いに答えなさい。

1. 次の**ア**～**エ**のうち，正しくないものとして最も適切なものをひとつ選び，記号で答えなさい。ただし，**ア**～**エ**で行うことについて，起こりうるすべての場合は，同様に確からしいものとする。

ア　ジョーカー１枚を含む53枚のトランプの中からカードを１枚選ぶとき，ハートのカードを選ぶ確率とジョーカーのカードを選ぶ確率は等しい。
イ　10円玉を１枚投げるとき，表がでる確率と裏がでる確率は等しい。
ウ　３本のあたりくじを含む６本のくじから１本ひくとき，あたりくじをひく確率とはずれくじをひく確率は等しい。
エ　１～６の目があるさいころを投げるとき，３の目がでる確率と５の目がでる確率は等しい。

2. A，B，C，D，Eの５人の中から代表２人をくじびきで選ぶとき，次の問いに答えなさい。

(1)　Aが選ばれる確率を答えなさい。

(2)　Aが選ばれない確率を答えなさい。

3. 次の図は，AC＝3，∠A＝60°，∠C＝90° の直角三角形ABCである。直線BCを軸として△ABCを回転させてできる円錐《すい》について，次の問いに答えなさい。

(1)　線分BCの長さを求めなさい。

(2)　円錐の体積を求めなさい。ただし，円周率はπとする。

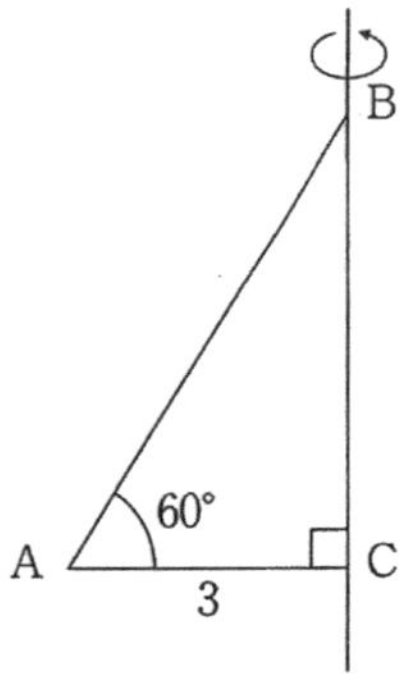

3 下の図表は，2003 年，2023 年の 8 月 1 日から 8 月 31 日の山形市における日ごとの最高気温を度数分布表と箱ひげ図で表したものである。このとき，次の問いに答えなさい。

［ 2003 年 8 月の度数分布表 ］

気温（℃） 以上　　未満	度数
18 ～ 20	1
20 ～ 22	2
22 ～ 24	6
24 ～ 26	2
26 ～ 28	2
28 ～ 30	6
30 ～ 32	【 *a* 】
32 ～ 34	4
34 ～ 36	1
36 ～ 38	0
38 ～ 40	0
計	31

［ 2023 年 8 月の度数分布表 ］

気温（℃） 以上　　未満	度数
18 ～ 20	0
20 ～ 22	0
22 ～ 24	0
24 ～ 26	1
26 ～ 28	0
28 ～ 30	0
30 ～ 32	0
32 ～ 34	6
34 ～ 36	17
36 ～ 38	1
38 ～ 40	6
計	31

［ 箱ひげ図 ］

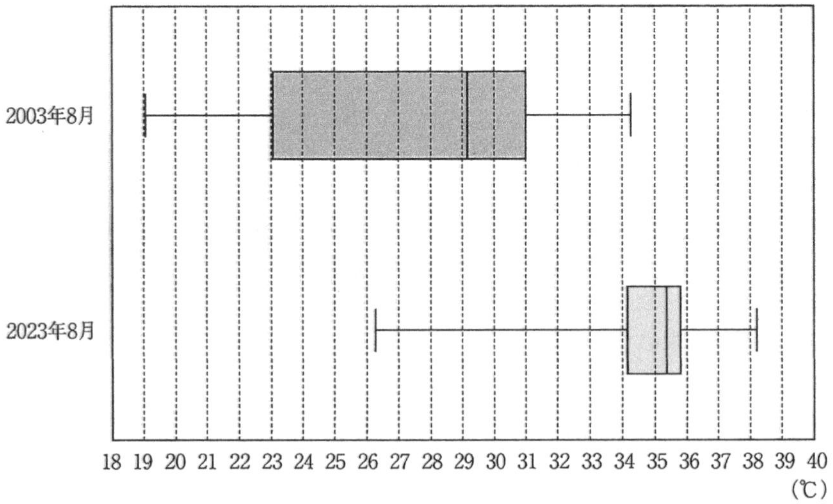

（出典：国土交通省　気象庁　気象・各種データより）

１．度数分布表の【 a 】に当てはまる数を求めなさい。

２．[2023 年 8 月の度数分布表] の 34℃以上 36℃未満の階級における相対度数として最も近い値を次の①～④の中からひとつ選び，記号で答えなさい。

① 0.39
② 0.47
③ 0.55
④ 0.63

３．[2023 年 8 月の度数分布表] について，このデータの中央値が含まれている階級を答えなさい。

４．[箱ひげ図] のみから確実に読みとれることとして適切なものを，下の**ア**～**エ**の中からひとつ選び，記号で答えなさい。

ア 2003 年 8 月の最高気温の平均値は 29℃以上 30℃未満である。
イ 2003年8月と2023年8月の[箱ひげ図]を比べたとき，四分位範囲は2023年8月の方が大きい。
ウ 2023 年 8 月で 35℃以上 36℃未満の日は 7 日間以上ある。
エ 2003 年 8 月のデータに，「20.1℃」のデータを 1 日分加え，32 日分のデータを考えるとき，その中央値はもとの 31 日分のデータの中央値より小さくなる。

4 ある携帯会社には，下記の２種類のプランがある。

プラン名	月額基本料金	1分あたりの通話料金
Aプラン	2000円	20円
Bプラン	3000円	1か月の通話時間合計が80分までは0円，それ以降1分あたり30円

このとき，次の問いに答えなさい。
ただし，電話料金は月額基本料金と通話料金の合計のことを指すものとする。

1．各プランで，1か月の通話時間合計が90分であったときの電話料金をそれぞれ求めなさい。

2．Bプランで，1か月の通話時間合計がx分であるときの電話料金をy円とするとき，xとyの関係を表すグラフをかきなさい。

3．S君の通話時間合計は毎月平均60分であるという。(1)〜(4)に当てはまる数字，またはアルファベットを答えなさい。

Bプランの電話料金がAプランの電話料金以下になるのは，1か月の通話時間合計が［ (1) ］分以上，［ (2) ］分以下の時である。S君の毎月の平均通話時間合計は［ (3) ］分であるので、［ (4) ］プランの方が安くなる。

5 a を定数とする。次の図において，①の放物線は関数 $y=ax^2$ のグラフを表す。
また，①のグラフ上の点A(4, 4) を通る直線 ℓ と，点Aと異なる①のグラフとの交点を点Bとする。
点Bの x 座標が -2 であるとき，次の問いに答えなさい。

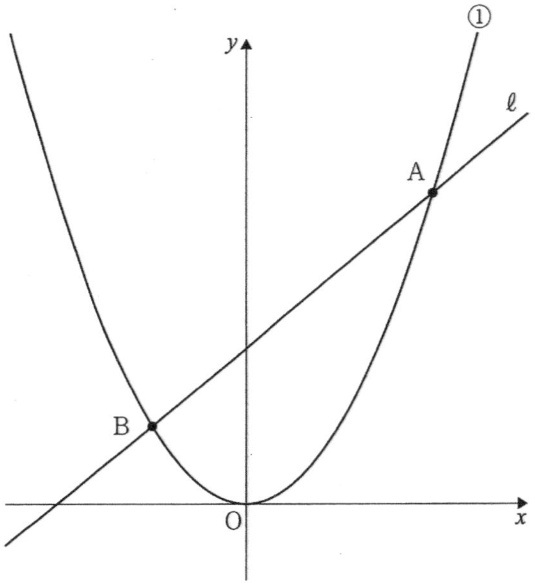

1．定数 a の値を求めなさい。

2．直線 ℓ の式を求めなさい。

3．原点をOとする。△OABの面積を求めなさい。

4．①のグラフ上に原点と異なる点Pを，△OABと△PABの面積が等しくなるようにとる。
このとき，直線OPの式を求めなさい。
ただし，点Pの x 座標は0より大きく4より小さいとする。

6 ［図 1］は，AB＝8，BC＝4，∠C＝90° の直角三角形ABCである。
［図 2］は，［図 1］の直角三角形 ABC の線分 AB の中点を D としたとき，線分 CD で折り返した図形である。折り返した後の点Bを点Eとし，線分 AC と線分 DE の交点を F とする。
このとき，次の問いに答えなさい。

［図 1］

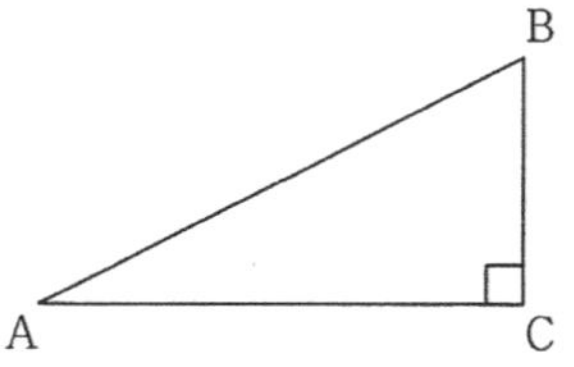

［図 2］

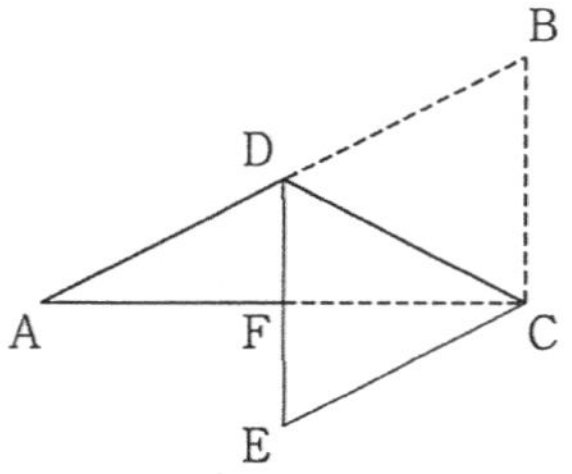

1．△ADF≡△CEF であることを次のように証明する。(1)～(6)に当てはまるものとして，最も適切なものを［語群］から選び，答えなさい。ただし，(2)，(3)および(4)，(5)の解答順は問わないものとする。

（証明）
四角形BCEDについて，
仮定より，AD＝BD＝4　　よって，BC＝BD
折り返したとき，対応する辺は等しいので，
CE＝BC，BD＝DE
よって，すべての辺の長さが等しいので，
四角形BCEDは ［(1)］
△ADFと△CEFについて，
四角形BCEDは ［(1)］ より，BD//CE
平行線の錯角は等しいので，∠ADF=∠CEF …①
同様に，　［(2)］＝［(3)］ …②
また，BD＝CEより，　［(4)］＝［(5)］ …③
①，②，③より，［(6)］ がそれぞれ等しいので，
△ADF ≡ △CEF

［語群］
ひし形　正方形　長方形
∠AFD　∠DAF　∠DFA
∠CFE　∠ECF　∠EFC
AB　AC　AD
CD　CE　CF
3組の辺
2組の辺とその間の角
1組の辺とその両端の角

2．△CEFの面積を求めなさい。

2024 年 度

山形学院高等学校入学者選抜
学力試験問題

社　　会

（ 11：10 ～ 12：00 ）

注　　意

1 「開始」の合図があるまで、開いてはいけません。

2 問題は、7ページまであります。

3 「開始」の合図があったら、まず、解答用紙に受験番号を書きなさい。

4 答えは、すべて解答用紙に書きなさい。

5 「終了」の合図で、筆記用具をおき、解答用紙を裏返しにしなさい。

1　次の地図を見て、あとの問いに答えなさい。

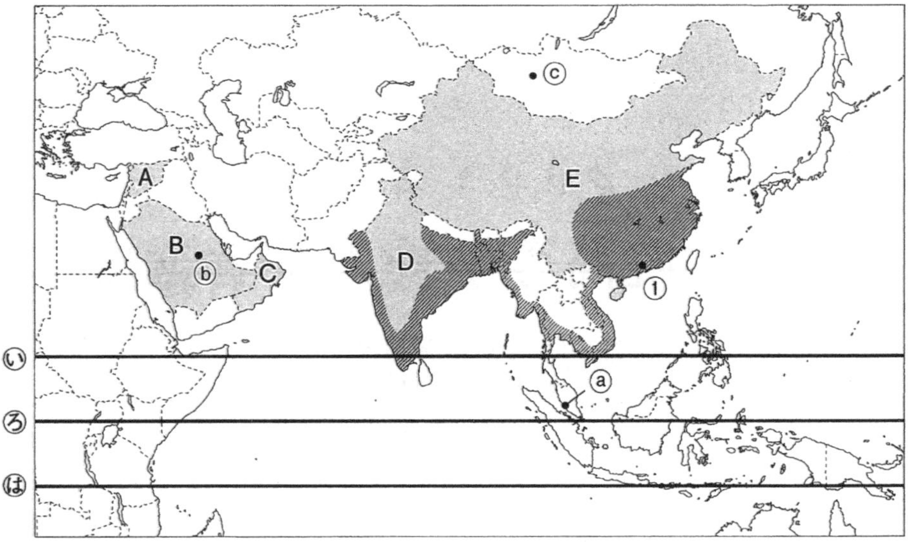

問１　地図中のい〜はから赤道を表す線を１つ選んで、記号で答えなさい。

問２　地図中のⓐ〜ⓒにあてはまる雨温図を右の**ア**〜**エ**からそれぞれ選んで、記号で答えなさい。

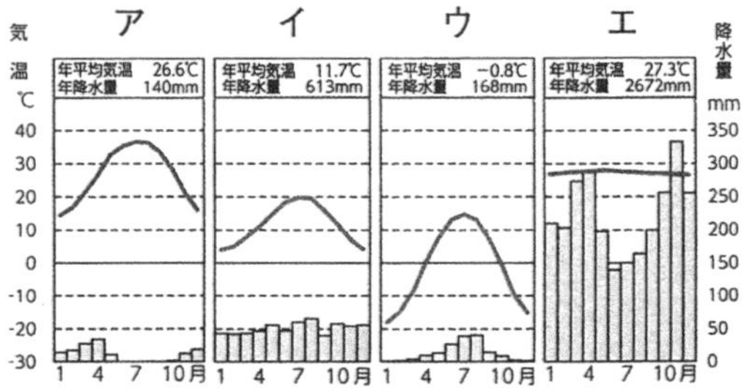

〈理科年表2020 ほか〉

問３　**図Ⅰ**は世界の地域別面積と人口の割合を示したものです。**X**・**Y**・**Z**にあてはまる地域の組み合わせとして、正しいものを次の**ア**〜**エ**から１つ選んで、記号で答えなさい。

ア　**X**＝北アメリカ　**Y**＝アジア　**Z**＝アフリカ
イ　**X**＝アフリカ　**Y**＝北アメリカ　**Z**＝アジア
ウ　**X**＝アジア　**Y**＝アフリカ　**Z**＝北アメリカ
エ　**X**＝アジア　**Y**＝北アメリカ　**Z**＝アフリカ

【図Ⅰ】

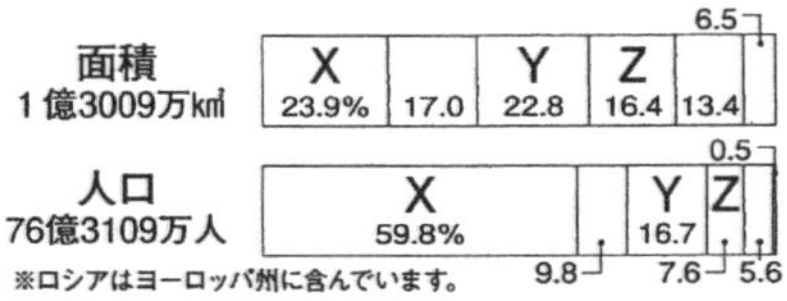

世界地域別の面積・人口の割合（2018年）
〈Demographic Yearbook 2018〉

問４　**図Ⅱ**は原油の生産国と日本の原油輸入先をそれぞれ表したものです。あに入る国を地図中の**A**〜**E**から１つ選んで、記号で答えなさい。

問５　産油国が経済発展を目指して、みずからの利益を守るために1960年に結成された機構を何というか答えなさい。

【図Ⅱ】

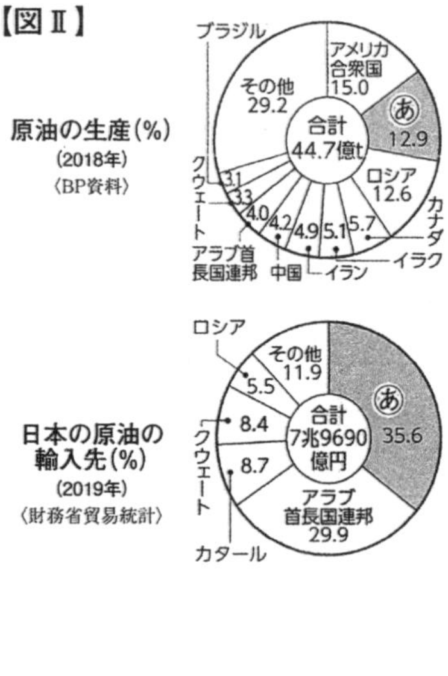

問６　**A**国では内戦により、多くの人が故郷を追われ逃げざるを得ない人たちが発生しています。このような人たちを何というか**漢字２文字**で答えなさい。

問７　**D**国は、近年、情報通信技術（ICT）産業が急速に成長している国です。その背景について考えられることとして正しいものを次の**ア**〜**エ**から**２つ**選んで、記号で答えなさい。

ア　人口が減少傾向にあること
イ　国や州の援助で教育機関や研究所ができたこと
ウ　綿工業や製鉄業が早くから発達していたこと
エ　アメリカとの時差が利用できること

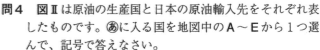

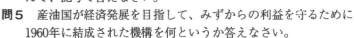

問８　地図中の  地域の農業について述べた文で、あてはまるものを１つ選んで、記号で答えなさい。

ア　季節風による豊富な降水を利用して米作りが行われている

イ　水の得やすいオアシス以外では、羊やらくだなどの家畜を飼育する遊牧が行われている

ウ　地域の気候や土壌などの自然環境に合わせた適地適作の農業が行われている

エ　降水が多い冬の時期に栽培される小麦や、夏の高温と乾燥に強い果樹が栽培されている

問９　**図Ⅲ**は**Ｅ**国の①の様子です。図を見て、次の各問いに答えなさい。

⑴　①のように、外国の企業を招いて工業化するために、特別な制度が設けられた地区のことを何というか答えなさい。

⑵　**Ｅ**国では経済発展により①などの巨大な都市が成長したが、その一方で大気汚染などの環境問題が深刻化していった。そのため環境改善のためのエネルギーなどへの取り組みが急がれた。

図Ⅳは主な国〔**Ｅ**国、アメリカ、ブラジル、フランス、ドイツ〕の発電量の内訳をまとめたものです。**Ｅ**国に当てはまるものを**ア**～**オ**から１つ選び、記号で答えなさい。

【図Ⅲ】

【図Ⅳ】

主な国の発電量の内訳（%）

	火力	水力	原子力	再生可能エネルギー
ア	66.6	17.5	4.7	11.2
イ	60.4	7.2	19.3	13
ウ	13.2	63.8	2.3	20.8
エ	42.5	4.3	11.2	41.9
オ	8.6	12.5	66.5	12.3

（『データブックオブザワールド』2023より作成）

2

次の文章を読んで、あとの問いに答えなさい。

日本最高気温の日

1933年（昭和８年）７月25日、フェーン現象により山形市で日本の当時の最高気温40.8℃を記録した。

この記録は長らく最高気温の記録となっていたが、2007年（平成19年）８月16日に熊谷市と多治見市で40.9℃を観測し、74年ぶりに記録が更新された。その後、2013年（平成25年）８月12日に四万十市江川崎で41.0℃を観測した。

そして、2018年（平成30年）７月23日に熊谷市で41.1℃を観測し、さらに、2020年（令和２年）８月17日に浜松市でも同じく41.1℃を観測した。2023年（令和５年）７月時点で、これらの７月23日と８月17日の日付が「日本最高気温の日」となっている。

日本では、１日の最高気温が25℃以上の日を「夏日」、30℃以上の日を「真夏日」、35℃以上の日を「　**あ**　」と呼ぶ。また、夜間の最低気温が25℃以上の日を「熱帯夜」と呼ぶ。

問１　文中**下線部**の都市の位置を、右の地図中**ア**～**エ**から１つ選び、記号で答えなさい。

問２　文中「　**あ**　」に当てはまる語句を、**漢字３文字**で答えなさい。

問３　熊谷市以外でも関東では気温が高いところが多く、高層ビルが立ち並ぶ東京の中心部では気温が周辺よりも高くなる現象もみられます。この現象を何というか答えなさい。

問4　次の各文章は東京都に関する文章ですが、いずれも１か所誤りがあります。**誤っている箇所**を１つ選び、記号で答えなさい。また、その箇所に適する正しい語句を答えなさい。

1)　ア神奈川県や埼玉県、千葉県、茨城県など東京の周辺の県にかけて広がったイ東京大都市圏は、日本のウ約10分の１の人口が集中する日本最大の都市圏として、人口が過密な地域になっています。

2)　ア京葉工業地域は、東京都・神奈川県・埼玉県にまたがる日本有数の工業地帯です。中でも多くの人口を抱えるイ東京では、新聞社や出版社が多いのでウ印刷業が盛んです。

3)　東京の中心部では、ターミナル駅にデパートなどが集まっている一方、電気街の秋葉原や古書街のア神保町、若者が多い原宿、ブランドショップが集まるイ永田町など、個性的な商業地が見られます。さらに、インターネットに関連したウICT関連産業や、ゲーム・映画・アニメ・マンガなど情報の発信や流通に関連した産業も東京に集中しています。

問5　右の表は、主なサービス業の年間売上額です。表中**A**～**C**にあてはまる組み合わせとして、最も適当なものを下の**ア**～**カ**の中から１つ選び、記号で答えなさい。

ア　A 東京　B 神奈川　C 埼玉
イ　A 東京　B 神奈川　C 千葉
ウ　A 東京　B 群馬　C 千葉
エ　A 神奈川　B 群馬　C 千葉
オ　A 神奈川　B 埼玉　C 東京
カ　A 神奈川　B 東京　C 埼玉

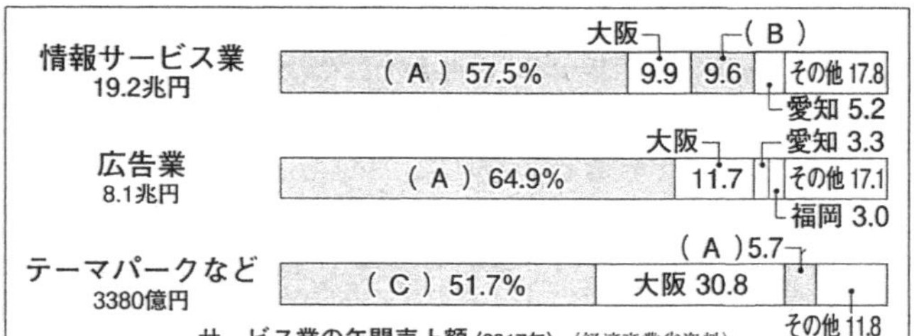

サービス業の年間売上額（2017年）〈経済産業省資料〉

問6　関東地方では、東京大都市圏に人口が集中する一方、山間部では高齢化と過疎の問題が生じています。この問題への対策をまとめたのが以下の文章となります。文中（　　）に当てはまる語句を下の語群**ア**～**カ**からそれぞれ１つ選び、記号で答えなさい。

> ある村では、地域の自然を生かした特産品の開発や働き口の確保、村営住宅の整備など、若い世代が生活できる村づくりに取り組んできました。その結果、都市部から村に戻って生活する（　①　）や、他の地域の出身者が村に移り住む（　②　）による移住者が増え、現在ではこれらの移住者が村の人口の２割を占めるまでになっています。

ア　Ｉターン　　**イ**　再開発　　**ウ**　ニュータウン
エ　Ｙターン　　**オ**　政令指定都市　　**カ**　Ｕターン

3

ゆうたさんは、世界の古代文明のおこりと発展について調べました。次の表は、そのときに調べたことをまとめたものの一部です。表を見て、あとの問いに答えなさい。

【表】

エジプト文明	メソポタミア文明	インダス文明	中国文明
資料Ⅰ	資料Ⅱ	資料Ⅲ	資料Ⅳ

問1　エジプト文明について、次の問いに答えなさい。

(1)　ナイル川のはんらん時期を知るために天文学が発達し、太陽を基準に１年365日として12ヶ月にわける暦を作った。この暦を何というか、答えなさい。

(2)　紀元前3000年ごろに統一王国ができ、神殿や**資料Ⅰ**が造られた。これを何というか、答えなさい。

問２　メソポタミア文明について、次の問いに答えなさい。

⑴　ハンムラビ法典で用いられた**資料Ⅱ**の文字を何というか、答えなさい。

⑵　月の満ち欠けに基づいて作られた暦を何というか、答えなさい。

問３　インダス文明について、次の問いに答えなさい。

⑴　この文明において世界遺産であり最大級の都市遺跡**資料Ⅲ**は何か、次の**ア**～**エ**から１つ選び、記号で答えなさい。

ア　バビロン　　**イ**　アンコール　　**ウ**　マチュピチュ　　**エ**　モヘンジョ・ダロ

⑵　紀元前1500年ごろ、中央アジアからアーリヤ人が進出し、神官を頂点とする身分制度ができた。この身分制度は後に何というか、次の**ア**～**ウ**から１つ選び、記号で答えなさい。

ア　ジム・クロウ　　**イ**　カースト　　**ウ**　アンシャン＝レジーム

問４　中国文明について、次の問いに答えなさい。

⑴　現在の漢字の基になっている**資料Ⅳ**の文字を何というか、答えなさい。

⑵　孔子が説いた「仁」と「礼」に基づく教えを何というか、答えなさい。

問５　表中の文明がどの地域でおこったかを地図にまとめた。下の地図中**Ａ**～**Ｄ**に入る文明の組み合わせとして正しいものを次の**ア**～**エ**から１つ選び、記号で答えなさい。

ア　**Ａ**：メソポタミア　**Ｂ**：エジプト　**Ｃ**：インダス　**Ｄ**：中国
イ　**Ａ**：メソポタミア　**Ｂ**：エジプト　**Ｃ**：中国　**Ｄ**：インダス
ウ　**Ａ**：エジプト　**Ｂ**：メソポタミア　**Ｃ**：インダス　**Ｄ**：中国
エ　**Ａ**：エジプト　**Ｂ**：メソポタミア　**Ｃ**：中国　**Ｄ**：インダス

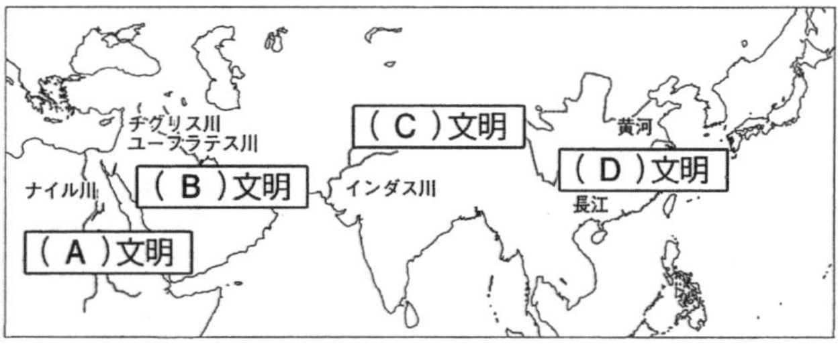

４　次の年表を見て、あとの問いに答えなさい。

西暦年	できごと	
1404	明との貿易が始まる	Ａ
1560	織田信長が桶狭間の戦いに勝利する	Ｂ
1603	徳川家康が征夷大将軍に任じられ江戸に幕府を開く	
	↕ Ｘ	
1635	第３代将軍（　Ⅰ　）が参勤交代を制度として定める	
1787	老中松平定信が寛政の改革を始める	Ｃ
1808	イギリスの軍艦フェートン号が長崎の港に侵入する	Ｄ
1858	大老（　Ⅱ　）が朝廷の許可を得ないまま日米修好通商条約を結ぶ	
1904	日露戦争が始まる	Ｅ
	↕ Ｙ	
1918	米騒動が全国に広がる	Ｆ

問１　**Ａ**の貿易について、正式な貿易船の証として、明から与えられた証明書を何というか答えなさい。

問２　**Ｂ**から始まる織田信長の統一事業について述べた次の文の（　　）にあてはまる語句の組み合わせとして正しいものを、下の**ア**～**カ**から１つ選び、記号で答えなさい。

> 信長は、朝廷に働きかけて（　①　）を室町幕府の第15代将軍にし、政治の実権をにぎりましたが、２人は間もなく対立するようになりました。長篠の戦いでは（　②　）を有効に使って、甲斐の大名武田勝頼を破り、翌年から、巨大な天守を持つ城を（　③　）に築きました。

ア　①徳川慶喜　②鉄砲　③彦根　　**イ**　①足利尊氏　②水軍　③小田原
ウ　①足利義昭　②騎馬隊　③安土　　**エ**　①徳川慶喜　②水軍　③彦根
オ　①足利尊氏　②騎馬隊　③小田原　　**カ**　①足利義昭　②鉄砲　③安土

問３　年表中の（　Ⅰ　）（　Ⅱ　）にあてはまる人物名を答えなさい。

問４　**C**について、この改革の内容として**間違っているもの**を次の**ア**～**エ**から１つ選び、記号で答えなさい。

ア　公事方御定書という裁判の基準となる法律を定め、民衆の意見を聞く目安箱を設置した。

イ　江戸に昌平坂学問所を創り、幕臣に朱子学を学ばせて試験を行い、有能な人材を取り立てた。

ウ　江戸に出てきていた農民を故郷に帰し、商品作物の栽培を制限して米の生産をすすめた。

エ　倹約令を出す一方、旗本や御家人が商人からしていた借金を帳消しにした。

問５　**D**について、この事件をきっかけに幕府が出した法令を何というか答えなさい。

問６　**E**の戦争後の条約について述べた次の文の（　　）にあてはまる語句の組み合わせとして正しいものを、下の**ア**～**カ**から１つ選び、記号で答えなさい。

> 1905年、アメリカの仲介によって日本とロシアとの間で講和会議が開かれ、（　①　）条約が結ばれました。戦争による増税や犠牲に苦しむ国民は、ロシアから（　②　）を得ることを強く求めました。しかし、（　②　）が得られないことが分かると、国民は激しく政府を攻撃し、東京の（　③　）では交番や新聞社などを焼き打ちする暴動にまで発展しました。

ア	①ワシントン	②樺太	③日比谷	**イ**	①下関	②台湾	③代々木
ウ	①ポーツマス	②賠償金	③恵比寿	**エ**	①ポーツマス	②賠償金	③日比谷
オ	①下関	②樺太	③代々木	**カ**	①ワシントン	②台湾	③恵比寿

問７　**F**について、この騒動は米の安売りを求めて起こったが、この年に米の値段が大幅に上がった理由を簡単に説明しなさい。

問８　年表中の**X**期間に建てられた建造物として、正しいものを次の**ア**～**エ**から１つ選び、記号で答えなさい。

ア

イ

ウ

エ

問９　年表中の**Y**期間に描かれた風刺画として、正しいものを次の**ア**～**ウ**から１つ選び、記号で答えなさい。

ア

イ

ウ

5　下の資料は、日本国憲法に定められた参政権をまとめた表である。資料を見て、あとの問いに答えなさい。

参　政　権	憲　法　条　項
公務員の選定・罷免権	第15条１項
A選挙権	第15条３項、第44条、第93条
B被選挙権	第44条
C最高裁判所裁判官の国民審査権	第79条２項
D地方自治特別法の住民投票権	第95条
E憲法改正の国民投票権	第96条１項
請願権	第16条

問１　**下線部Ａ**および**Ｂ**に関連して、右の表は選挙権と被選挙権を得る年齢をまとめたものである。**Ｘ・Ｙ・Ｚ**にあてはまる数字を書きなさい。

		選挙権	被選挙権
国	衆議院議員	（　Ｘ　）歳以上	（　Ｙ　）歳以上
	参議院議員	（　Ｘ　）歳以上	（　Ｚ　）歳以上
地方公共団体	市（区）町村長	（　Ｘ　）歳以上	（　Ｙ　）歳以上
	市（区）町村議会議員	（　Ｘ　）歳以上	（　Ｙ　）歳以上
	都道府県知事	（　Ｘ　）歳以上	（　Ｚ　）歳以上
	都道府県議会議員	（　Ｘ　）歳以上	（　Ｙ　）歳以上

問２　**下線部Ｃ**に関連して、**図Ⅰ**は日本の裁判制度を表したものである。図を見て次の問いに答えなさい。

⑴　①～③に入る語句の組み合わせとして適切なものを**ア～カ**から１つ選んで記号で答えなさい。

ア　①：上告　②：控訴　③：抗告
イ　①：控訴　②：上告　③：抗告
ウ　①：抗告　②：上告　③：控訴
エ　①：抗告　②：控訴　③：上告
オ　①：上告　②：抗告　③：控訴
カ　①：控訴　②：抗告　③：上告

【図Ⅰ】

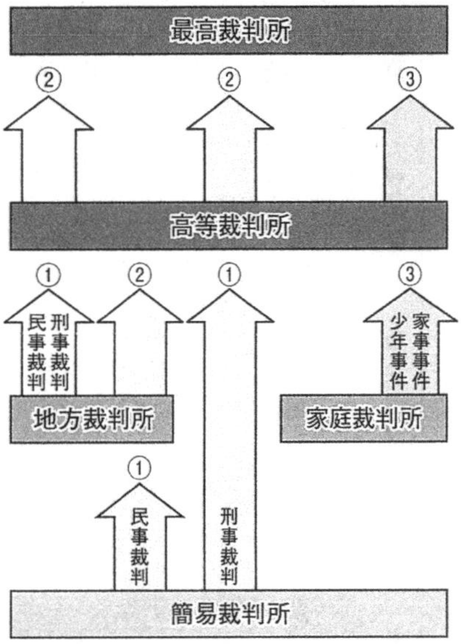

⑵　図のように、一つの内容について３回まで裁判を受けられることを何というか書きなさい。

問３　**下線部Ｄ**に関連して、地方自治の仕組みについて次の問いに答えなさい。

⑴　**図Ⅱ**は、住民が２種類の代表を直接選挙によって選ぶ地方自治の特徴を表している。この仕組みを何というか書きなさい。

【図Ⅱ】

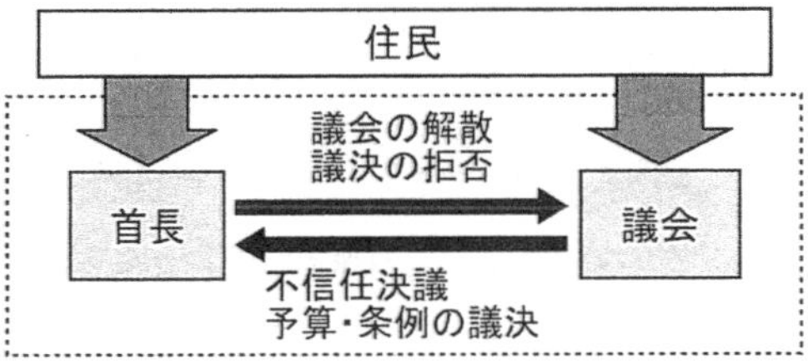

⑵　下の文は地方自治において認められている「ある権利」について説明したものである。（　　）にあてはまる語句を書きなさい。

> 住民の身近な生活に深くかかわる地方自治では、住民の意志を強く生かすために、選挙で首長や地方議員を選ぶだけではなく、住民による直接民主制の考え方を取り入れた（　　　）が認められている。

問４　**下線部Ｅ**の手続きについて次の問いに答えなさい。

⑴　憲法改正の手続きについて**適切でないもの**を**ア～エ**から１つ選んで記号で答えなさい。

ア　憲法審査会または衆議院議員100人以上（参議院議員なら50人以上）の賛成で、改正原案を提出する。

イ　衆議院と参議院で審議し、それぞれ総議員の３分の２以上の賛成で可決されると、国会は国民に対して憲法改正の発議を行う。

ウ　憲法改正案が示されると、満20歳以上の国民に対し国民投票が実施される。

エ　国民投票において、有効投票の過半数が賛成の場合は憲法が改正される。

⑵　下の文は、改正された憲法の公布について説明したものである。（　　）にあてはまる語句を書きなさい。

> 国民投票の結果、国民が憲法改正を承認した場合、（　　　）が国民の名において公布する。

6 社会の授業で出された課題について相談している中学生のグループの会話文を読んで、あとの問いに答えなさい。

夏夫（**夏**）、しおり（**し**）、あやか（**あ**）、レニー（**レ**）
レ：先週の社会の授業で出された課題どうする？
し：テーマを決めてグループでまとめる課題のことよね。
あ：私は今の日本の経済状況に興味があるからいろんな面からまとめてみない!?
夏：いいよ。でもどんな面からとらえたらいいんだろう。
レ：日本って今、経済の状況は良いのかな、良くないのかな？
し：日本は長い間（　**X**　）が続いてるって聞いたことがあるよ。
あ：（　**X**　）って物価が下がり続けることだよね。
夏：それって良いことじゃない。いろんな物が安く買えるんだから。
し：でも安く買えるってことは、【　　　　　　　　　　　　　　　　　　　　】。
レ：確かにそうだよね。そう言えば、日本の賃金は他の先進国に比べて低いってネットニュースで読んだよ。
あ：新聞でオーストラリアの最低賃金が2000円を超えたって書いてあったよ。
夏：へえ、そんなんじゃ外国で働いた方が得だよね。
し：中にはそのために外国で働いている人もいるようだよ。それだけじゃなく、日本で働きたい人が減るんじゃないかな？
あ：ただでさえ、人口減少が進む中で働き手の確保が問題だよね。大丈夫なのかな。
夏：有効求人倍率も高い状態がみられるよね。僕の大学生のお兄ちゃんも就活してるけど、順調だって言ってたよ。
レ：（　**X**　）状態で、賃金の水準は低くて、働く人の確保に困ってて……日本の経済ってマズくない？
し：でも、国の税収が三年連続で過去最高を更新したって先生が言ってたよね。ということは、すごく良いってことじゃない。
あ：うちのお父さんが乗っている車をつくっている会社は一定期間の利益が国内で初めて１兆円を超えたんだって。
レ：なんでそんなに利益が増えたんだろう。
し：その理由の一つは円安だって言ってたよ。
夏：円安っていうことは、（　**Y**　）は得するけど、（　**Z**　）は厳しくなるって勉強したよね。
あ：そういえばお母さんが（　**Z**　）に頼っている食用油が値上がりして大変ってこぼしてたわ。
し：いろんな面からみたけど、経済の状況が良いのか、良くないのか、簡単に言えないね。それぞれの立場でも違ってくる気がするね。
レ：山形はどうなのかな。コロナがおさまって、いろんな観光地はインバウンドでにぎわっているなんてテレビで言ってたけど。
あ：ものづくりの分野で忙しい分野もあるけど、どうなのかな。この課題が終わったら、県内についてもまとめてみない!?
みんな：いいよ!!

問１　経済の状況は景気と呼ばれるが、景気と不景気を交互にくり返すことを何と言うか答えなさい。

問２　文中の（　**X**　）に適当な語句を答えなさい。

問３　文中の【　　　　　　　　　　　　】には会社や働く人にとってのマイナス面が述べられている。会社、働く人それぞれにどのようなマイナス面があげられるかまとめなさい。

問４　有効求人倍率を説明した下の文の（　　　）に適当な数字を答えなさい。

有効求人倍率とは求職者（　　　）人に対して何人分の求人があるかを示した数値のこと。

問５　下線部の税収の中でも大きな割合を占める３つの税金をすべてあげなさい。

問６　文中の（　**Y**　）・（　**Z**　）に**輸出**・**輸入**のいずれかの語句をそれぞれ答えなさい。

問７　冬の山形を訪れた外国人を案内するプランとして**適当でないもの**を１つ選び、名前で答えなさい。

夏　夫：蔵王の樹氷を見学した後で温泉と山形牛やいも煮をはじめとしたおいしい夕食でおもてなし。

しおり：米沢牛のステーキや鯉の甘煮を味わってもらいます。夜は幻想的な米沢の雪灯籠祭にご案内します。

あやか：江戸時代、朱印船が出入りする港町として栄え、京都の文化が伝えられた酒田を案内し、新鮮なネタを使ったお寿司や寒だら汁を食べていただきます。

レニー：レトロな銀山温泉の夜景を楽しんだ後で、尾花沢牛や手打ちそばを召し上がっていただきます。もちろん温泉も。

2024年度

山形学院高等学校入学者選抜
学力試験問題

理　　科

（　12：50　～　13：40　）

注　　意

1 「開始」の合図があるまで，開いてはいけません。

2 問題は，7ページまであります。

3 「開始」の合図があったら，まず解答用紙に受験番号を書きなさい。

4 答えは，すべて解答用紙に書きなさい。

5 「終了」の合図で，筆記用具をおき，解答用紙を裏返しにしなさい。

1 次の問いに答えなさい。

Ⅰ Hくんは、身の回りにある固体A～Eを用意し、次の測定方法により固体の質量と体積を測定した。これについてあとの問いに答えなさい。

【測定方法】

手順1　調べたい固体の質量をはかる。　　手順2　（　ア　）を使って固体の体積をはかる。

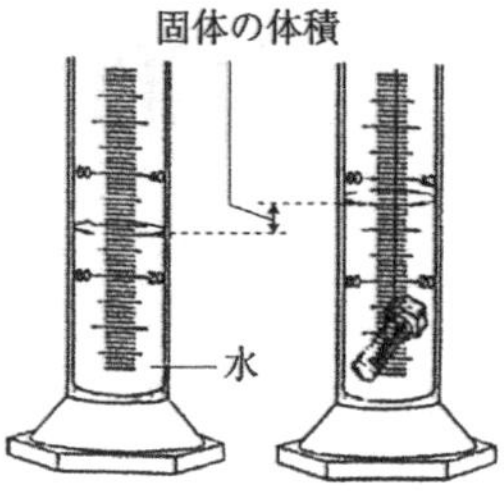

問1　手順2で、水の体積をはかる（　ア　）に入る器具名を答えなさい。

問2　手順2で水の体積をはかるとき、正しい測定方法は、目の位置が次のア～ウのどの位置にあるときか。1つ選び記号で答えなさい。

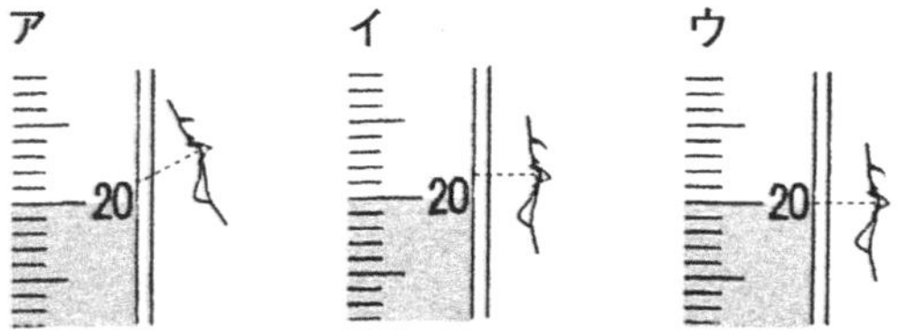

問3　固体A～Eの体積と質量を測定した結果を、右図のようなグラフで表した。この結果をもとにして以下の問いに答えなさい。

(1)　同じ体積のときに、質量が一番大きい固体はA～Eの中でどれか。記号で答えなさい。

(2)　Bの密度は何g/cm³か答えなさい。

(3)　A～Eの中で、同じ物質が1組ある。それらを記号で答えなさい。

(4)　A～Eの中で、水銀に沈むものはどれか。全て選び記号で答えなさい。ただし水銀の密度は13.5g/cm³である。

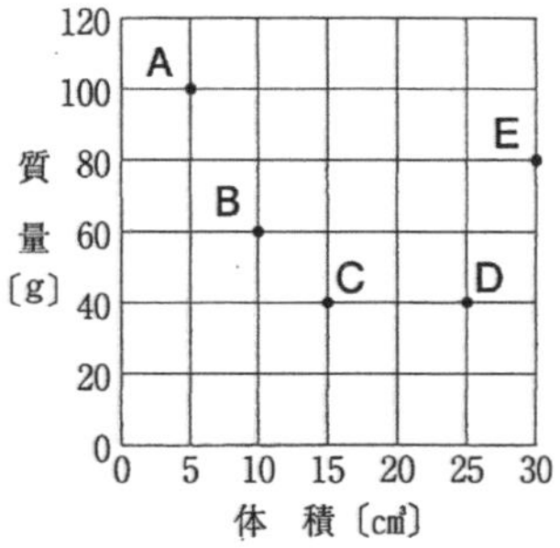

Ⅱ 液体と固体のあいだの物理変化について、次の問いに答えなさい。

問1　水の密度が1.00g/cm³に対して、氷の密度はそれよりも小さく0.92g/cm³である。水が氷になると、体積は何倍になるか。小数第一位まで求めなさい。

問2　右図は、液体のろうが冷やされて固体のろうになる様子を示したものである。このようになる理由を説明した以下の文中の【　　　】に入る最も適当な語句を答えなさい。

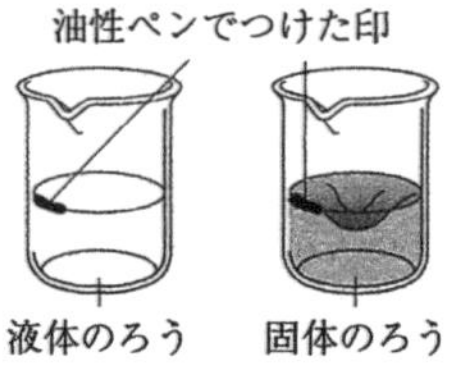

ろうの密度は、液体よりも固体の方が【　ア　】ため、液体を固体にすると【　イ　】が小さくなる。

2　銅の酸化に関する次の実験について、あとの問いに答えなさい。

［実験］

① 電子てんびんでステンレス皿の質量をはかり、その中に銅の粉末1.00gを入れた。

② 図１のように、①の銅の粉末をうすく広げ、ガスバーナーで５分間加熱した。よく冷ました後、ステンレス皿全体の質量をはかり、銅の粉末が飛び散らないように注意しながら、よくかき混ぜた。

③ ②の操作をくり返し、加熱後のステンレス皿内の粉末だけの質量を計算し、その結果を表１にまとめた。

図１

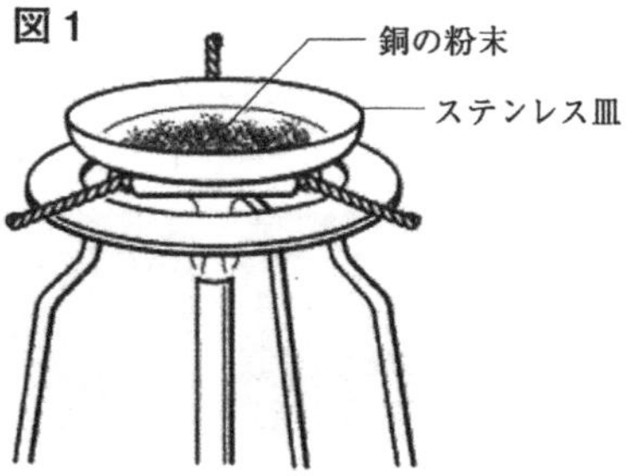

表１

加熱した回数	1	2	3	4	5
加熱後の粉末の質量［g］	1.12	1.22	1.25	1.25	1.25

問１　実験の結果、銅の粉末の色は変化した。何色に変化したか、書きなさい。

問２　実験で銅が変化するときの化学変化を、化学反応式で表しなさい。

問３　表１の結果を参考にしながら、加熱した回数と加熱後の粉末の質量の関係を表すグラフを完成させなさい。

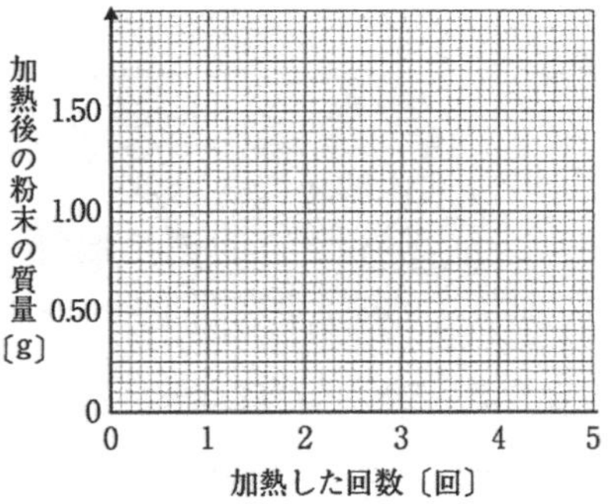

問４　表１で、３回目以降は加熱後の粉末の質量は変化しなかったことから、加熱によって、ステンレス皿内の粉末がすべて酸化銅になったと考えられる。酸化銅ができるときの、銅と酸素の質量の比として、最も適切なものを次のア～エから１つ選び、記号で答えなさい。

ア　1：4　　**イ**　4：1　　**ウ**　4：5　　**エ**　5：4

問５　表１で、３回目の加熱だけでできた酸化銅の質量は何gになると考えられるか、求めなさい。

3　次の観察メモは山形県のある中学校で学校周辺の植物についてのものである。あとの問いに答えなさい。

> **観察メモ１**　５月10日　午後２時　晴れ
> まわりの田にイネが植えられた。
> 水田という名の通り、水が張られたなかに整然と植えられている。
> 青空が水面に映り、きれいだ。

> **観察メモ２**　［　A　］　午前10時　くもり
> イチョウの木にギンナンがなっていた。すでに落ちているものもあり、中には種のようなものが入っていた。これは加熱すれば食べられると友だちに教えられた。

観察メモ３　B　午後３時　くもり
学校の近くの山にスギの木がある。その枝先に黄色い粒状の実のようなものがついていたので、調べたら花であることがわかり、枝をゆらしてみると花粉がたくさん出てきた。

問１　観察メモ１において、イネの根はどんな形をしているか下のア～ウから選び、記号で答えなさい。

ア

イ

ウ
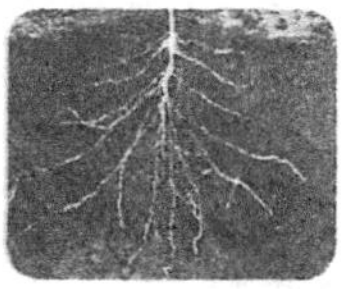

問２　観察メモ１において、なぜ水を張るのか。その理由として適当なものを次のア～エから選び、記号で答えなさい。
ア　イネの苗の根は空気にふれると枯れてしまうから
イ　イネの茎は常に清浄にしておかないと生育できないから
ウ　イネはもともと湿地帯で育つ植物だから
エ　イネの苗は大量の水を吸うから

問３

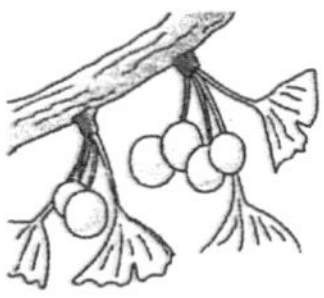
ギンナン

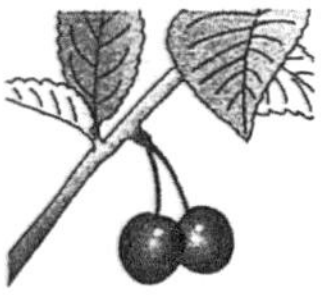
サクランボ

左図のように、ギンナンとサクランボは似ているようで、そのつくりは異なっている。両者の食べられる部分は何か。次のア～キから１つずつ選び記号で答えなさい。

ア　やく　**イ**　がく　**ウ**　花弁　**エ**　柱頭　**オ**　胚珠　**カ**　胞子　**キ**　子房

問４　観察メモ３に書かれているスギの花は雄花か雌花か答えなさい。

問５　日本にはスギの花粉症を発症する人がたくさんいる。それに対してサクラの花粉症はほとんどの場合、サクラの木に近づかなければ発症しない。このことを参考にして、スギの花粉の運ばれ方について簡単に説明しなさい。

問６　観察メモ２、３の　A　と　B　に適当な日付を次のア～カから１つずつ選び、記号で答えなさい。
ア　1月3日　**イ**　3月10日　**ウ**　5月30日　**エ**　7月20日
オ　9月15日　**カ**　11月10日

4

下の会話は「肺のつくりと血液の循環」に興味をもち、図２のモデル装置を完成させた生徒達の会話であり、図３は血液の循環の道すじを模式的に示したものである。あとの問いに答えなさい。

生徒Ａ：このモデル装置はゴム風船を肺、ペットボトルを胸の空間に見立てているんだよね。
生徒Ｂ：そうだよ。ゴム膜を下に引くと、肺にみたてたゴム風船が膨らむんだ。
生徒Ａ：なるほど。そうするとゴム膜は体の(　X　)にあたるんだね。
生徒Ｂ：そうだよ。だけど①肺は胃や小腸などとは異なり、みずから運動することができないんだ。
生徒Ｃ：肺に入った酸素は、気管支の先端の(　Y　)で、毛細血管の中の血液にとりこまれるんだ。
生徒Ａ：肺は(　Y　)のような小さい袋が多数集まってできているんだね。
生徒Ｃ：②この構造のおかげで酸素と二酸化炭素の交換を効率よく行うことができるんだね。

図2

図3

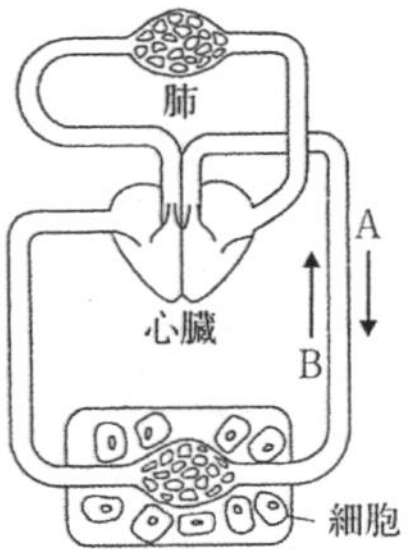

問1　XとYにあてはまる語句をそれぞれ答えなさい。

問2　下線部①の理由を簡潔に答えなさい。

問3　下線部②のように酸素と二酸化炭素の交換を効率よく行うことができるのはなぜか、簡潔に答えなさい。

問4　血液が肺、肝臓、腎臓を通過するときに血液中から減少する主な物質はそれぞれ何か、次のア～エから適切な組み合わせを１つ選び、記号で答えなさい。

ア　肺：酸素　肝臓：尿素　腎臓：アンモニア
イ　肺：酸素　肝臓：アンモニア　腎臓：尿素
ウ　肺：二酸化炭素　肝臓：尿素　腎臓：アンモニア
エ　肺：二酸化炭素　肝臓：アンモニア　腎臓：尿素

問5　血液の流れる向きは、図３のA、Bのどちらか答えなさい。

問6　動脈へ血液を送りだすときの心臓の動きを正しく述べたものを、次のア～カから１つ選び、記号で答えなさい。

ア　心房が収縮する。　**イ**　心室が収縮する。　**ウ**　心房が拡張する。
エ　心室が拡張する。　**オ**　心房と心室が同時に収縮する。　**カ**　心房と心室が同時に拡張する。

5

力と運動について調べるために次のような実験を行った。ただし、摩擦や空気抵抗、糸とテープのおもさは考えないものとする。

【実験１】
図４のように、水平な机の上で、１秒間に50回打点する記録タイマーのテープを台車に取り付けた。次に台車とおもりをつないだ糸を滑車にかけ、台車を支えていた手を静かに離したところ台車は動き始め、おもりが床に達してから台車が車止めに達するまでの間、台車は等速直線運動を続けた。

図4

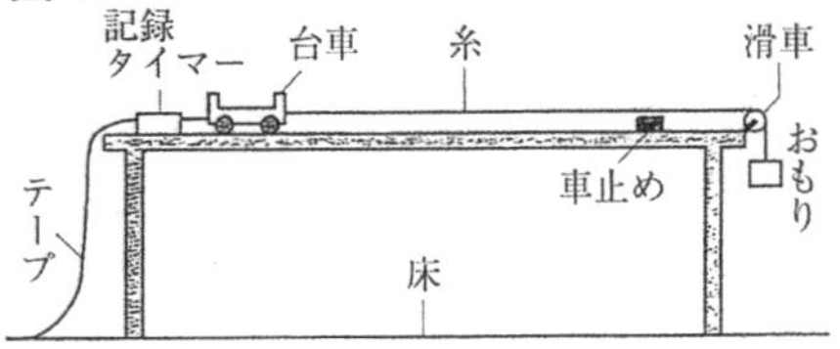

【実験２】
次に図５のように、図４の机を傾けて右側を高くし、同じ操作を行ったところ、台車は動き始め、おもりが床に達してから台車が車止めに達するまでの間、台車は少しずつ速さを遅くしながら運動を続けた。

図5

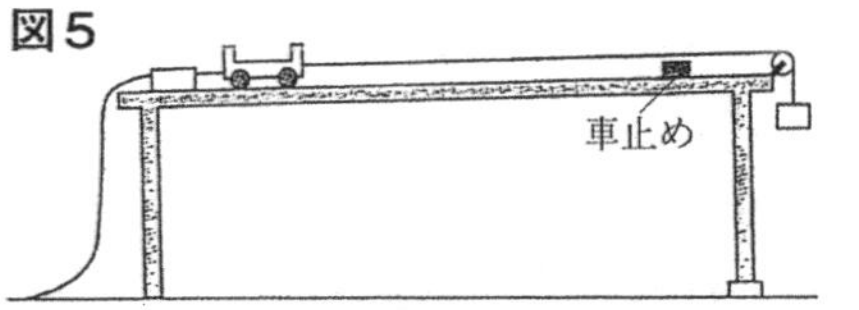

問1　力がはたらいていない(またはつり合っている)とき、物体がその運動を続けようとする性質を何というか、答えなさい。

問2　下線部の等速直線運動を続けている台車にはたらいている力を全て矢印で解答欄に記入しなさい。

問3　下の図は実験1で得られた記録テープをa点から5打点ごとに区切ったものであり、表は各点間の距離を測定した結果である。a点から0.3秒後までの台車の平均の速さを小数第一位まで求めなさい。

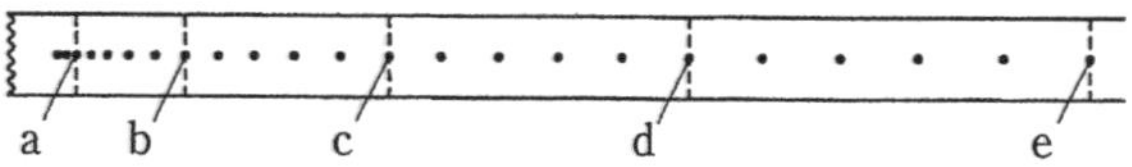

測定区間	距離〔cm〕
a点～b点	1.65
b点～c点	3.15
c点～d点	4.65
d点～e点	6.15

問4　下線部で、台車が動き始めてからおもりが床に達するまでの時間をt、台車が動き始めてから台車が車止めに達するまでの時間をTとする。台車が運動している間、「時間」と「台車にはたらいている合力の大きさ(これをFとする)」の関係を、次のア～エから1つ選び記号で答えなさい。

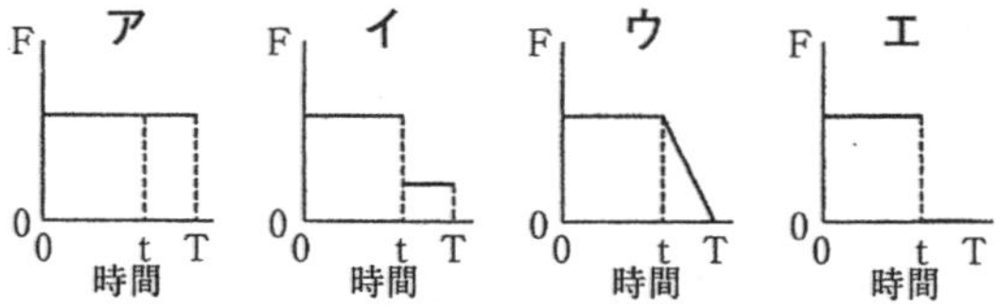

問5　次の文は実験2で台車が少しずつ速さを遅くしながら運動した理由を説明したものである。〔　X　〕に適語を補いなさい。

> 台車が少しずつ速さを遅くしながら運動したのは〔　X　〕のうち斜面に沿った分力が、台車の運動方向と反対向きにはたらいたからである。

6

下の図は発電所から家庭まで電気が送られる際の電圧の変化を示している。次の各問いに答えなさい。

> 火力発電所　→　送　電　線　→　各種変電所　→　町なかの電線　→　家　　庭
> 28万～50万V　　6600V　　100V

問1　火力発電所でのエネルギー変換について次の(　①　)～(　③　)にあてはまるエネルギー形態をア～エから選び記号で答えなさい。

> (　①　)→(　②　)→(　③　)→電気エネルギー

ア　化学エネルギー　　**イ**　運動エネルギー　　**ウ**　位置エネルギー　　**エ**　熱エネルギー

問2　送電線の電圧が高くなっている理由を簡潔に説明しなさい。

問3　交流で電圧を変えるしくみについての次の文を読み、あとの3つの問いに答えなさい。

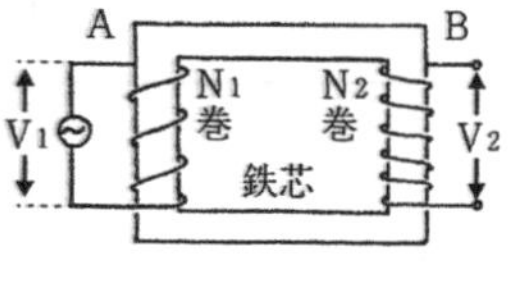

左図のAに交流の電流が流れると鉄芯が電磁石になるが、電流が周期的に変化するため、Bにも電圧が生じ、電流が流れるようになる。そのとき、Aの電圧をV_1、Aのコイルの巻数をN_1とし、Bに生じる電圧をV_2、Bのコイルの巻数をN_2とすると、$V_1:V_2=N_1:N_2$の関係がある。

(1) 文中の下線部の現象を何というか答えなさい。

(2) V_1が6600V、V_2が100Vのとき、N_1とN_2について適当なものをア～エから選び、記号で答えさい。

ア $N_1=20$回　$N_2=1320$回　**イ** $N_1=1320$回　$N_2=20$回

ウ $N_1=60$回　$N_2=1100$回　**エ** $N_1=1100$回　$N_2=60$回

(3) 山形県では電流の周波数は何Hzか答えなさい。

問4 家庭の配線で、階段の上の電灯のように2ヶ所のスイッチを使って、点滅する回路図を下に書いた。電球はどこに配置すれば良いか、図のア～ウから選び記号で答えなさい。ただし、(～)は交流電源をあらわす。

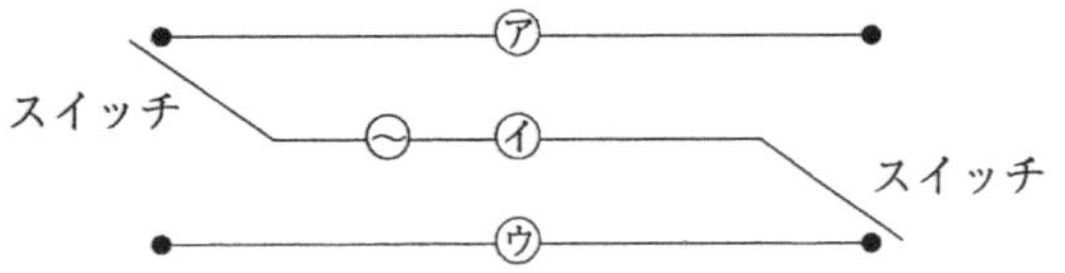

7

T君は、理科室で次の実験を行った。これを読み、あとの問いに答えなさい。

〔実験1〕
金属製のコップに理科室の気温と同じ25℃のくみ置きの水を入れ、下図のように少しずつ氷水を加え、かき混ぜながら金属製のコップの表面を観察したところ、水温が15℃になったとき、コップの表面がくもり始めた。

〔実験2〕
ぬるま湯を入れたフラスコに線香の煙を入れ、下図のように大型注射器、サーミスター温度計を取り付けたゴム栓でふたをした。次にピストンをすばやく引き、フラスコの中の様子を観察した。

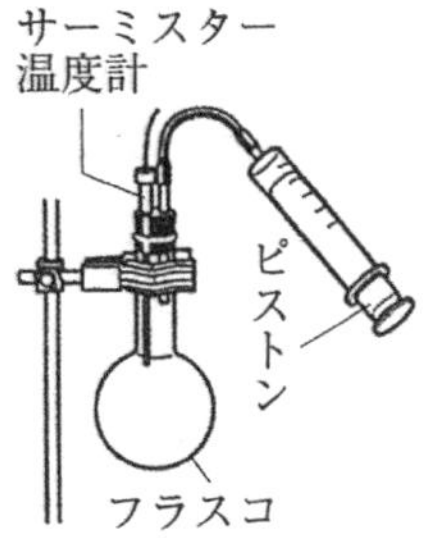

問1 実験1の中で、コップの表面がくもり始めたときの温度を何というか答えなさい。

問2 理科室の空気に含まれている水蒸気量は何g/㎥か。次の表を参考にして答えなさい。

気温〔℃〕	0	5	10	15	20	25	30
飽和水蒸気量〔g/㎥〕	4.8	6.8	9.4	12.8	17.3	23.1	30.4

問3 理科室の空気の湿度は何%か。小数第二位を四捨五入して、小数第一位まで求めなさい。

問4 実験2で、ピストンをすばやく引いたとき、フラスコ内の①気圧とフラスコ内の空気の②温度はどのように変化するか。次から選び記号で答えなさい。

ア 上がる　　**イ** 下がる

問5　実験２の結果、フラスコ内がくもった。これは上空にできる雲のでき方と同じである。雲ができやすい場合を次のア～エから１つ選び記号で答えなさい。

ア　山頂からふもとへ空気が降りてくる場合
イ　高気圧の中心から空気がふき出る場合
ウ　地表が強く熱せられて空気が上昇する場合
エ　上空の冷えた空気が下降する場合

問6　温度が同じとき、湿度が高い空気と低い空気では、同じ高さまで上昇した時にどちらの方の空気が雲ができやすいか答えなさい。

8

地層や堆積岩に関する次の各問いに答えなさい。

A

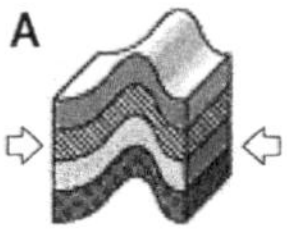

B

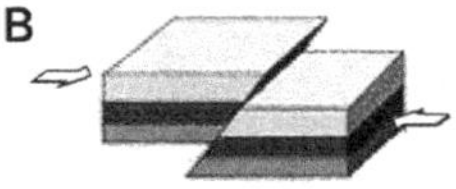

図6

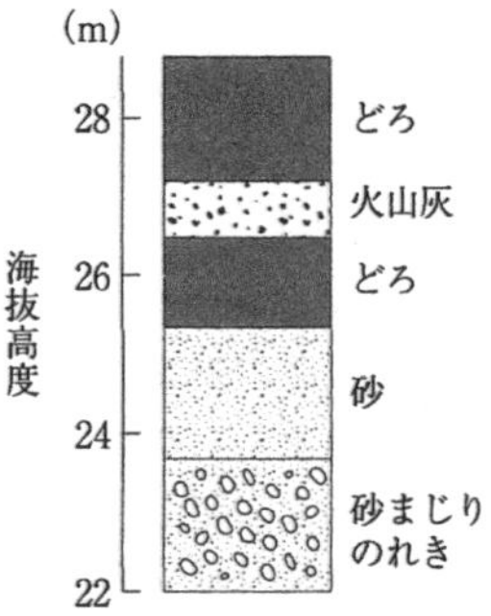

問1　Aのように大きく波打つような地層の曲がりを何というか、答えなさい。

問2　Bのように地層の一部がずれたものを何というか、答えなさい。

問3　AとBの図中の矢印は、地層に加わった大きな力を表している。この力は何によるものか答えなさい。

問4　地下の様子を調べるために、細い管を使って地面を掘り、地下の地層を柱状に掘り出した試料のことを何というか答えなさい。

問5　地層の重なり方を図６のように書き表したものを何というか答えなさい。

問6　下の表は３種類の堆積岩について、ルーペなどを用いて特徴を調べまとめたものである。Bの堆積岩はサンゴのなかまの化石を含んでいたので、あたたかくて浅い海で堆積したことがわかる。このように、堆積した当時の環境を推定できる化石を何というか、答えなさい。

堆積岩	特　　徴
A	角ばった鉱物の結晶からできていた。
B	化石が見られ、うすい塩酸をかけると溶けて気体が発生した。
C	鉄のハンマーでたたくと鉄がけずれて火花が出るほどかたかった。

問7　問６の表のA～Cの堆積岩は石灰岩、チャート、凝灰岩のいずれかである。次のア～カの中から適切な組み合わせを１つ選び、記号で答えなさい。

ア　A：石灰岩　B：チャート　C：凝灰岩
イ　A：石灰岩　B：凝灰岩　C：チャート
ウ　A：チャート　B：石灰岩　C：凝灰岩
エ　A：チャート　B：凝灰岩　C：石灰岩
オ　A：凝灰岩　B：石灰岩　C：チャート
カ　A：凝灰岩　B：チャート　C：石灰岩

2024年度
山形学院高等学校入学者選抜
学力試験問題

英　語

（ 14：00 ～ 14：50 ）

注　意

1 「開始」の合図があるまで、開いてはいけません。

2 最初に、放送によるテストがあります。

3 問題は、7ページまであります。

4 「開始」の合図があったら、まず、解答用紙に受験番号を書きなさい。

5 答えは、すべて解答用紙に書きなさい。

6 「終了」の合図で、筆記用具をおき、解答用紙を裏返しにしなさい。

1 これはリスニングテストです。放送の指示に従って答えなさい。

※音声と放送原稿非公表

1 No.1

ア

イ

ウ

エ

No.2

ア	イ	ウ	エ
月	月	月　ボランティア	月
火　メグと買い物	火　ボランティア	火	火　ボランティア
水　祖母の家訪問	水　祖母の家訪問	水　メグと買い物	水　ボランティア
木　ボランティア	木　メグと買い物	木　ボランティア	木　メグと買い物
金　ボランティア	金　ボランティア	金　祖母の家訪問	金　祖母の家訪問

2

アナウンスの内容

（　ア　）時からイルカのショーが通常通り行われる。
残念ながら、本日はペンギンショーは休み。しかし、レストランの（　イ　）で、アニメのキャラクターが歌ったり踊ったりするショーが見られる。
またそこで、特別なプレゼントが先着（　ウ　）名に配られる。

3

No.1 ア No sisters.
イ One sister.
ウ Two sisters.
エ More than two sisters.

No.2 ア Seventeen years old.
イ Eighteen years old.
ウ Twenty-three years old.
エ Twenty-five years old.

4 答えは、解答用紙に書きなさい。
（メモ用）

（　　　　）のところの英語を聞き取り、書きなさい。
Maiko：Did you enjoy your summer vacation?
Bill：Yes, I had a great time.
Maiko：What did you enjoy the most?
Bill：（　　　　　　　　　　　　　　　　）

2 次の問いに答えなさい。

1　次の対話文の（　　　　　）の中に最も適する英語を、それぞれ１語ずつ書きなさい。

(1) Akiko : Have you decided what club you are going to (　　　　　) in high school?
Jim : No, I haven't. I'm thinking about it now.

(2) Sarah : You don't look well. What's (　　　　　)?
Kazuo : I'm tired, because I studied until 2:00 a.m. for today's test.

(3) Woman : What time did you get up?
Man : I got up at 6:30 in the morning.
Woman : What did you have for (　　　　　)?
Man : I had some eggs and milk.

2　次の対話文の（　　　　　）の中に最も適するものを、ア～エからそれぞれ１つずつ選び、記号で答えなさい。

(1) Man 1 : How long do you usually sleep every night?
Man 2 : I usually sleep six hours.
Man 1 : Really? I think everyone needs to sleep for seven or eight hours.
Man 2 : I agree. (　　　　　)

ア I should sleep more.
イ I have to play more video games at night.
ウ I slept for eight hours last night.
エ I didn't play a video game last night.

(2) Taro : Excuse me. Could you tell me the way to the library?
Kate : (　　　　　) I'm going to the station near the library.
Taro : Thanks. You're very kind.

ア I'm sorry, but I can't.
イ I've never been there.
ウ I'm happy to hear that.
エ I'll take you there.

3　次の対話文の下線部について、あとのア～カの語を並べかえて正しい英文を完成させ、(X)、(Y)、(Z) にあてはまる語を、それぞれ記号で答えなさい。

(1) Nancy : Hi, What are you reading?
Ken : A book about Japan. This book (X)(　　)(Y)(　　)(Z)(　　) our school.
Nancy : Is it interesting?
Ken : Yes, it is.

ア written　イ a teacher　ウ was　エ working　オ by　カ at

(2) Jane : (　　)(X)(　　)(Y)(　　)(Z) in your company?
Peter : Yes, of course. Half of the people in the company can speak Chinese.

ア anyone　イ there　ウ speaks　エ is　オ Chinese　カ who

二〇二四

国語 解答用紙

一

問一 ア

イ

ウ

問二

問三 A

B

C

D

問四

問五

問六

問一. 2点×3
問二. 2点
問三. 2点×4
問四. 6点
問五. 2点×2
問六. 3点

二

問一 ア

イ

問二

問三

問四

問五

問六

問七

問一. 2点×2
問二. 3点
問三. 3点
問四. 6点
問五. 4点
問六. 4点
問七. 4点

三

問一

点点点点

受験番号	得　点

※100点満点

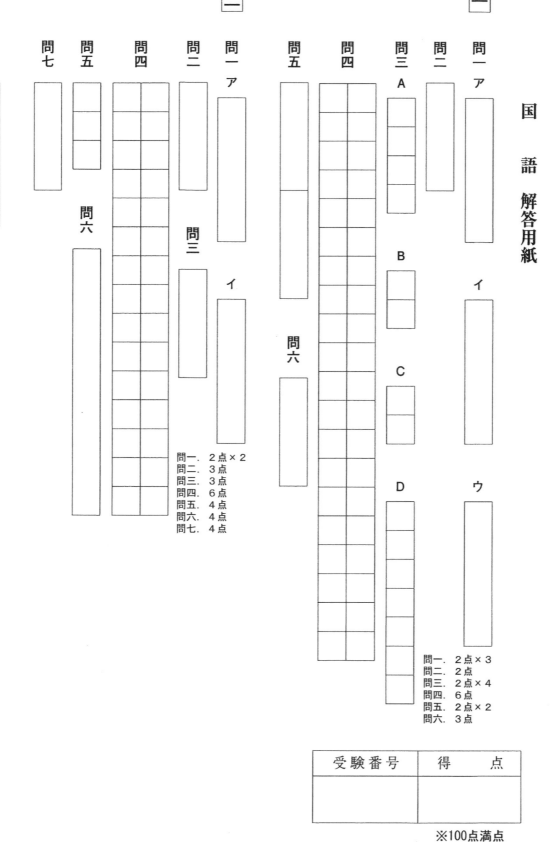

2	(1)	
	(2)	
3	(1)	
	(2)	

3

3点
×4

1	
2	
3	℃以上　　　　℃未満
4	

2	
3	
4	

6

3点
×7

1	(1)	
	(2)	
	(3)	
	(4)	
	(5)	
	(6)	
2		

2点×2
2点×2
1点×2
2点×2
1点

4
問1．　2点
問2．　2点
問3．　2点×2
問4．　1点
問5．　2点
問6．　2点
問7．　3点
問8．　1点
問9．　1点

5
問1．　2点×3
問2．　⑴1点
　　　⑵2点
問3．　2点×2
問4．　⑴1点
　　　⑵2点

6
問1．　2点
問2．　2点
問3．　2点×2
問4．　1点
問5．　1点×3
問6．　2点×2
問7．　2点

※100点満点

受験番号	得　　点

5

問1	X	
	Y	
	Z	
問2	⑴	
	⑵	
問3	⑴	
	⑵	
問4	⑴	
	⑵	

6

問1		
問2		
問3	会社：	
	働く人：	
問4		
問5		税
		税
		税
問6	Y	
	Z	
問7		

※100点満点

受験番号	得　　点

2点
2点
3点
1点×2
2点
1点

8
問1． 1点
問2． 1点
問3． 2点
問4． 2点
問5． 2点
問6． 2点
問7． 2点

5

問1		
問2	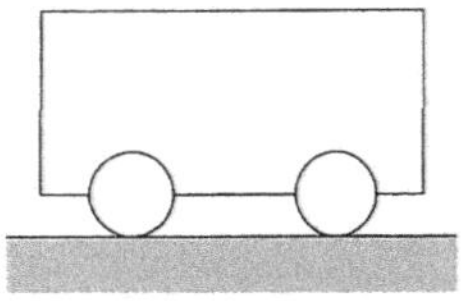	
問3	cm/s	
問4		
問5		

7

問1				
問2	g/m³			
問3	%			
問4	①		②	
問5				
問6				

6

問1	①	
	②	
	③	
問2		
問3	(1)	
	(2)	
	(3)	Hz
問4		

8

問1	
問2	
問3	
問4	
問5	
問6	
問7	

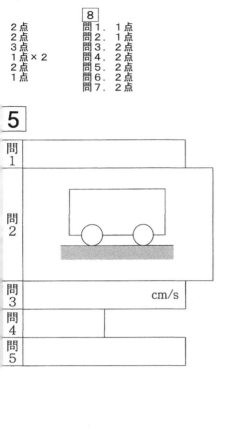

4

1

2 (1)

(2)

(3)

3

4

40

100

5

5

I want to go to

1
1．3点×2
2．3点×3
3．3点×2
4．4点

2
1．3点×3
2．3点×2
3．完答4点×2

3
4点×4

4
1．3点
2．4点×3
3．3点
4．5点
5．2点×2

5
9点

２０２４

※100点満点

英　語　解　答　用　紙

受験番号	得　　点

1

1

No. 1		No. 2	

2

ア		イ		ウ	

3

No. 1		No. 2	

4

2

1

（1）		（2）		（3）	

2

（1）		（2）	

3

（1）	X（　　　　　　）	Y（　　　　　　）	Z（　　　　　　）
（2）	X（　　　　　　）	Y（　　　　　　）	Z（　　　　　　）

3

1		2	
3		4	

【解答用

理　科　解　答　用　紙

1	2	3	4	5	6
Ⅰ．問1．１点	問1．１点	問1．１点	問1．１点×２	問1．１点	問1．１点×
問2．１点	問2．３点	問2．２点	問2．２点	問2．３点	問2．３点
問3．２点×４	問3．３点	問3．１点×２	問3．３点	問3．３点	問3．⑴１点
Ⅱ．問1．３点	問4．２点	問4．１点	問4．２点	問4．３点	⑵２点
問2．１点×２	問5．３点	問5．３点	問5．１点	問5．２点	⑶１点
		問6．２点×２	問6．２点		問4．２点

1

Ⅰ	問1		
	問2		
	問3	(1)	
		(2)	g/cm³
		(3)	と
		(4)	

Ⅱ	問1		倍
	問2	ア	
		イ	

3

問1		
問2		
問3	ギンナン	
	サクランボ	
問4		
問5		
問6	A	
	B	

2

問1	色
問2	
問3	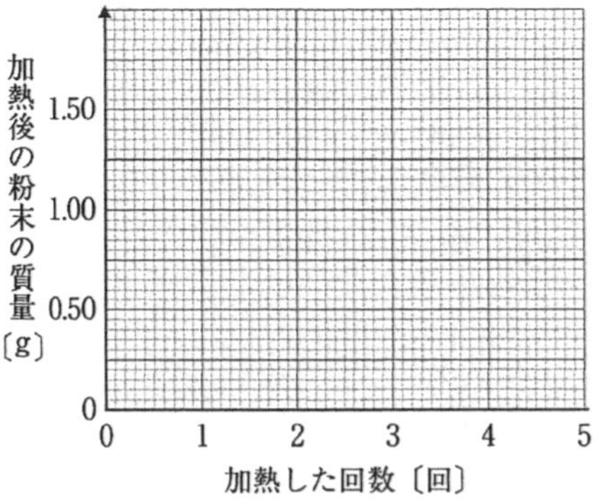
問4	
問5	g

4

問1	X	
	Y	
問2		
問3		
問4		
問5		
問6		

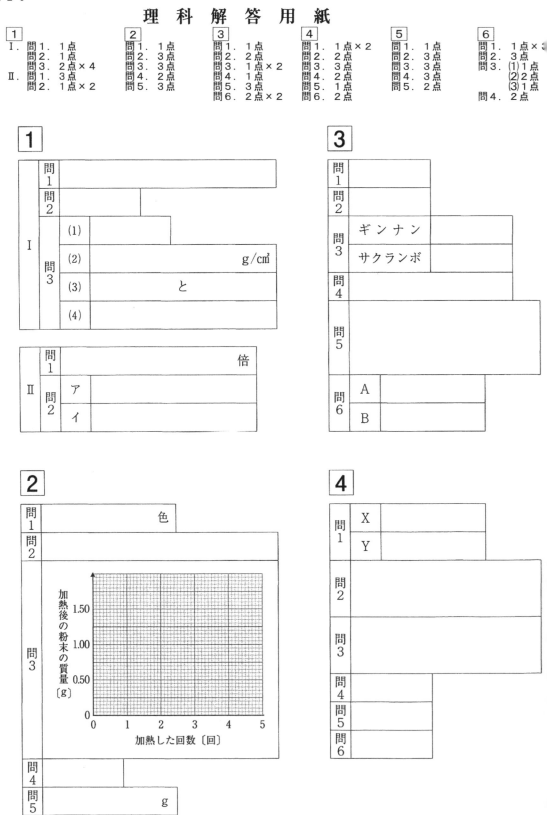

2024

社 会 解 答 用 紙

1
問1．１点
問2．１点×３
問3．１点
問4．１点
問5．２点
問6．２点
問7．１点×２
問8．１点
問9．⑴２点
⑵１点

2
問1．１点
問2．２点
問3．２点
問4．記号…１点×３
正しい語句…２点×３
問5．１点
問6．１点×２

1

問1			
問2	ⓐ		
	ⓑ		
	ⓒ		
問3			
問4			
問5			
問6			
問7			
問8			
問9	⑴		
	⑵		

2

問1		
問2		
問3		
問4	1)	記号：
		正しい語句：
	2)	記号：
		正しい語句：
	3)	記号：
		正しい語句：
問5		
問6	①	②

3

問1	⑴	
	⑵	
問2	⑴	
	⑵	
問3	⑴	
	⑵	
問4	⑴	
	⑵	
問5		

4

問1	
問2	
問3	Ⅰ
	Ⅱ
問4	
問5	
問6	
問7	
問8	
問9	

2024

数 学 解 答 用 紙

受験番号	得　　点

※100点満点

1 3点×7

1	(1)	
	(2)	
	(3)	
	(4)	
2	$x =$	
3	g	
4	△ABF：△EDF＝	

4 1．2点×2　2．3点　3．3点×4

1	Aプラン	円
	Bプラン	円
2	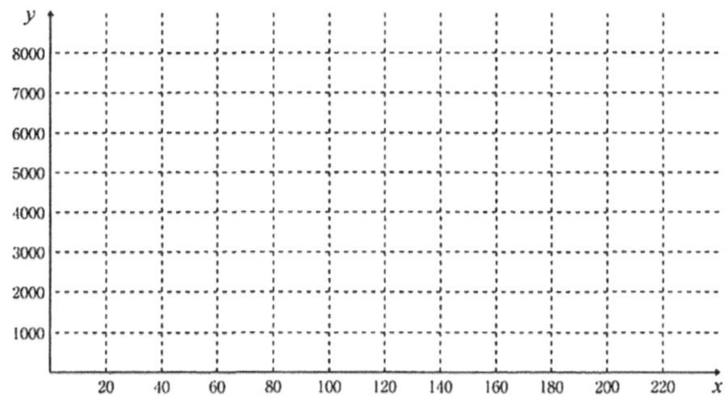	
3	(1)	(2)
	(3)	(4)

5

1	

【解答用

問三

問四

四

問一

1

2

3

4

める

5

問一．２点×５
問二．２点
問三．２点

問二

問三

五

240字

200字

100字

15点

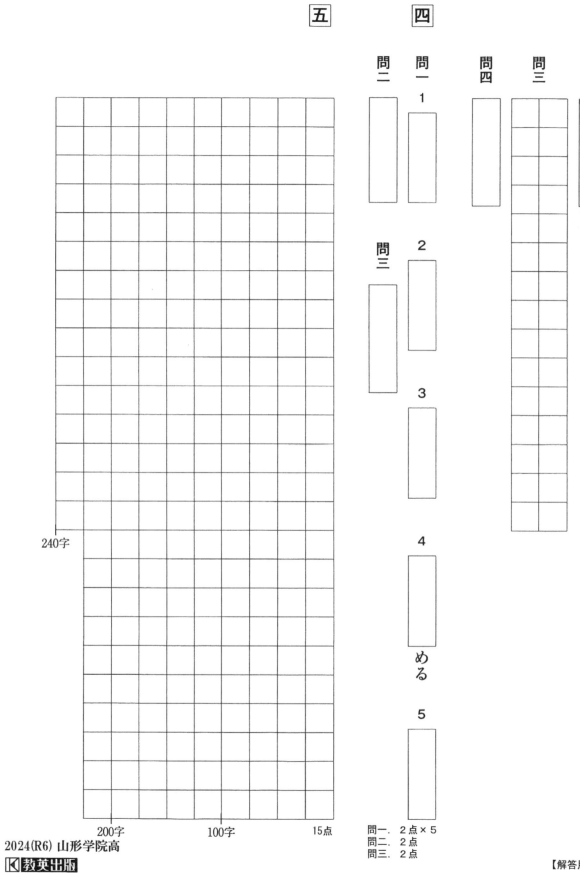

3 さくらとアレックス、健《けん》たちは、ベーカー先生の授業で、学習に対する意識の違いについて、グラフ（Graph）を見ながら話をしている。次のグラフと対話文を読んで、あとの問いに答えよ。ただし、グラフ２の▨A、■B、▤Cは国を指す。

Graph 1

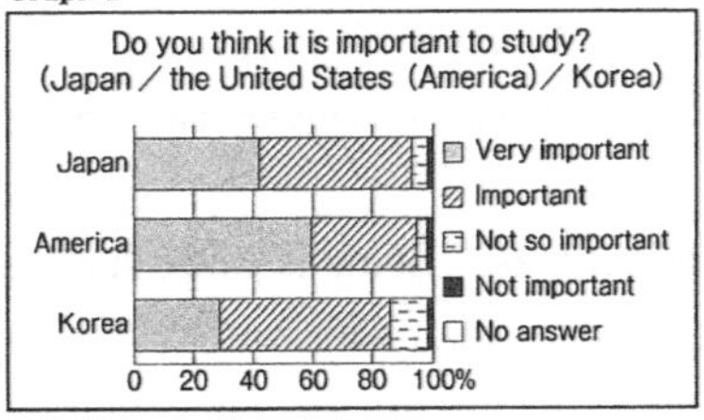

Graph 2

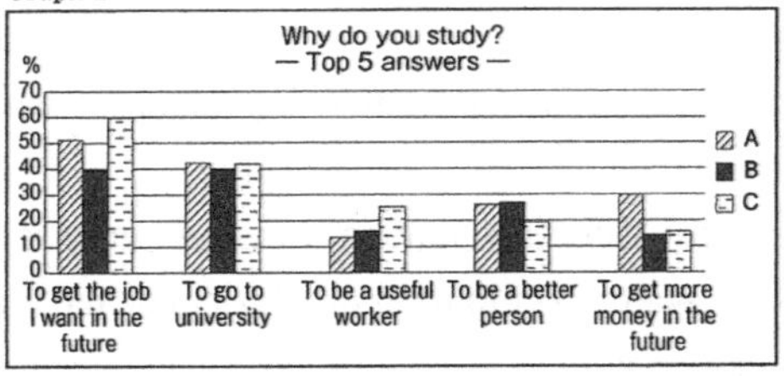

Mr. Baker：Today, we will see what students in different countries think about studying. Look at Graph 1. We can find some interesting points here.

Ken：Yes, in all the three countries, most students think studying is important or very important. More American students think studying is very important.

Mr. Baker：Yes, that's right. Alex, you are an American student. What do you think about this?

Alex：Well, I've never thought so many American students think studying is very important.

Mr. Baker：I see. What can we learn from Graph 2?

Alex：Many of the students study to get the job they want in the future. In Japan and Korea, more than fifty percent of the students study to get the job they want. More Japanese students study to be useful workers than the students in other countries.

Sakura：Actually, I have the same idea. I want to be a scientist in the future. I know there are many environmental problems in the world. I want to solve them someday. So I need to study hard.

Mr. Baker：Now, I see why you work so hard. Ken, you are a Japanese student. Do you have the same idea?

Ken：No, I don't. Studying is important to get more money. The percentage of Korean students who study for more money is the highest.

Alex：Well, maybe money is important, but I have a different idea. I study hard to be a better person. By studying, we can get a lot of knowledge. I'm sure it will help me to have a better life in the future.

Mr. Baker：A good point, Alex. Well, thank you for your ideas. Now, what did you learn from today's lesson?

Ken：Many students think it is important to study, but there are various reasons to study.

Sakura：I think so, too. If we look at each of us here, (　　　　). Ken and I are Japanese students, but we don't have the same idea. Alex, how do you get along with people in New York with different ideas?

Alex：When I lived in New York, there were a lot of people of various cultures. It wasn't easy for me to get along with them. When I had different ideas and opinions, I talked about things a lot with them. Then we came to accept one another, This experience in New York has been very useful to me.

Mr. Baker：Very good, everyone. Now, I have a question. We have various ideas. So many problems happen in our life. How can we work with people who have different ideas? Write about a similar experience you had in your notebook and hand it in.

1　グラフ１、２の内容と合っているものを、次のア～エの中から１つ選び、記号で答えなさい。

ア　More than fifty percent of the students in each country study to go to university.
イ　More than fifty percent of the American students answered, "It is very important to study."
ウ　The percentage of Japanese students who think studying is very important is the highest of all.
エ　To be a better person is the third strongest reason for studying in each country.

2　グラフ２のAの国は何か、国名を英語で書きなさい。

3　本文の内容と合っているものを、次のア～エの中から１つ選び、記号で答えなさい。

ア　Alex studies hard because he wants to be a better person.
イ　Both Ken and Alex have the same reason for studying.
ウ　Ken thinks studying is important to go to a better university in the future.
エ　Sakura thinks studying is important to get more money in the future.

4　本文の（　　　　）に入る最も適当なものを、次のア～エの中から１つ選び、記号で答えなさい。

ア　all of us study very hard to go to a foreign country
イ　all of us think talking about our ideas is important
ウ　we all have different ideas
エ　we all have the same ideas

4 以下の文を読み、あとの問いに答えなさい。

Today, people enjoy drinking various *beverages. By using *vending machines, we can drink many kinds of juice, coffee, tea, and other drinks, anywhere, anytime. Have you noticed that each vending machine has various water products, such as "*Irohasu*", "*Evian*", and "*Crystal Geyser*"? In our daily lives, we can get many kinds of water to drink. However, can we tell differences among them?

The biggest difference among drinking water is its hardness. Some is called hard, some is called soft. Hard water *contains more *calcium and magnesium than soft water. Which kind do you think is more common in Japan's natural environment?

The answer is soft water. The reason is Japan's *mountainous landscape. Japan has a high percentage of mountains. About three-fourths of Japan's land is mountains. So, water keeps flowing from high to low places. Because of that, there is little time for the water to *absorb minerals like calcium and magnesium. On the other hand, in western countries, hard water is common. That's because many western countries have a lower percentage of mountains than Japan. The water absorbs minerals from the soil more easily in such places.

*When it comes to cooking, water's hardness directly *affects the taste of food. As you may guess, minerals taste bitter. So, hard water tastes more bitter than soft water. (**A**) For example, when we make a cup of coffee, soft water can *extract the natural taste of coffee. However, hard water cannot do so because minerals change the flavor of coffee. Hard water has less effect on foods like pasta, hot pot dishes, and many western dishes. You should choose which water you use depending on what you cook.

Water's hardness also affects a machine used in daily life... a washing machine. When you visit hotels in western countries, you may find *front-loading washing machines. In Japan, however, most people use *top-loading washing machines. (**B**) Why are front-loading washing machines used in western countries? Hard water is not good for washing clothes because it has various minerals in it. In western countries, hard water is common. So, clothes need to make contact to get cleaner. By using a front-loading washing machine, they are cleaned effectively. (**C**)

On the other hand, soft water naturally gets into clothes and easily cleans them. In Japan, soft water is mainly used, so there is less need for clothes to make contact. Because of that, top-loading washing machines are popular in Japan. (**D**)

Water is a big part of our daily lives. We drink it, use it to cook, clean, and so on. By knowing what kind of water to use, you may enrich your life.

(注)

beverage(s)　飲み物　　vending machine(s)　自動販売機　　contains　～を含む

calcium and magnesium　カルシウムとマグネシウム　　mountainous landscape　山岳風景

absorb　～を吸収する　　When it comes to cooking　料理のことに関して言えば

affects　～に影響する　　extract　～を抽出する

front-loading washing machine(s)　ドラム式洗濯機　　top-loading washing machine(s)　縦型洗濯機

1　1段落目に関して、本文の内容に即した最も適切な選択肢を次から1つ選びなさい。
ア　You can buy only a few kinds of drinks from vending machines.
イ　Only hard water is sold on vending machines.
ウ　People can buy not only juice, coffee, and tea but also water from vending machines.
エ　Vending machines sell only juice, coffee, and tea.

2　本文に即して、次の問いに英語で答えなさい。
(1)　What does hard water contain more than soft water?
(2)　What changes the flavor of coffee when you use hard water?
(3)　Is soft water better to cook hot pot dishes than hard water?

3　次の英文を、本文の流れに合うように入れるとすれば、どこに入れるのが最も適切ですか。（ A ）〜（ D ）から1つ選び、記号で答えなさい。

In addition, not only the taste of water but also foods which are cooked with it are influenced by its hardness.

4　3段落目に関して、水の成分の違いが生じる理由を40字から100字の日本語で述べなさい。

5　本文の内容に合うものを、次のア〜オから2つ選び、記号で答えなさい。
ア　There are only two kinds of minerals, calcium and magnesium.
イ　The percentage of mountains affects water's hardness.
ウ　We can get only three kinds of water from vending machines.
エ　Minerals are sweet.
オ　Hard water doesn't extract the natural taste of water.

5 あなたは英語の授業の課題で、「旅行をするとしたらどこに行きたいか」を英語で説明することになりました。次の書き出しに続けて、行きたいと思う場所を１つあげ、そこに行きたい理由を含めて３文の英文で書きなさい。ただし、１文目はI want to go toで始めること。

Hello !
(I want to go to　　　　　　　　　　　　　　　　　　　　　　　　)
(　　　　　　　　　　　　　　　　　　　　　　　　　　　　　　　　)
(　　　　　　　　　　　　　　　　　　　　　　　　　　　　　　　　)
Thank you.

2023年度
山形学院高等学校入学者選抜
学力試験問題

国　語

（ 8：50 ～ 9：40 ）

注　意

1 「開始」の合図があるまで、開いてはいけません。

2 問題は、7ページまであります。

3 **作文**は、五にあります。

4 「開始」の合図があったら、まず、解答用紙に受験番号を書きなさい。

5 答えは、すべて解答用紙に書きなさい。

6 「終了」の合図で、筆記用具をおき、解答用紙を裏返しにしなさい。

一　次の文章を読んで、あとの問いに答えなさい。

「私」は、二カ月前に亡くなった父の腕時計を形見にもらったが、それはかなり昔のものでもう止まってしまっていた。それを直したい「私」は商店街のはずれ近くにある古びた時計店を訪れ、店主の老人に修理を依頼する。

暖簾《のれん》が揺れ、時計屋が戻ってきた。てのひらを皿にしているのは、ここからは目に見えないが、小さな部品を載せているためだろう。部品を落とさない用心のためか、足が悪いだけなのか、ゆっくりとした足どりだった。

「たぶん、こいつをつけ替えれば動くと思いますが、あちこち傷んでるから、点検と調整もしなくては。少し時間がかかるけど、いいですかね」

私は頷《うなず》いた。時間はたっぷりあった。今日は平日で私は［A］だ。

作業机には別の時計が置かれていたが、時計屋はそれを脇にどけた。私のほうを優先してくれるらしい。

裸になった父の腕時計は、ベルトもはずされ、万力*のミニチュアのような器具で固定された。時計屋は私を待たせていることなど気にもとめずに、スローモーションフィルムのようにのんびりと手を動かす。

小さなドライバーを使ってネジをはずし、ひと息つき、それからピンセットの先端近くを握って交換用のゴマ粒のようなネジをつまみ上げ……

かかる時間は「少し」どころじゃないかもしれない。どこかで時間潰《つぶ》しをとも考えたが、行く先をまるで思いつけなかった。来客用の椅子《いす》などないから、私はぼんやり突っ立って時計屋の仕事を眺め続ける。

「うん、だいじょうぶ、このネジだ」

時計に目を向けたままだったが、いちおう私に声をかけたのだと思う。父の時計は直るらしい。

「あとは軽く分解掃除をしておきましょう」

時計屋が新しい工具を手に取った。

何十年も繰り返してきた作業なのだろう。緩慢ではあるが、無駄《むだ》のない手つきだった。几帳面《きちょうめん》に並べられた工具の配置は体が覚えているらしく、手探

に入れた父は、引っ越し荷物を整理している時にこう言った。当時の私には嬉《うれ》しい出来事だったから、いまでも覚えている。

「鳩時計は、社宅の誰かにくれてやろう」

〈荻原浩「時のない時計」による。表記の一部を改めた。〉

〔注〕
＊万力《まんりき》……工作物を挟んで締め付けて固定する道具。

問一　〰〰部ア〜ウの漢字の読みを、ひらがなで答えなさい。

問二　［A］に当てはまる語として最も適切なものを本文の描写から考え、次のア〜エの中から一つ選び、記号で答えなさい。

ア　休憩中　　イ　失業中　　ウ　有給休暇中　　エ　昼日中

問三　——部1「のんびり」とほぼ同じ意味の語を、本文中から漢字二字で抜き出して答えなさい。

問四　——部2の時計屋の動きから導き出される言葉として最も適切なものを、次のア〜エから一つ選び、記号で答えなさい。

ア　功労　　イ　訓練　　ウ　熟練　　エ　疲労

らネジやらを相手に　不器用そうに見える太い指を繊細に動かし続けた。

ひとつひとつが恐ろしく細かな手作業なのに、あの年齢でたいしたものだ。私には真似できそうにない。私の仕事は――仕事だったのは、広告代理店の営業だ。

時計屋に話しかけてみたかったが、デリケートな作業をしているさなかに、気を散らしていいものかどうかわからなかった。私に声をかけてきた時も、息で部品が飛ばない用心をしているかのようなこもり声だった。手にはいま小型のキリが握られ、いちばん小さな歯車を磨いている。

いきなり右手で音がした。

〝はぽ〟

「おうっ」

3思わず声をあげてしまった。正面の壁の振り子時計のひとつから鳩《はと》が飛び出したのだ。

はぽ。はぽ。はぽ。

午後四時だ。時計屋が小さく笑った。

「鳩時計、珍しいですか。いまでも欲しいってお客さんがたまにいるもんでね」

「いえ、昔、自分の家にもありました」

確か、私が小学生の頃だ。

私は鳩時計が好きになれなかった。人の迷惑をかえりみない、甲高い声の騒々しいやつ、としか思えなかった。つくりものの黒く丸い目が不気味だ。突然の音が心臓に刺さる。昼間のうちはまだいい。夜には聞きたくない声だった。

子どもだって眠れない夜もある。真夜中にあの声を聞き、鳴く数をかぞえてしまうと、ますます眠れなくなった。宿題やテスト勉強を遅くまでやっている時には、残酷なカウントダウンになった。

広い家なら問題はなかったのだろうが、当時、私たちが住んでいたのは、父親が勤める会社の社宅で、ウ居間のほかに部屋は二つ。私と兄が共同で使っていた六畳間は、鳩時計を置いた居間のすぐ隣。薄い壁のむこうで一時間おきに鳩が鳴く。父と母が鳩時計を買ったのは、狭苦しい仮住まいの居間を、豪華なリビングルームだと錯覚したかったからかもしれない。

たぶん、父と母も辟易《へきえき》していたのだと思う。四十三にしてマイホームを手

問五　――部3「思わず声をあげてしまった」とあるが、その理由を三十五字以上四十五字以内で説明しなさい。その際、次に挙げる語をすべて使うこととする。

集中	音	作業

問六　本文の内容として最も適切なものを、次の**ア**～**エ**から一つ選び、記号で答えなさい。

ア　鳩時計の音でもう夕方だと知った「私」は、子どもの頃自宅にあった鳩時計の音が夜になると怖く感じていたことを思い出し、自分が年齢を重ねたことを実感した。

イ　鳩時計を見た「私」は、かつて狭い家で鳩時計の音を聞いていた苦い記憶や、引っ越しの時にその音から解放された喜びの記憶をよみがえらせていた。

ウ　亡き父の時計に強い思い入れを抱いている「私」は、その修理をする静かな空間に水を差す鳩時計の音に、わずかないら立ちを感じていた。

エ　しばらくぶりに鳩時計を見て、その鳴き声が昔とまったく変わっていないことに気がついた「私」はかつての辛い思い出をかみしめることになった。

二　次の文章を読んで、あとの問いに答えなさい。

*呂尚父が妻、*家を住みわびて、離れにけり。呂尚父、王の師となりて、*いみじかりける時、かの妻、帰り来て、1もとのごとくあらむことを*こひのぞむ。その時に、呂尚父、桶《をけ》一つを取り出でて、「これに水入れよ」といふままに入れつ。「こぼせ」といへば、2こぼしけり。さて、「もとのやうに返し入れよ」といふ時、妻3笑ひて、「土にこぼせる水、*いかでか返し入れむ」といふ。呂尚父いはく、「*汝、われに縁尽きしこと、[A]に同じ。いまさら、いかでか帰り住まむ」とぞいひける。

〈『十訓抄』による。表記の一部を改めた。〉

〔注〕

＊呂尚父《りょしょうほ》が妻……呂尚父の妻。呂尚父は、古代中国の王に仕えた軍師。

＊家を住みわびて……貧しい生活に耐えられなくなって。

＊いみじかりける時……大変裕福になり、栄えるようになった時。

＊こひのぞむ……強く願い望む。

＊いかでか返し入れむ……どうして返し入れることができようか。

＊汝《なんぢ》……「おまえ」「君」などの古い言い方。

問一　～～部「いひける」を現代かなづかいに直し、すべてひらがなで書きなさい。

問二　――部1「もとのごとくあらむこと」とあるが、これは具体的にどのようなことか。最も適切なものを、次の**ア**～**エ**から一つ選び、記号で答えなさい。

ア　お金をもらうこと　**イ**　王に会わせてもらうこと
ウ　離婚すること　**エ**　夫婦に戻ること

問三　――部2「こぼしけり」の主語として最も適切なものを、次の**ア**～**エ**から一つ選び、記号で答えなさい。

ア　呂尚父　**イ**　妻　**ウ**　王　**エ**　水

問四　――部3「笑ひて」とあるが、ここで妻が笑った理由を説明しなさい。

問五　[A]に入る表現として最も適切なものを、次の**ア**～**エ**から一つ選び、記号で答えなさい。

ア　桶に水を入れたる
イ　桶の水をこぼせる
ウ　桶を取り出だしたる
エ　桶の割れたる

問六　次の文章は、本文を授業で学習した生徒と先生の会話である。空欄**a**・**b**に当てはまる語句として最も適切なものを、あとの**ア**～**オ**から一つ選び、記号で答えなさい。

先生　「昔から伝えられてきた物語や事柄が元になった言葉を『故事成句』と言います。本文は、（　**a**　）という故事成句の元になった物語です。どのような意味か分かりますか。」
Aさん「はい、『一度してしまったことは取り返しがつかない』という意味です。」
先生　「その通りです。他に知っている故事成句はありますか。」
Bさん「漢文の授業で勉強した、（　**b**　）も故事成句ですよね。」
先生　「その通り。『物事のつじつまが合わない』という意味です。物語の中で、商人が売っていたものが由来になった言葉ですね。」
Aさん「故事成句を知っていると、表現が豊かになりますね。」

ア　矛盾　　**イ**　百聞は一見に如《し》かず　　**ウ**　蛇足
エ　背水の陣　　**オ**　覆水盆に返らず

三

次の――部のカタカナを漢字で書きなさい。

1　自然と**ハクシュ**が起こる。
2　**チュウコク**を無視する。
3　窓を**カイホウ**する。
4　信頼が**アツ**い。
5　集合写真を**ト**る。

四

次の文章を読んで、あとの問いに答えなさい。

問一　〰〰部ア〜ウの漢字の読みを、ひらがなで答えなさい。

問二　A ・ B に当てはまる語として最も適切なものを次のア〜エからそれぞれ一つ選び、記号で答えなさい。

ア　または　イ　そもそも　ウ　もし　エ　しかし

問三　X に入る言葉をカタカナ四字で考えて書きなさい。

問四　――部1「言われたことはやるよ」という状態を表す言葉を本文中から漢字三字で抜き出しなさい。

問五　――部2「バブル時代に行ってみたい」とあるが、女子学生がこのように思うのはなぜか。最も適切なものを次のア〜エから一つ選び、記号で答えなさい。

ア　バブル時代はコロナやウクライナ問題などの影響もなく就職も容易で給料も高いから。

イ　バブル時代の華やかで非日常的なホテルの空間に興味を持っていたから。

ウ　バブル時代の「夢を持て」と言われることのない社会をうらやましく思っていたから。

エ　バブル時代は大学を出て就職できれば親よりもいい暮らしができることが約束されていたから。

お詫び

著作権上の都合により、文章は掲載しておりません。
ご不便をおかけし、誠に申し訳ございません。

教英出版

〈三浦展『永続孤独社会』による。表記の一部を改めた。〉

〔注〕

＊ドリームズ　カム　トゥルー……一九九〇年代に流行した音楽グループ。

問六　筆者の人生観を説明した文章として正しいものはどれか。適切なものを次の**ア〜エ**から二つ選び、記号で答えなさい。

ア　自分の願望や希望を叶えるために、夢に向かって努力を続けながら生きる。

イ　自分の目標を持ち、実現に向けた努力はするが、人生における夢は持たずに生きる。

ウ　他人に希望を持ち、それが叶わなくても失望せずに生きる。

エ　他人に期待することなく、自分の力で何事も成し遂げようとしながら生きる。

問七　次の文章は**図1**の説明である。（　a　）〜（　c　）に当てはまる語句は何か。適切なものを語群の**ア〜ケ**からそれぞれ一つ選び、記号で答えなさい。

二〇一七年と（　a　）年を除いて、「自分で自分のやることを決めていきたい」と思っている二〇代の割合は年々低くなっている。二〇一一年は「とてもそう思う・そう思う」の合計は約八〇パーセントだったのに対し、二〇二一年は約（　b　）パーセントとなり、ここ一〇年間の中で最も低かった。そこから筆者は若者の（　c　）志向が弱まっていると考えている。

【語群】

ア　二〇一九　**イ**　二〇一五　**ウ**　二〇　**エ**　四〇　**オ**　六〇

カ　自己責任　**キ**　自己決定　**ク**　自己満足　**ケ**　自己犠牲

五

次の**資料1～3**を見て、二段落構成の文章を書きなさい。第一段落には、山形の信号機が縦向きである理由を資料から読み取って書き、第二段落には、「異なる生活や文化を知ること」について、あなたの考えを書きなさい。

〔資料1〕　京都府にある信号機

〔資料2〕　山形県にある信号機

〔資料3〕　資料1および2を見た生徒達の会話

Aさん「修学旅行で京都に行った時、横向きの信号機に驚いたよ。」
Bさん「私も山形育ちだから縦向きの方が自然に感じる。」
Cさん「逆に私は初めて山形に来た時、縦向きの信号機に衝撃を受けたなあ。」
Aさん「どうして横向きと縦向きが違うんだろう。」
Bさん「そういえば、旅行で新潟や北海道に行った時も縦向きだったよ。」
Cさん「山形、新潟、北海道って、どこも雪がたくさん降る地域だよね。」
Aさん「冬場の積雪量が関係しているのかもしれないね。」
Bさん「そうか、縦向きと横向きでは積もる量に違いが出るんだ。」
Cさん「信号機の上に雪が積もりすぎると大変なことになるもんね。」

《注意》

◆「題名」は書かないで本文だけを書くこと。
◆第一段落は一〇〇字を超えないこと。
◆第二段落は第一段落の次の行から書き始めること。
◆本文は、二〇〇字以上、二五〇字以内で書くこと。

2023年度
山形学院高等学校入学者選抜
学力試験問題

数　学

（ 10：00 ～ 10：50 ）

注　意

1 「開始」の合図があるまで，開いてはいけません。

2 問題は，7ページまであります。

3 「開始」の合図があったら，まず，解答用紙に受験番号を書きなさい。

4 答えは，全て解答用紙に書きなさい。

5 「終了」の合図で，筆記用具をおき，解答用紙を裏返しにしなさい。

1 次の問いに答えなさい。

1．次の計算をしなさい。

(1) $4-(-5)-7$

(2) $\dfrac{5}{6}-\dfrac{4}{9}\div\dfrac{2}{3}$

(3) $(-4a^2b+6ab^3)\div(-2ab)$

(4) $\left(2-\sqrt{3}\right)^2-\left(2+\sqrt{3}\right)^2$

2．関数 $y=ax^2$ のグラフは点 $(-2,\ -6)$ を通る。このとき，定数 a の値を求めなさい。

3．下の図のような箱の中に，1 から 4 までの数字を 1 つずつ書いた 4 枚のカードが入っている。この箱からカードを 1 枚取り出して書かれてある数字を記録し，箱の中にカードを戻す操作を 2 回行う。1 回目のカードに書かれてある数字を a，2 回目のカードに書かれてある数字を b としたとき，$\sqrt{ab}$ が整数になる確率を求めなさい。ただし，どのカードが取り出されることも同様に確からしいとする。

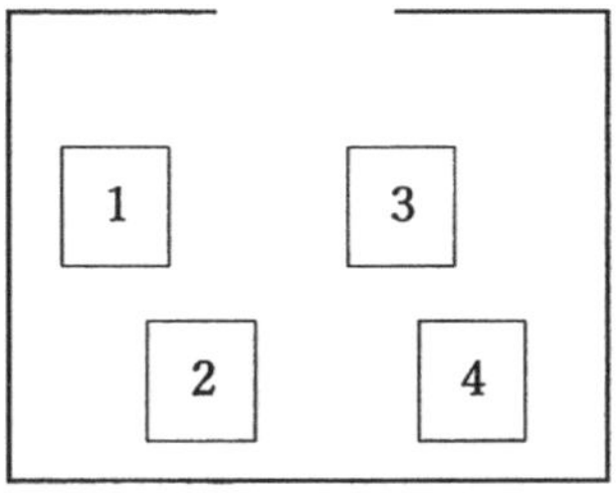

4．次の図のような，底面の半径が 3cm，母線の長さが 7cm の円錐《すい》の体積を求めなさい。ただし，円周率は π とする。

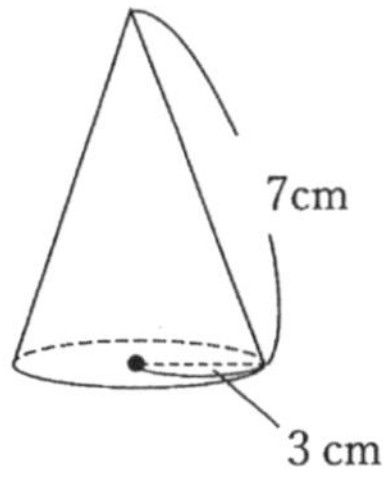

2 次の問いに答えなさい。

1．ある遊園地の入場料は，大人 2 人と子ども 3 人で 20400 円，大人 1 人と子ども 2 人で 11800 円である。

(1) 大人の入場料を x 円，子どもの入場料を y 円とし，連立方程式をつくりなさい。

(2) (1)でつくった連立方程式を解き，大人 1 人と子ども 1 人の入場料をそれぞれ求めなさい。

2．縦 10cm，横 12cm の長方形の厚紙がある。この厚紙の四隅《すみ》から同じ大きさの正方形を切り取り，底面積が 24cm^2 のふたのない箱を作りたい。切り取る正方形の 1 辺の長さを求めなさい。

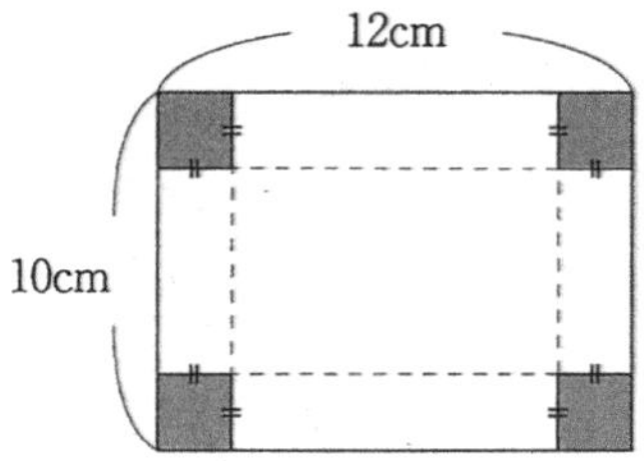

3 次の問いに答えなさい。

1．ある年の家計調査から，都道府県庁所在市の「ラーメン」，「そば·うどん」，「焼肉」，「ハンバーガー」の４つの項目の支出額を，次の度数分布表とヒストグラムに表した。この資料を参考にして，次の問いに答えなさい。ただし，この表の度数は都道府県庁所在市の数である。

〔度数分布表〕

支出金額（円） 以上～未満	ラーメン	そば・うどん	焼肉	ハンバーガー
0 ～ 1500	0	0	0	0
1500 ～ 3000	1	2	0	1
3000 ～ 4500	7	8	9	8
4500 ～ 6000	15	25	16	22
6000 ～ 7500	17	10	15	【 *a* 】
7500 ～ 9000	4	1	4	0
9000 ～10500	0	0	2	0
10500 ～12000	2	0	1	0
12000 ～13500	1	1	0	0
計	47	47	47	47

〔ヒストグラム〕

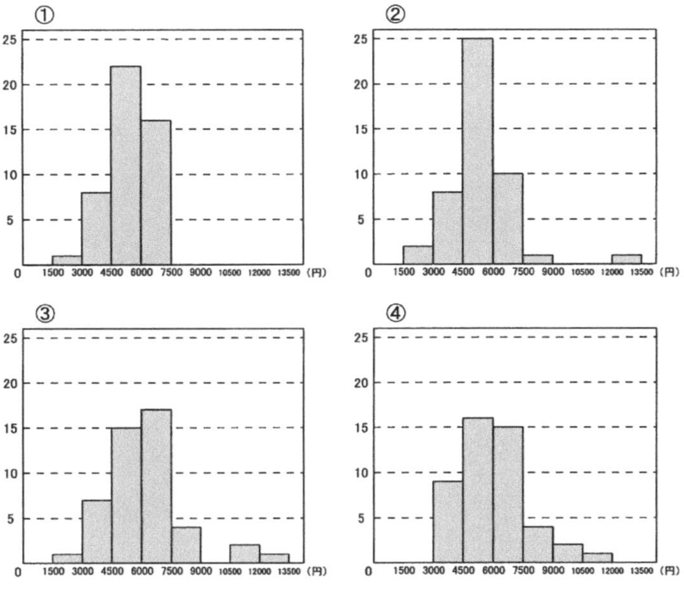

（出典：総務省統計局　家計調査より）

(1) 度数分布表の【 a 】に当てはまる数を求めなさい。

(2) 度数分布表より「焼肉」の最頻値を求めなさい。

(3) 度数分布表とヒストグラムの正しい組み合わせを下の(ア)～(カ)の中から選び記号で答えなさい。

	「ラーメン」	「そば・うどん」	「焼肉」	「ハンバーガー」
(ア)	①	③	②	④
(イ)	②	④	①	③
(ウ)	③	①	④	②
(エ)	③	②	④	①
(オ)	④	①	③	②
(カ)	④	②	③	①

(4) 47の都道府県庁所在市の中で，山形市は「ラーメン」への支出金額は1番大きく，「そば･うどん」への支出金額は3番目の大きさであった。このとき，山形市の「そば・うどん」への支出金額は度数分布表のどの階級に入るか答えなさい。

2． 1辺1cmの立方体のブロックを，次の図のように積み上げて立体をつくる。このとき，次の問いに答えなさい。

［図］

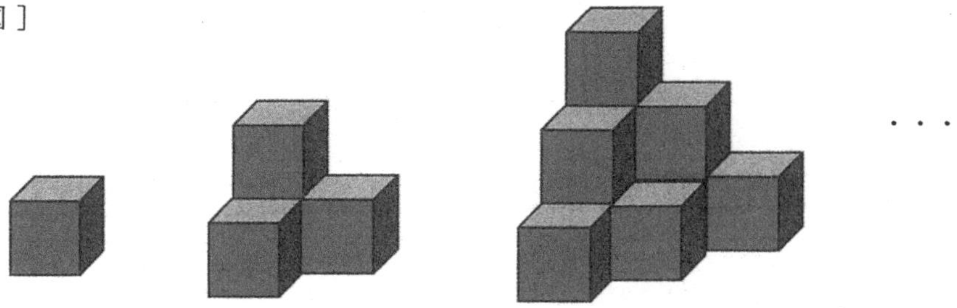

1段（総数1個）　2段（総数4個）　3段（総数10個）

(1) 4段積み上げたとき，使用したブロックの総数を答えなさい。

(2) 4段積み上げたとき，その立体の表面積を求めなさい。

4　AB＝4cm，BC＝6cm の長方形 ABCD がある。点 P は長方形の周上を毎秒 1cm の速さで A から B, C を通って D まで移動する。点 P が A を出発してから x 秒後の△APD の面積を y cm^2 とするとき，次の問いに答えなさい。

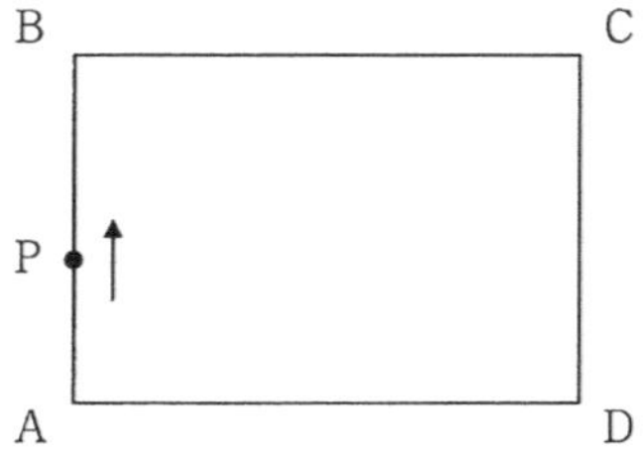

1．$0 \leqq x \leqq 4$ のとき，y を x の式で表しなさい。

2．7 秒後の△APD の面積を求めなさい。

3．点 P が A から D まで移動したときの x と y の関係を表すグラフとして最も適切なものを次の(ア)～(エ)の中から 1 つ選び，記号で答えなさい。

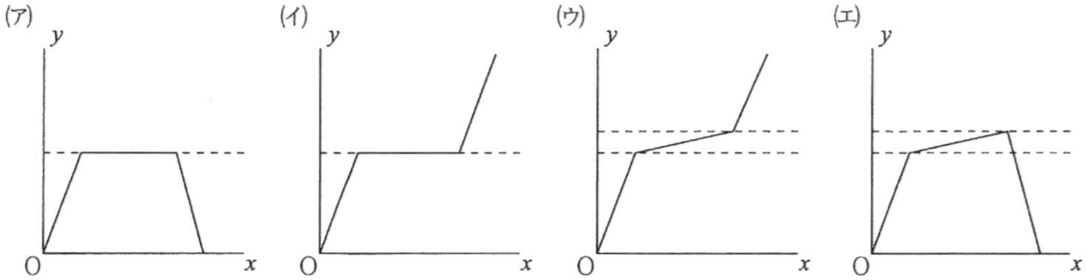

4．$y=10$ となるときの x の値を求めなさい。

5 図1は，AB＝2，AD＝$2\sqrt{3}$ の長方形 ABCD である。図2は，長方形 ABCD を対角線 BD で折り返した図形である。折り返した後の点 A を点 E とし，線分 BC と線分 DE の交点を F とする。また，点 E から対角線 BD に垂線を引き，BD との交点を G とする。このとき，次の問いに答えなさい。

［図1］　　　　　　　　　　　　［図2］

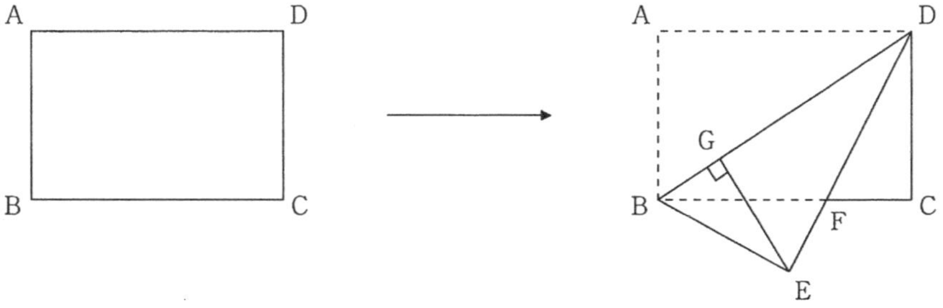

1．△BDE∽△BEG であることを次のように証明する。［(1)］～［(5)］に当てはまるものとして最も適切なものを語群から選び，答えなさい。ただし，(1)，(2)および(3)，(4)の解答順は問わないものとする。

（証明）
△BDEと△BEGにおいて，
仮定より，［(1)］＝［(2)］＝90°…①
共通な角より，［(3)］＝［(4)］…②
①，②より，［(5)］ので
△BDE∽△BEG

〈語群〉
∠BDE　∠BED　∠DBE
∠BEG　∠BGE　∠EBG
3組の辺の比がすべて等しい
2組の辺の比とその間の角がそれぞれ等しい
2組の角がそれぞれ等しい

2．EG の長さを求めなさい。

2023 年 度

山形学院高等学校入学者選抜
学力試験問題

社　　会

（ 11：10 ～ 12：00 ）

注　　意

1 「開始」の合図があるまで、開いてはいけません。

2 問題は、７ページまであります。

3 「開始」の合図があったら、まず、解答用紙に受験番号を書きなさい。

4 答えは、すべて解答用紙に書きなさい。

5 「終了」の合図で、筆記用具をおき、解答用紙を裏返しにしなさい。

1　略地図を見て、あとの問いに答えなさい。

問１　東経135度線の正しい位置を示しているものを図中の**イ**～**ニ**から１つ選び記号で答えなさい。

問２　略地図中の(a)の盆地名と(b)の都市名を答えなさい。

問３　略地図中の都市(b)の雨温図に当てはまるものを**図Ⅰ W**～**Z**の中から１つ選び、記号で答えなさい。

【略地図】

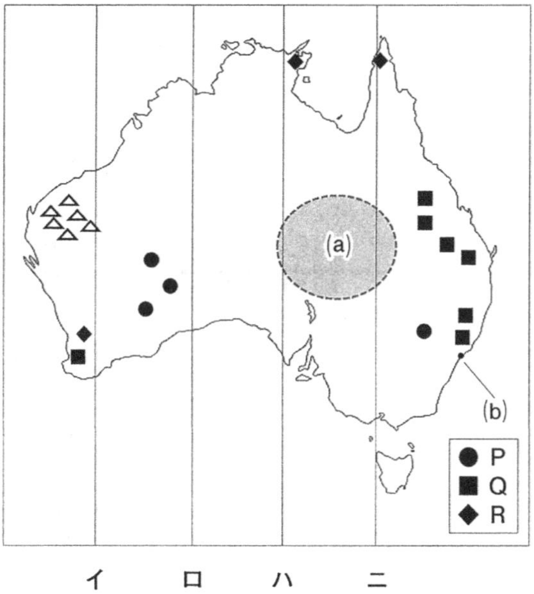

【図Ⅰ】

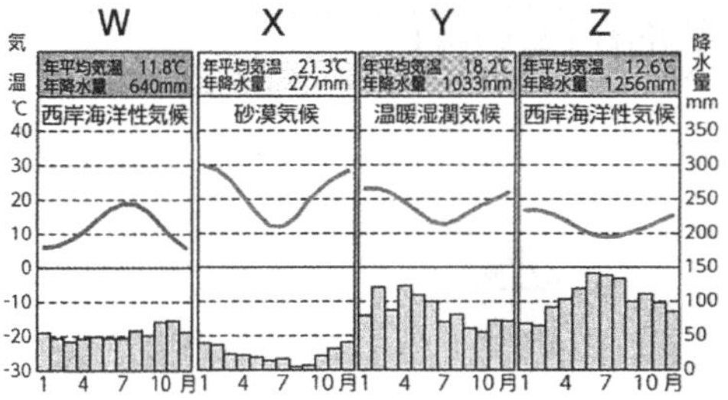

（オセアニア州の主な都市の雨温図〈理科年表2020〉）

問４　**図Ⅱ**の円グラフは、略地図中の国の輸出相手国の割合を表しています。正しい農作物を下の**ア**～**エ**から１つ選び、記号で答えなさい。

ア　小麦　　　**イ**　牛肉　　　**ウ**　大豆　　　**エ**　稲

【図Ⅱ】

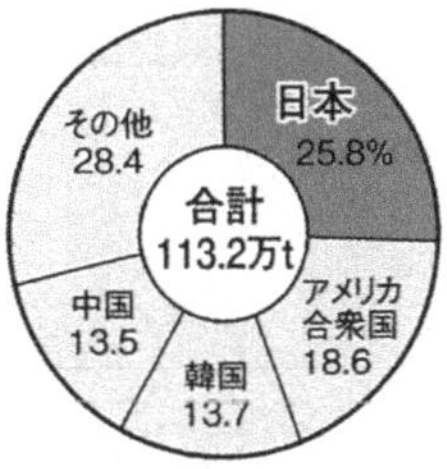

（アグロトレード・ハンドブック2014）

問５　鉱産資源に関する以下の問いに答えなさい。

①　略地図中の**P**～**R**は、石炭、金、ボーキサイトいずれかの鉱山資源の採掘地を示している。正しい組み合わせを下の**ア**～**カ**から１つ選びなさい。

	ア	イ	ウ	エ	オ	カ
石　炭	P	P	Q	Q	R	R
金	Q	R	P	R	P	Q
ボーキサイト	R	Q	R	P	Q	P

②　埋蔵量がひじょうに少ない金属や純粋なものを取り出すことが技術的・経済的に難しい金属を総称して何というか。

③　略地図中の△印がある地区で採掘される輸出品目で、**図Ⅲ**の帯グラフ中の(c)に入るものを答えなさい。

【図Ⅲ】

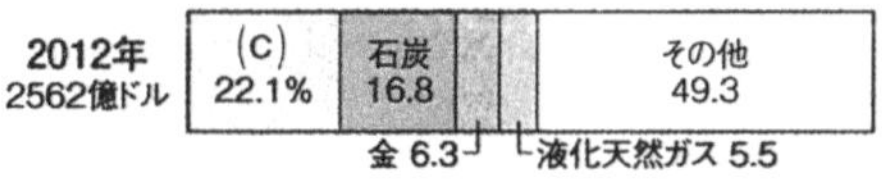

(UN Comtrade)

問６　略地図中の国は20世紀初めまでイギリスの植民地とされていたが、それに関する以下の問いに答えなさい。

①　この国では、イギリス系以外の住民が増加したことによって文化の違う移民の人々が一緒にくらしており、食生活の変化をはじめとしてさまざまな文化を互いに尊重しあう社会へと変化した。そのような社会を何というか。下の**ア**～**エ**から１つ選び、記号で答えなさい。

ア　持続可能な社会　　　**イ**　少子高齢化社会　　　**ウ**　多文化社会　　　**エ**　高度情報化社会

②　この国は、近年、なぜ幅広い経済活動を通してアジアとの結び付きを強めようとしているのかを説明しなさい。

2 略地図を見て、あとの問いに答えなさい。

問１ **図Ⅰ**を見て次の問いに答えなさい。

(1) **図Ⅰ**に当てはまる都市の位置は、**X・Y**のどちらか記号で答えなさい。

(2) **図Ⅰ**が該当する気候区分の名称を答えなさい。

【図Ⅰ】

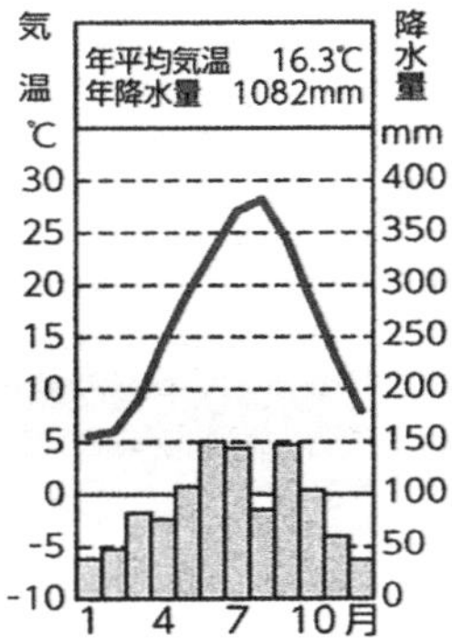

（理科年表 2020）

【略地図】

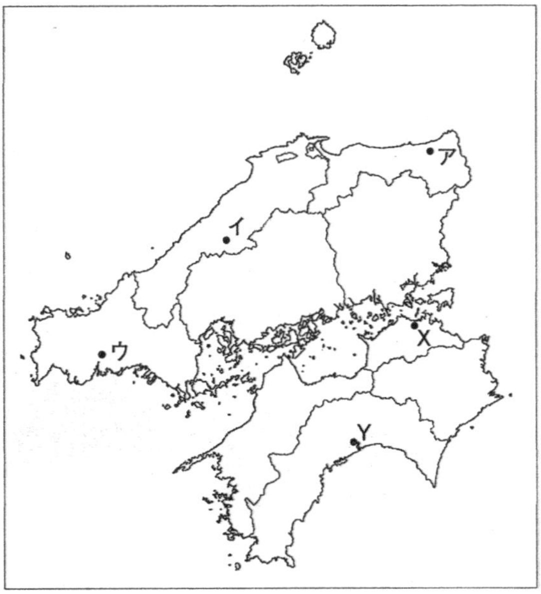

問２ 本州四国連絡橋の開通によって、本州と四国の移動は大きく改善され、人々の生活は大きく変わった。次の**ア～オ**の中で、本州四国連絡橋に**当てはまらないもの**を１つ選び記号で答えなさい。

ア 明石海峡大橋　　**イ** しまなみ海道　　**ウ** 瀬戸大橋

エ 角島大橋　　**オ** 大鳴門橋

問３ 次の各短文を読んであとの問いに答えなさい。

・「神話の里」とよばれるほど古くからの歴史がある山陰には、（ ① ）をはじめ数多くの文化財や史跡がある。また、江戸初期に大量の銀を産出していた**A**<u>石見銀山</u>は昔の産業の様子を見学できる遺跡である。

・中国山地には、伝統的な鉄の製造法である（ ② ）に関する博物館を作り、地域の歴史を学習する観光にも力を入れている地域もある。

・高知平野では、かつては温暖な気候を利用した米の**B**<u>二期作</u>が盛んであった。しかし現在では野菜の（ ③ ）が農業の中心になっている。

(1) 文中（ ① ）～（ ③ ）に入る語句を下の**ア～カ**よりそれぞれ１つずつ選び、記号で答えなさい。

ア 混合農業　　**イ** たたら製鉄　　**ウ** 伊勢神宮

エ 出雲大社　　**オ** 露天掘り　　**カ** 促成栽培

(2) **下線部A**について、この場所に当てはまる場所を略地図中**ア～ウ**から１つ選び記号で答えなさい。

(3) 文中**下線部B**について、二毛作との違いを説明しなさい。

問４ **図Ⅱ**は、中国四国地方のおもな工業地域および品目、出荷額をまとめたものである。この図を見て、中国四国地方で工業が発達した場所の特徴を答えなさい。また、なぜその場所で工業が発達したのか、その理由を答えなさい。

【図Ⅱ】

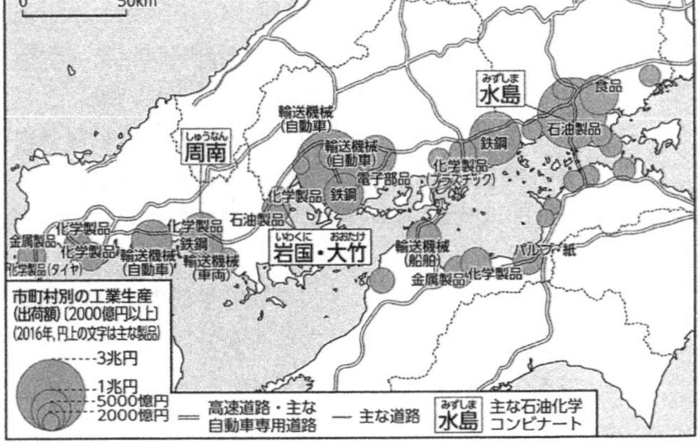

（平成29年 工業統計表、ほか）

3　みひろさんは、原始・古代・中世までの各時代とその文化について調べました。次の表は、そのときに調べたことをまとめたものの一部です。表を見て、あとの問いに答えなさい。

【表】

弥生時代	古墳時代	飛鳥時代	奈良時代	平安時代
弥生文化	古墳文化	飛鳥文化	天平文化	国風文化
資料Ⅰ 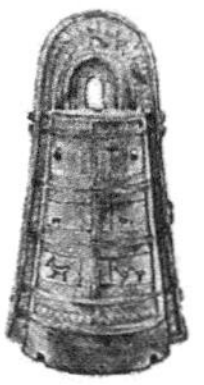	**資料Ⅱ** 	**資料Ⅲ** 	**資料Ⅳ** 	**資料Ⅴ** 

問１　弥生時代について次の問いに答えなさい。

⑴　この時代、稲作が広まっていきました。多くの人々が共同作業するために、定住した集落を何というか**カタカナ２文字**で答えなさい。

⑵　**資料Ⅰ**などの青銅器は、ある事を神に祈る祭りの道具として用いられました。ある事とは何か次の**ア**～**オ**から１つ選び記号で答えなさい。

ア　出産　　**イ**　大漁　　**ウ**　豊作　　**エ**　大雨　　**オ**　回復

問２　古墳時代について次の問いに答えなさい。

⑴　この時代、巨大な古墳が出現し、その一角に人や動物の形をした**資料Ⅱ**のようなものが並べられました。これらを何というか答えなさい。

⑵　ヤマト王権が朝鮮半島へ進出の際に、連合した国はどこか、次の**ア**～**ウ**から１つ選び記号で答えなさい。

ア　百済　　**イ**　新羅　　**ウ**　高句麗

問３　飛鳥時代について次の問いに答えなさい。

⑴　６世紀、勢力をのばした蘇我氏が**行ったことではないもの**を次の**ア**～**ウ**から１つ選び、記号で答えなさい。

ア　仏教の導入に努めた　　**イ**　聖徳太子を排除して新しい政治を行った

ウ　反対する物部氏を倒した

⑵　**資料Ⅲ**の法隆寺の説明として、正しいものを次の**ア**～**ウ**から１つ選び、記号で答えなさい。

ア　天台座主第３世慈覚大師円仁によって建立された。

イ　行基が土地を選び、聖武天皇の勅によって創建したとされる。

ウ　金堂や塔、中門などは現存する世界最古の木造建築である。

問４　奈良時代について次の問いに答えなさい。

⑴　東大寺にある聖武天皇の身のまわりの品がおさめられている倉（**資料Ⅳ**）を何というか答えなさい。

⑵　⑴の品々は、中国や朝鮮半島の文化の影響を受けているものが多くある。その文化をもたらした使節を何というか答えなさい。

問5　平安時代に関する文章の空欄①～③に入る適当な語句の組合せを**ア～オ**から１つ選び、記号で答えなさい。

> 桓武天皇は、都づくりとともに東北地方の支配にも力をいれました。東北地方北部には、律令国家の支配が及ばない人々が住んでいました。朝廷は彼らを（　①　）とよんで差別し、城や柵を築いて戦いに備えつつ、関東地方などから兵士や農民を移して開拓を進めました。やがて、坂上田村麻呂を（　②　）とする軍が（　①　）のおもな拠点を攻め、東北地方への支配を広げました。また、８世紀初めに**資料Ⅴ**の（　③　）が設置され、ここを拠点として（　①　）への出兵が度々行われました。

ア　①―蝦夷　②―郡司　③―多賀城　　**イ**　①―蝦夷　②―征夷大将軍　③―大宰府
ウ　①―蝦夷　②―征夷大将軍　③―多賀城　　**エ**　①―アイヌ　②―郡司　③―大宰府
オ　①―アイヌ　②―郡司　③―多賀城

4

次の年表を見て、あとの問いに答えなさい。

西暦年	できごと
1232	（　①　）が御成敗式目を制定する
1333	鎌倉幕府が滅びる
1338	足利尊氏が征夷大将軍に任じられ京都に幕府を開く――― A
1404	明との貿易が始まる――― B
1592	豊臣秀吉が朝鮮に出兵する
1603	徳川家康が幕府を開く――― C
1716	（　②　）が享保の改革を始める
	↕ X
1858	日米修好通商条約が結ばれる――― D
1867	王政復古の大号令が発せられる
1894	日清戦争がおこる――― E
1925	普通選挙法が制定される――― F
1945	日本がポツダム宣言を受諾する

問1　年表中の（　①　）（　②　）にあてはまる人物名を答えなさい。

問2　**A**で始まった時代について述べた文の（　　）にあてはまる語句の組み合わせとして正しいものを、下の**ア～カ**から１つ選び、記号で答えなさい。

> ３代将軍（　①　）が京都の室町に御所を建てたことから、この幕府を室町幕府といいます。幕府には将軍を補佐する（　②　）が置かれ、有力な守護大名が任命されました。また、この時代に民衆が楽しむ文化も生まれました。能の合間には、民衆の生活や感情をよくあらわした（　③　）が演じられたりもしました。

ア　①家光　②管領　③人形浄瑠璃　　**イ**　①義満　②執権　③狂言
ウ　①実朝　②老中　③歌舞伎　　**エ**　①家光　②執権　③歌舞伎
オ　①義満　②管領　③狂言　　**カ**　①実朝　②老中　③人形浄瑠璃

問3　**B**の貿易で、輸入品として大量に日本に入ってきたものを次の**ア～エ**から１つ選び、記号で答えなさい。

ア

イ

ウ

エ

問４　Ｃで始まった時代について、次の各問いに答えなさい。

⑴　次の文の（　　）に当てはまる語句を答えなさい。

> この時代の大名とは、（　①　）から１万石以上の領地を与えられた武士をいい、大名の領地とその政治組織を（　②　）という。また、幕府は（　③　）という法律を定め、大名が許可なく城を修理したり、大名どうしが無断で結婚関係を結ぶことを禁止したりもした。

⑵　この時代の身分制度について述べた次の文で、**間違っているものをすべて選び**、記号で答えなさい。

ア　百姓は土地を持つ本百姓と土地を持たない水のみ百姓とに区別された

イ　江戸や各地の城下町には武士のみが住み、他の身分の者はすべて農村に住んでいた

ウ　町人の中にはえた、ひにんという身分の人がいた

エ　武士は名字・帯刀という特権をもっていた

オ　百姓に対して、土地の売買を禁止したり、米以外の作物の栽培を制限したりするなど厳しい規制が加えられた

⑶　右の**図Ⅰ**は、将軍の代がわりごとに来日した通信使で、周りを対馬藩の武士たちが警護している様子です。どこの国からきた使節か、国名を答えなさい。

【図Ⅰ】

問５　Ｄのころの日本について述べた次の文の（　　）にあてはまる語句の組み合わせとして正しいものを、下の**ア～エ**から１つ選び、記号で答えなさい。

> 外国との貿易が始まると、国内では品不足などにより物価が（　①　）した。このような中で外国に対する反感が強まり、外国人を排斥する（　②　）を主張する声が高まっていった。
> 大老井伊直弼は幕府を批判した大名や公家らを処罰したために、1860年、江戸城の桜田門外で（　③　）藩の浪士たちによって暗殺された。

ア　①上昇　②攘夷　③水戸　　　**イ**　①上昇　②尊王　③会津

ウ　①下降　②攘夷　③会津　　　**エ**　①下降　②尊王　③水戸

問６　Ｅについて、次の各問いに答えなさい。

⑴　この翌年、講和条約が結ばれましたが、どこで結ばれたか地名を答えなさい。

⑵　⑴の条約で、清から日本に多額の賠償金が支払われましたが、その多くは何に使用されましたか。次の**ア～エ**から１つ選び、記号で答えなさい。

ア　社会保障費　　**イ**　教育費　　**ウ**　公共事業費　　**エ**　軍事費

問７　Ｆについて、この選挙法で有権者は約４倍に増加しましたが、**これ以前の選挙権との違い**を説明しなさい。

問８　年表中のＸ期間の作品として、正しいものを次の**ア～エ**から１つ選び、記号で答えなさい。

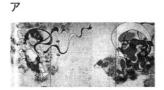

ア

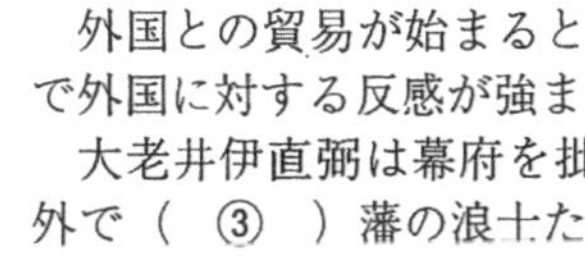

イ

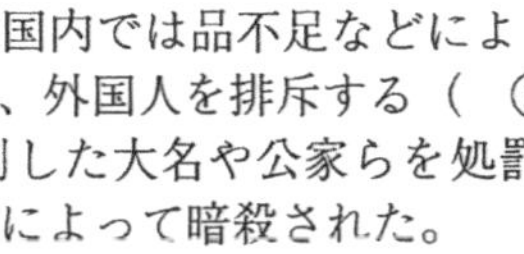

ウ

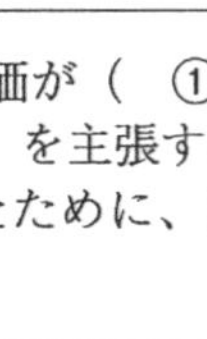

エ

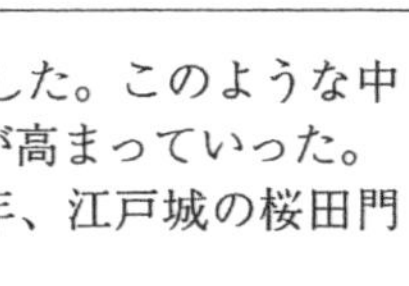

5　資料を見て、あとの問いに答えなさい。

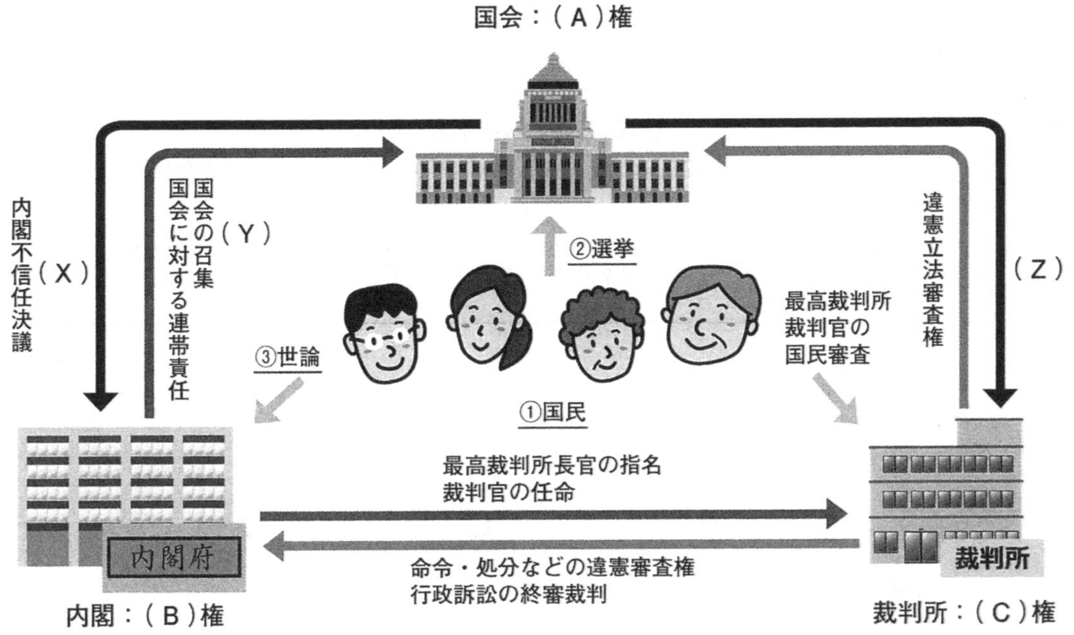

問１　上の資料は「国の権力が１つの機関に集中することを防ぎ、国民の自由や権利を守るために国の権力を３つに分け、それぞれ独立した機関に担当させるしくみ」を表しています。このしくみを何というか答えなさい。

問２　**A・B・C**には、それぞれの機関が担当する権力の名称が入ります。あてはまる語句を答えなさい。

問３　**X・Y・Z**にあてはまる言葉の組み合わせとして適切なものを、次の**ア～カ**から１つ選び、記号で答えなさい。

ア　**X**：衆議院の解散の決定　**Y**：弾劾裁判所の設置　**Z**：内閣総理大臣の指名
イ　**X**：衆議院の解散の決定　**Y**：内閣総理大臣の指名　**Z**：弾劾裁判所の設置
ウ　**X**：弾劾裁判所の設置　**Y**：衆議院の解散の決定　**Z**：内閣総理大臣の指名
エ　**X**：弾劾裁判所の設置　**Y**：内閣総理大臣の指名　**Z**：衆議院の解散の決定
オ　**X**：内閣総理大臣の指名　**Y**：弾劾裁判所の設置　**Z**：衆議院の解散の決定
カ　**X**：内閣総理大臣の指名　**Y**：衆議院の解散の決定　**Z**：弾劾裁判所の設置

問４　**下線部①**について次の問いに答えなさい。

(1)　国民が成年になる年齢として適切な数字を答えなさい。

(2)　日本国憲法において、日本の国と国民全体の「象徴」と定められている存在として適切な語句を、次の**ア～エ**から１つ選び、記号で答えなさい。
ア　首相　　**イ**　天皇　　**ウ**　皇太子　　**エ**　大臣

問５　**下線部②**について次の問いに答えなさい。

(1)　選挙の基本原則や制度の説明として**適切でないもの**を、次の**ア～エ**から１つ選び、記号で答えなさい。
ア　一定の年齢以上のすべての国民が選挙権を持つ普通選挙の原則が憲法で保障されている。
イ　日本の選挙権年齢は満20歳以上とされている。
ウ　衆議院議員の選挙では小選挙区比例代表並立制が採られている。
エ　参議院議員の選挙は３年に１度おこなわれる。

(2)　選挙において、有権者が持つ一票の価値に差が生じる問題を何というか答えなさい。

問６　下線部③について次の問いに答えなさい。

⑴　世論に関する記述として**適切でないもの**を、次の**ア**～**エ**から１つ選び、記号で答えなさい。

ア　社会のさまざまな問題について、多くの人々によって共有されている意見のことを世論という。

イ　世論づくりへの参加は、私たちの政治参加の方法の一つである。

ウ　政府や政党は世論の動向を参考に政治をおこなう。

エ　公正な世論を形成するため、政党や政治家がSNSを使って情報を発信することは禁止されている。

⑵　世論を形作るものの例としてマスメディアやインターネットがあげられます。マスメディアの報道やインターネットの情報をそのまま信じるのではなく、さまざまな角度から批判的に読み取る力を何というか答えなさい。

6

ヨシトキ君とヤエさんが日本の社会保障制度の柱についてまとめた下のカードの文を読んで、あとの問いに答えなさい。

A	B	C	D	E
（①）は病気、負傷、失業などの際に保障を行うもので、その費用は、労災保険を除き、（Ⅰ）、（Ⅱ）、（Ⅲ）の三者が負担します。	（②）は、生活困窮者に対して等しく、無差別にその困窮度に応じて必要な援助を行う制度で、全額公費から給付されます。	（③）は、歳入面では税や国債発行の増減、歳出面では公共事業の拡大や縮小をすることによって、景気の安定を図る政府の役割のことをさします。	（④）は、児童・母子・高齢者・障がい者などの社会的弱者に対してさまざま施設・サービスなどを提供するもので、主として公費負担でなされています。	（⑤）は、疾病の予防、治療、衛生教育などによって国民の健康増進や公害対策をとおして環境衛生の改善をはかろうとするものです。

問１　（　①　）～（　⑤　）に適当な語句を答えなさい。

問２　（　Ⅰ　）、（　Ⅱ　）、（　Ⅲ　）にはいる適当な語句として**あてはまらないもの**を次の**ア**～**エ**から１つ選び、記号で答えなさい。

ア　政府　　　**イ**　ハローワーク

ウ　事業者　　**エ**　被保険者

問３　Ａ～Ｅの中で社会保障制度の柱に**あてはまらないカード**を１つ選び、記号で答えなさい。

問４　右の図Ⅰは国の一般会計予算の歳出グラフであるが、社会保障関係費は**w**～**z**のうちどれか、あてはまるものを１つ記号で答えなさい。

問５　（　④　）・（　⑤　）に関して、憲法第25条は「国は、すべての生活部面について、（　④　）、社会保障及び（　⑤　）の向上及び増進に努めなければならない」と社会保障の充実を求めているが、これはどのような権利を規定しているか答えなさい。

問６　Ｅの**下線部**の役割を中心に担い、各自治体に設置されている行政機関を何というか、答えなさい。

【図Ⅰ】　令和４年度　一般会計歳出

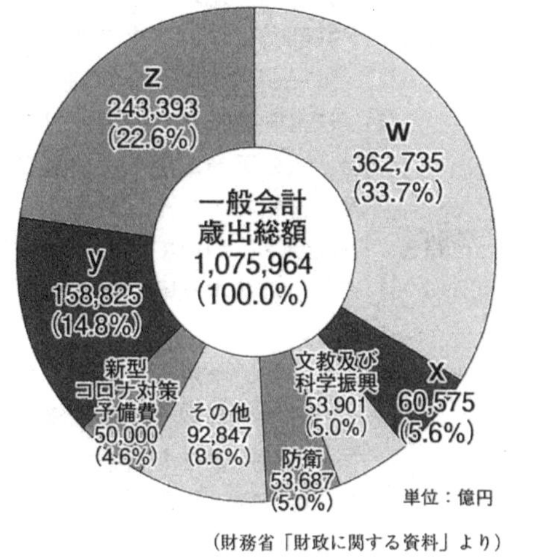

（財務省「財政に関する資料」より）

2023年度
山形学院高等学校入学者選抜
学力試験問題

理　科

（ 12：40 ～ 13：30 ）

注　　意

1 「開始」の合図があるまで，開いてはいけません。

2 問題は，7ページまであります。

3 「開始」の合図があったら，まず解答用紙に受験番号を書きなさい。

4 答えは，すべて解答用紙に書きなさい。

5 「終了」の合図で，筆記用具をおき，解答用紙を裏返しにしなさい。

1　Hさんは、市販されているベーキングパウダー（ふくらし粉）の中にも炭酸水素ナトリウムが含まれていると聞き、理科クラブの仲間と相談しながら[実験]を行った。□はそのときの会話である。あとの問いに答えなさい。

> Hさん：ベーキングパウダーの中に炭酸水素ナトリウムがどれくらい含まれているか調べたいのだけどどのように実験しようか？
> Tさん：授業で実験した時みたいに、炭酸水素ナトリウムを加熱して発生した二酸化炭素を集めて、その量を測定するのはどう？
> Hさん：集めた気体の量を測定するのは難しくないかな。
> Tさん：確かに…。
> Mさん：炭酸水素ナトリウムは、加熱しなくても塩酸と反応して二酸化炭素を発生したよね。質量保存の法則を利用すれば、発生した二酸化炭素の質量がわかるよ！
> Hさん：そうだね、その方法でやってみよう！

［実験］

① 図1－1のように、炭酸水素ナトリウムの粉末0.5gをのせた薬包紙と、うすい塩酸20㎤を入れたビーカーの質量を電子てんびんで測定し、反応前の質量とした。

② 次に、炭酸水素ナトリウムの粉末をビーカーに入れてうすい塩酸と十分に反応させた後、図1－2のように、薬包紙とともに反応後のビーカーの質量を電子てんびんで測定し、反応後の質量とした。

③ ①と同じうすい塩酸20㎤を用いて、炭酸水素ナトリウムの粉末の質量を変えて、①、②と同じことを行った。表はその時の結果をまとめたものである。

炭酸水素ナトリウムの粉末の質量〔g〕	0.5	1.0	1.5	2.0	2.5	3.0	3.5
反応前の質量〔g〕	81.3	81.8	82.3	82.8	83.3	83.8	84.3
反応後の質量〔g〕	81.1	81.4	81.7	82.0	82.5	83.0	83.5

図1－1

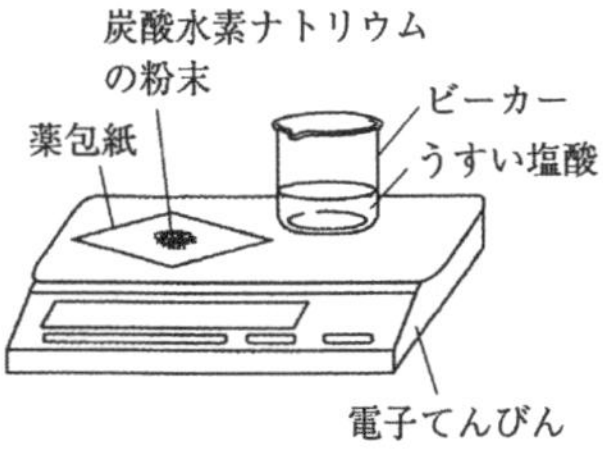

図1－2

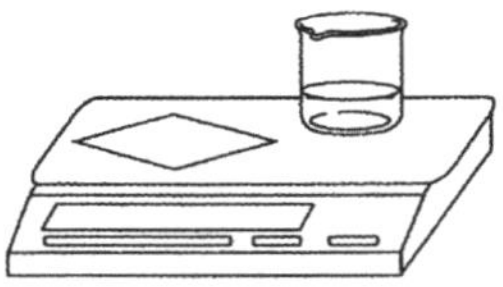

図2

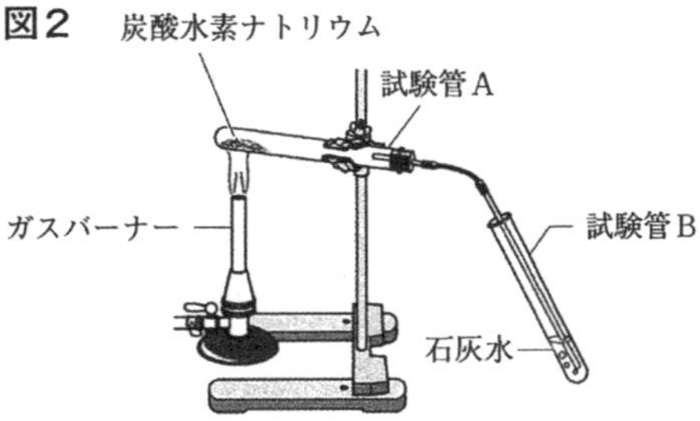

問1　授業で実験した時の装置を図2に示した。発生した二酸化炭素によって試験管B内の石灰水にはどのような変化が表れるか、答えなさい。

問2　次の化学反応式は、図2の化学変化を表したものであるがまちがいがある。どこがまちがっているか、次のア～ウから1つ選び記号で答えなさい。また正しい化学反応式を書きなさい。

$$NaHCO_3 \longrightarrow Na_2CO_3 + H_2O + CO_2$$

ア　矢印の左辺（変化の前）と右辺（変化の後）で、原子の数がちがっている。
イ　炭酸水素ナトリウムの化学式がまちがっている。
ウ　二酸化炭素の化学式がまちがっている。

問３　[実験]③の結果から、炭酸水素ナトリウムの粉末の質量と、発生した二酸化炭素の質量はどのような関係になるか。横軸に炭酸水素ナトリウムの粉末の質量を、縦軸に発生した二酸化炭素の質量をとり、その関係を表すグラフを解答らんの図に書きなさい。

問４　3.0gの炭酸水素ナトリウムを用いた[実験]の後、ビーカーの中に残った炭酸水素ナトリウムを全て反応させるためには、[実験]で用いたうすい塩酸をさらに少なくとも何㎤加えればよいか求めなさい。

問５　[実験]で用いた炭酸水素ナトリウムを市販のベーキングパウダー 5.0gに変えて[実験]の①、②と同じことを行なった時、発生した二酸化炭素の質量は0.5gであった。この市販のベーキングパウダー 100g中に含まれる炭酸水素ナトリウムは何gか。次のア～エから選び記号で答えなさい。ただし、ベーキングパウダーの中に含まれる物質の中で、うすい塩酸と反応する物質は炭酸水素ナトリウムのみとする。

ア　25g　　**イ**　40g　　**ウ**　70g　　**エ**　80g

２　Ｙ君は数種類の液体物質を、様々な方法によって酸性・アルカリ性・中性に分類してみた。さらに、酸性・アルカリ性の物質にそれぞれ共通して存在しているものは何かについて以下の実験を通して推察した。あとの問いに答えなさい。

【実験１】

液体物質は、食酢・液体石けん・レモン汁・水酸化ナトリウム水溶液・精製水の５種類を使用した。それぞれの液体物質を３つの試験管に分け、１つ目の試験管にはBTB溶液を数滴加え、２つ目の試験管にはフェノールフタレイン溶液を数滴加え、３つ目の試験管にはマグネシウムリボンを入れて変化の様子を調べた。

【実験２】

① 図３のようにガラス板の上に塩化ナトリウム水溶液をしみ込ませたろ紙Ａを置き、さらにその上に塩化ナトリウム水溶液とBTB溶液をしみ込ませたろ紙Ｂを置き、両端をクリップで留めた。

② ろ紙中央に液体物質を１滴垂らし、クリップ両端に導線をつないでしばらく電流を流した。

図３

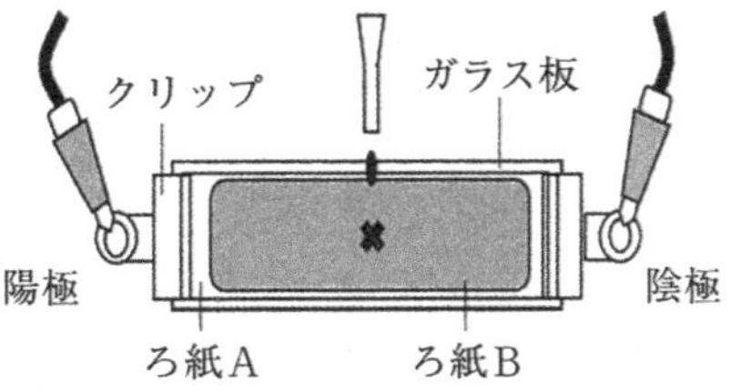

問１　次の表の、空らん(ア)～(ウ)に当てはまる言葉をいれなさい。

	酸性	中性	アルカリ性
BTB 溶液を加える	(ア)色になった	緑色になった	青色になった
フェノールフタレイン溶液を加える	変化しなかった	変化しなかった	(イ)色になった
マグネシウムリボンを入れる	(ウ)が発生した	変化しなかった	変化しなかった

問２　実験で使用した液体物質のうちアルカリ性を示したものはどれか、ア～オから２つ選び記号で答えなさい。

ア　食酢　　**イ**　レモン汁　　**ウ**　液体石けん　　**エ**　水酸化ナトリウム水溶液　　**オ**　精製水

問３　なぜ図３ではろ紙Ａに塩化ナトリウム水溶液をしみ込ませているのか、説明しなさい。

問4　液体物質に塩酸を使って実験２を行ったときの結果として正しいものを次のア～エから１つ選び記号で答えなさい。

ア　塩酸を滴下したところは青色に変色し、しばらくすると変色部分が陽極の方に移動した。
イ　塩酸を滴下したところは黄色に変色し、しばらくすると変色部分が陽極の方に移動した。
ウ　塩酸を滴下したところは青色に変色し、しばらくすると変色部分が陰極の方に移動した。
エ　塩酸を滴下したところは黄色に変色し、しばらくすると変色部分が陰極の方に移動した。

問5　実験２の結果、酸性の液体には共通してある陽イオンが生じており、またアルカリ性の液体には共通してある陰イオンが生じていることが考えられる。そのイオンとは何かそれぞれ**イオン式**で答えなさい。

3

下は「動物の生殖と遺伝」について生徒が話をしているものである。□はそのときの会話である。あとの問いに答えなさい。

> Ａさん：多くの動物では、①卵と精子が②受精して受精卵ができるんだよね。
>
> Ｂさん：そうだよ。その後、③受精卵は、細胞分裂を繰り返しながら、形やはたらきの違う様々な細胞になり、子は親と同じような形になっていくんだ。
>
> Ａさん：子に現れる形質の１つに着目すると、親と異なっている場合があるのはどうしてなのかな？
>
> Ｂさん：形質の現れ方がそのようになるのは、両親からそれぞれの染色体が子へ受け渡されることで、子の遺伝子の（　　　　　　　　　　）からだと授業で習ったよ。

問1　下線部①がつくられるときに行なわれる細胞分裂を何というか、答えなさい。

問2　細胞分裂によって、１つの精子の核にある染色体の数は、分裂前の１つの細胞の核にある染色体の数と比べてどのようになっているか、答えなさい。

問3　下線部②によって子をつくる生殖を何というか、答えなさい。

問4　図はカエルにおける下線部③の過程の一部を模式的に表したものである。ア～キをアを１番目として成長していく順に並べた時、３番目と６番目を記号で答えなさい。

問5　図はカエルの親の体細胞の染色体の数を２本としてそれぞれ表したものである。●と○は、ある対立遺伝子を表している。子の体細胞の染色体はどのように表すことができるか、図のように解答らんの染色体を完成させなさい。

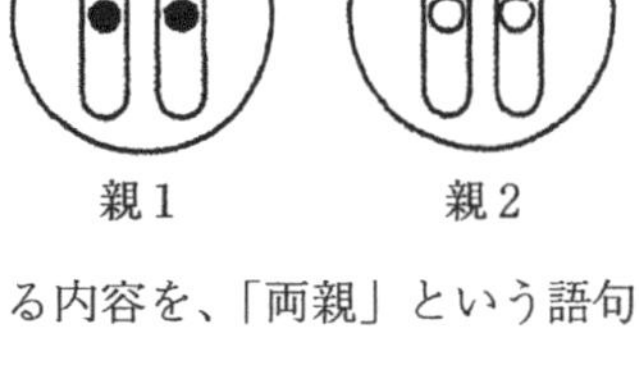

問6　文中の（　　　）にあてはまる内容を、「両親」という語句を用いて簡潔に書きなさい。

4 水草が入った水そうの中で、微小な生物ＡとＢおよび生物Ｇを明るい環境で長期間飼育した。図４は水そう内での物質の流れを示している。あとの問いに答えなさい。

図４

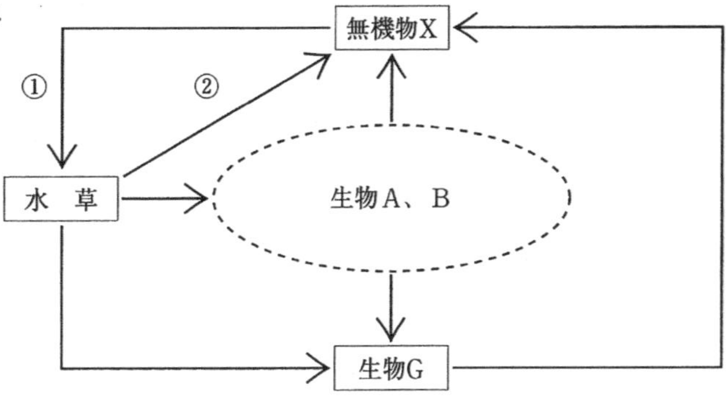

問１　図４において①と②は水草の何というはたらきを表しているか、答えなさい。

問２　生物Ｇは生物の死がいや排出物などを無機物Ｘにする。このはたらきから生物Ｇは何とよばれるか、答えなさい。

問３　無機物Ｘの物質名を答えなさい。

㋐のグラフは、生物ＡとＢの個体数をあらわし、㋑～㋓のグラフは今までいなかった生物ＣやＤを加えたときの生物ＡとＢの個体数をあらわす。ただし、生物ＡとＢには食べる食べられるの関係はないものとする。

㋐…ＣとＤを加える前の個体数　　㋑…Ｃを加えたときの個体数
㋒…Ｄを加えたときの個体数　　㋓…ＣとＤ両方を加えたときの個体数

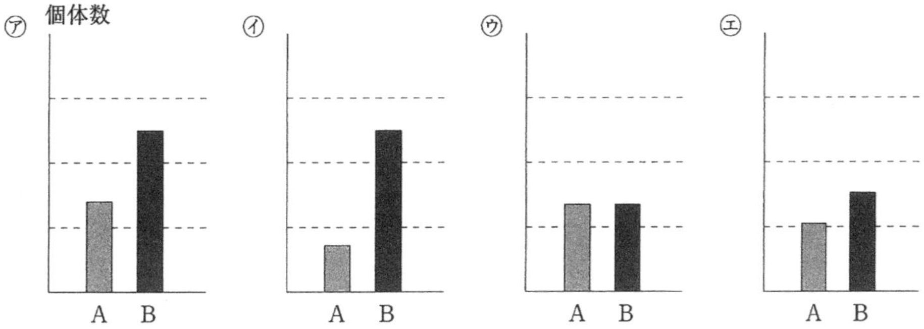

問４　次のうち正しいものはどれか。次のア～エから１つ選び記号で答えなさい。
ア　ＣはＡを食べる
イ　ＣはＢを食べる
ウ　ＣはＤを食べる
エ　ＤはＡを食べる

問５　グラフ㋓の状態から時間がたち、何らかの原因でＢが死滅した場合、個体数が減少し始める生物はどれか。Ａ、Ｃ、Ｄから選び記号で答えなさい。

5 水に浮く200gの木片と水底にあるバネを軽くて細い丈夫な糸で図5のようにつないだ。あとの問いに答えなさい。

図5

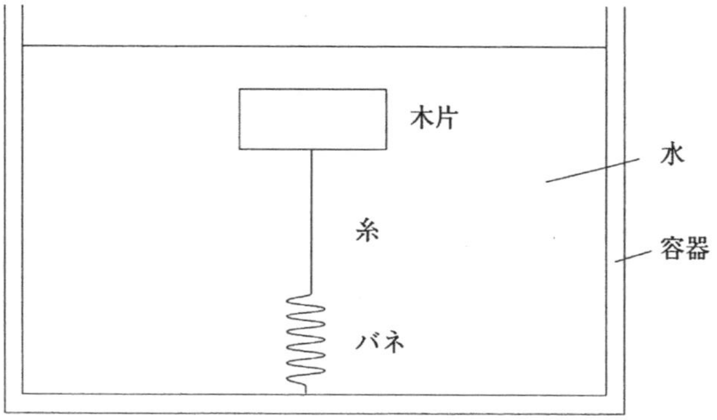

問1 木片にはたらく力は重力、浮力、糸の張力の3つである。作用点と向きを明記し、それぞれ図に示しなさい。

問2 木片にはたらく重力の大きさ、木片にはたらく浮力の大きさ、糸の張力の大きさの間に成り立つ関係式として適当なものをア～エから1つ選び、記号で答えなさい。

ア (重力の大きさ) = (浮力の大きさ) + (張力の大きさ)
イ (浮力の大きさ) = (重力の大きさ) + (張力の大きさ)
ウ (張力の大きさ) = (重力の大きさ) + (浮力の大きさ)
エ (浮力の大きさ) = (重力の大きさ) + (張力の大きさ) × 2

問3 このバネは100gの重力をかけると1cm伸びる。バネが0.5cm伸びているとすると、木片にはたらく浮力は何Nか。100gの物体にはたらく重力を1Nとして求めなさい。

問4 この装置全体をはかりに乗せた。そのときの目盛りはどこを指すか。次のア～オから選び記号で答えなさい。

ア 水の質量のところ
イ 水と容器の質量の合計のところ
ウ 水と容器とバネの質量の合計のところ
エ 水と容器とバネと木片の質量の合計のところ
オ 水と容器とバネの質量の合計から木片の質量を引いたところ

6 ある日、B君が部屋の中で電気ストーブとドライヤーを同時に使ったとき、ブレーカーが落ち電気がしゃ断された。表は部屋の電気製品を100Vのコンセントにつないだときの消費電力を表したものである。あとの問いに答えなさい。ただし、各電気製品に流れる電流の大きさは変化しないものとする。

電気製品	消費電力〔W〕
電気ストーブ	950
ドライヤー	1300
加湿器	330
照明器具	160

図6

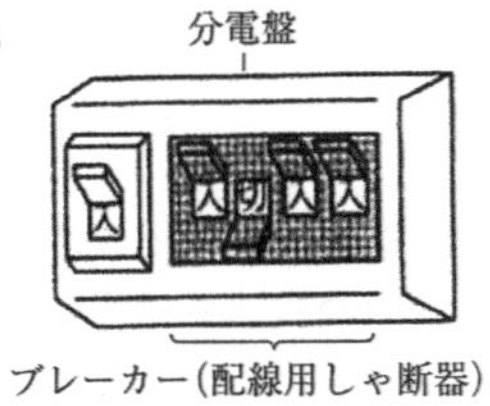

学校の理科の先生は、電気がしゃ断されたことについて次のように説明した。

> 家の中の電気配線は、a並列回路になっているよ。安全のため、配線ごとに流れる電流の大きさの合計がbある値を越えたとき、図6のように分電盤のブレーカーのスイッチが切れるんだ。消費電力が大きくなるほど回路全体では電流が（　X　）なり、発熱量が（　Y　）なるので危険だからこのような仕組みが必要なんだ。

問1 下線部aでは、枝分かれしたそれぞれの区間に加わる電圧の大きさにはどのような関係があるか、書きなさい。

問2 回路図をつくるとき、スイッチを表す電気用図記号を次のア～エから1つ選び記号で答えなさい。

ア　　　　イ　　　　ウ　　　　エ

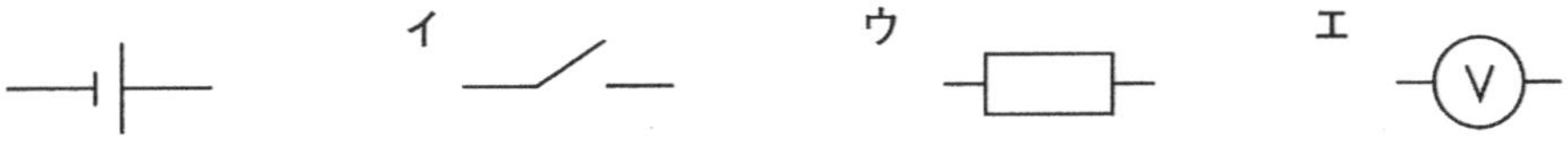

問3 B君の部屋で電気ストーブと照明器具だけを同時に使ったときやドライヤーと加湿器だけを同時に使ったときは電気がしゃ断されることはなかった。B君の部屋の下線部bはどの値に設定されているか。次のア～エから1つ選び記号で答えなさい。

ア　10A　　　イ　15A　　　ウ　20A　　　エ　25A

問4 部屋の中でドライヤーだけを1分間使ったときの電力量は何Jか答えなさい。

問5 理科の先生の説明が正しくなるようにXとYにあてはまる語句を答えなさい。

7 ある日、自宅で勉強をしていたTさんのスマートフォンから緊急地震速報が流れ、しばらくしてTさんは地震のゆれを感じた。この地震についてインターネットを用いて詳しく調べた結果、Tさんの自宅付近に設置されている地震計の記録(図7)には、はじめの小さなゆれaと、後からくる大きなゆれbの2種類のゆれが記録されていた。また、周辺のA～C地点での地震計の記録からaとbがはじまった時刻を読み取り、その結果を表にまとめた。これについてあとの問いに答えなさい。

図7

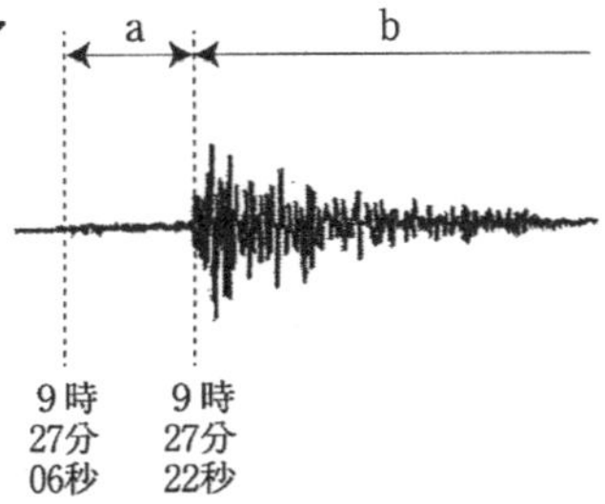

表

観測地点	震源からの距離	aが始まった時刻	bが始まった時刻
A	16km	9時26分52秒	9時26分54秒
B	56km	9時26分57秒	9時27分04秒
C	88km	9時27分01秒	9時27分12秒

問１　右図は地震計のしくみを簡単に表したものである。地震が起こってもゆれない部分はどこか。図の中から１つ選び答えなさい。

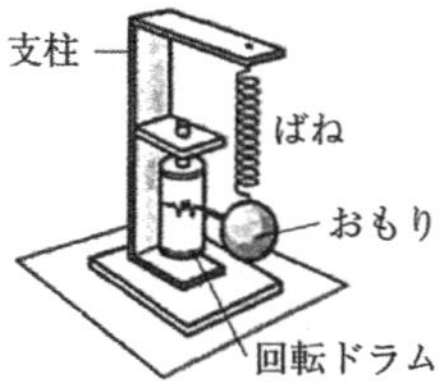

問２　ａはＰ波によるゆれ、ｂはＳ波によるゆれである。このゆれをそれぞれ何というか。またＳ波が伝わる速さは何km/sか答えなさい。

問３　ゆれａの時間から分かることを、次のア～ウから１つ選び記号で答えなさい。

ア　ゆれの大きさ　　**イ**　震源までの距離　　**ウ**　地震の規模

問４　この地震が発生した時刻は何時何分何秒と考えられるか答えなさい。

問５　緊急地震速報は、強い地震が起こると震源に近い地点の地震計の観測データを解析して、ゆれｂのような後からくる大きなゆれの到達時刻をいちはやく各地に知らせるものである。この日の地震において、震源から80kmの地点にゆれａが到着してから４秒後に、各地に緊急地震速報が伝わったとすると、Ｔさんは緊急地震速報を聞いてから何秒後にゆれｂを感じたか答えなさい。

8

ある日の夕方Ｋ君が天体観測を行ったとき、さそり座が真南の空に昇ってきた。図８は公転する地球と２つの星座を示したものである。あとの問いに答えなさい。

図８

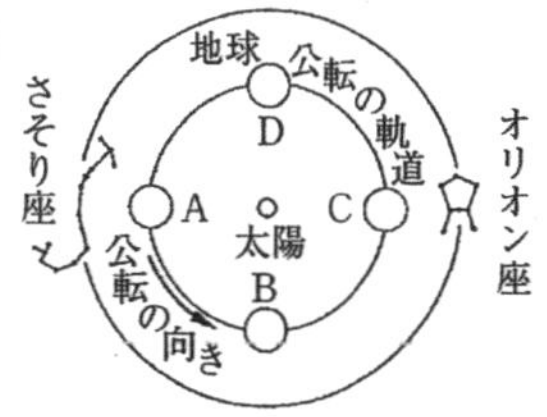

問１　観測を行った季節はいつか。季節名を書きなさい。

問２　天体観測を行った日の地球の位置はどこか。図８のＡ～Ｄから１つ選び記号で答えなさい。

問３　真南にあったさそり座が、２時間後に見える位置はどの方向か。次のア～エから１つ選び記号で答えなさい。

ア　南東　　**イ**　南東と南の間　　**ウ**　南と南西の間　　**エ**　南西

問４　Ｋ君が観測した日から１か月半後の同じ時刻に、さそり座が見える位置はどの方向か。次のア～オから１つ選び記号で答えなさい。

ア　東　　**イ**　南東　　**ウ**　南　　**エ**　南西　　**オ**　西

問５　さそり座が真南の空に昇る時期にオリオン座は見ることができない。その理由を説明しなさい。またオリオン座が真夜中に西の地平線上に見えるようになるの頃の地球の位置はどこか。図８のＡ～Ｄから１つ選び記号で答えなさい。

問６　季節が変化する理由としてあてはまるものを、次のア～オから１つ選び記号で答えなさい。

ア　公転面に対して、地軸が垂直になっているから。
イ　公転面に対して、地軸が傾いているから。
ウ　公転によって、太陽と地球の距離が変化するから。
エ　地球の公転する速さが変化するから。
オ　地球の自転する速さが変化するから。

2023年度
山形学院高等学校入学者選抜
学力試験問題

英　語

（　13：50　～　14：40　）

注　意

1 「開始」の合図があるまで，開いてはいけません。

2 最初に，放送によるテストがあります。

3 問題は，7ページまであります。

4 「開始」の合図があったら，まず，解答用紙に受験番号を書きなさい。

5 答えは，すべて解答用紙に書きなさい。

6 「終了」の合図で，筆記用具をおき，解答用紙を裏返しにしなさい。

1 これはリスニングテストです。放送の指示に従って答えなさい。

※音声と放送原稿非公表

1 No.1

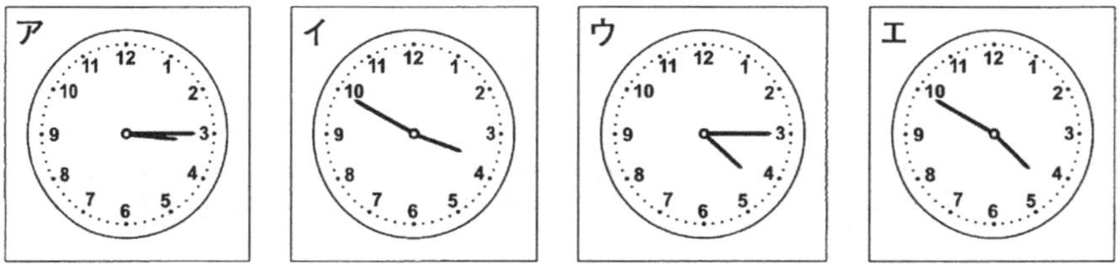

No.2

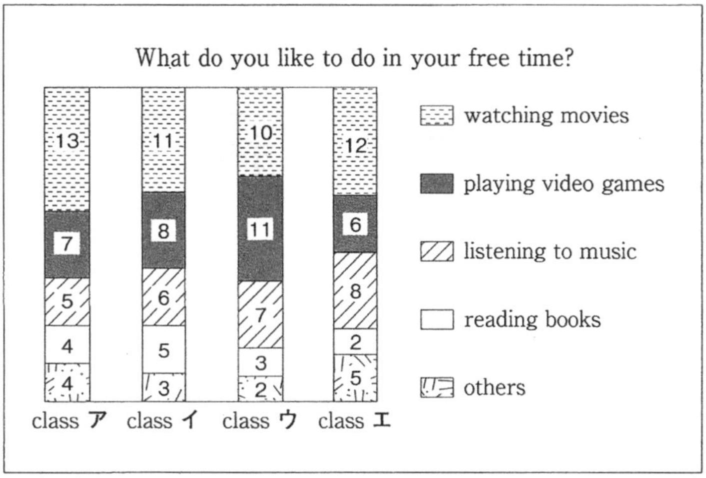

2

優太さんのスピーチ

（　ア　）歳の時に、初めてイタリアを訪れた。

クラスの人たちに、（　イ　）とスポーツについて話した。

優太さんはイタリアで、（　ウ　）を訪ねたいと考えている。

3

No.1　ア　For three days.
　　　イ　For four days.
　　　ウ　For three weeks.
　　　エ　For four weeks.

No.2　ア　Thank you very much.
　　　イ　Are you all right?　You look tired.
　　　ウ　Can I do this work?
　　　エ　Don't forget your smile when you work.

4　答えは、解答用紙に書きなさい。
（メモ用）

（　　　　）のところの英語を聞き取り、書きなさい。

Chris：Ayumi, what time can we meet tomorrow?

Ayumi：I think I can finish my club activity by eleven o'clock, so can we meet at eleven thirty?

Chris：All right.（　　　　　　　　　　　　　　　　　　　　　　　　　　　　）.

2 次の問いに答えなさい。

1　次の対話文の（　　　　　）の中に、最も適する英語を、それぞれ1語ずつ書きなさい。

(1)　Hiro：Which subject do you like, Mary?
Mary：My（　　　　　）subject is math. I study it for 2 hours every day.

(2)　Tom：What time will the movie start, Mika?
Mika：It will start at（　　　　　）twenty, Tom.
Tom：It's already noon! We have only twenty minutes.
Mike：Let's walk faster, then.

(3)　Takuya：When is your birthday, Jane?
Jane：It's very easy to remember. It's just one day before New Year's Day.
Takuya：Do you mean it's（　　　　　）31?
Jane：That's right.

2　次の対話文の（　　　　　）の中に最も適するものを、**ア**～**エ**からそれぞれ一つずつ選び、記号で答えなさい。

(1)　Akiko：You don't look good, Mike. Are you all right?
Mike：I feel very sick today.
Akiko：That's too bad. Maybe you have a cold.（　　　　　）
Mike：Thank you, Akiko. I will.

ア　You should go home now.
イ　I have a cold, too.
ウ　We can have fun together.
エ　You must not go to the hospital.

(2)　Mark's mother：Oh, Mark left his tennis racket.
Mark's father：Really? I think he needs it for his club activity after school today.
Mark's mother：Yes.（　　　　　）
Mark's father：O.K. I will do that.

ア　May I use it at school?
イ　Could you send him to school?
ウ　Can you take it to him, please?
エ　Can you bring it home?

3　次の対話文の下線部について、あとの**ア**～**オ**の語句を並べかえて正しい英文を完成させ、（ X ）（ Y ）（ Z ）にあてはまる語句を、それぞれ記号で答えなさい。

(1)　Takashi：Do you（ X ）（　　）（ Y ）（　　）（ Z ）the best?
Beth：I think she likes summer the best because she likes to swim in the sea.

ア　which　**イ**　Kana　**ウ**　season　**エ**　likes　**オ**　know

(2)　Ken：I'm going to take part in a speech contest. I'm very nervous.
Nancy：（ X ）（　　）（ Y ）（　　）（ Z ）.

ア　making　**イ**　mistakes　**ウ**　be　**エ**　don't　**オ**　afraid of

二〇二三

国語解答用紙

一

問一

ア

んで

イ

ウ

問二

問三

問四

問五

45字

35字

問六

問一.　２点×３
問二.　３点
問三.　３点
問四.　３点
問五.　８点
問六.　３点

※100点満点

受験番号	得　　点

二

問一

問二

問三

問四

問五

問六

a

b

問一.　２点
問二.　２点
問三.　２点
問四.　６点
問五.　３点
問六.　３点×２

三

1

2

3

4

い

5

る

２点×５

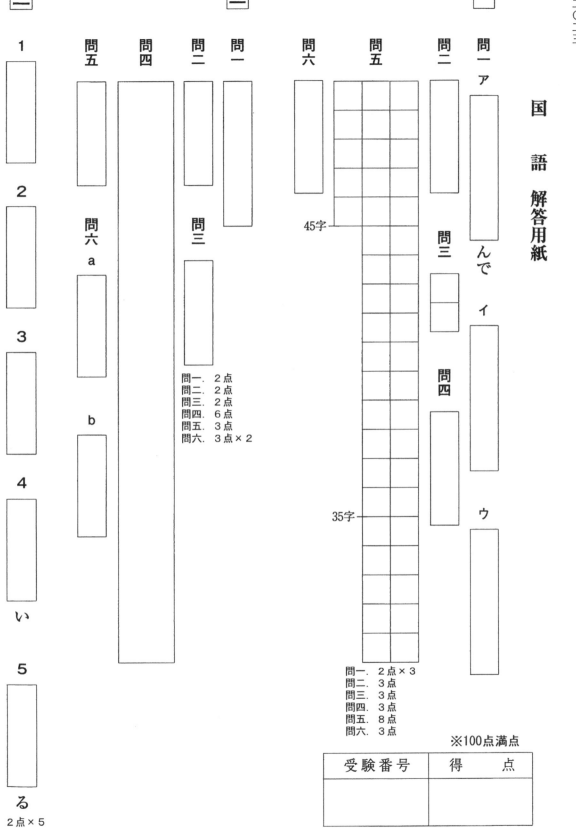

1	(1)	{	
	(2)	大人	円
		子ども	円
2			cm

3	
4	$x =$

1．３点×５　２．５点

5

1	(1)	
	(2)	
	(3)	
	(4)	
	(5)	
2		

4
問１．１点×２
問２．１点
問３．１点
問４．⑴２点×３
⑵１点
⑶２点
問５．１点
問６．⑴２点
⑵１点
問７．２点
問８．１点

5
問１．２点
問２．２点×３
問３．１点
問４．⑴２点
⑵１点
問５．⑴１点
⑵２点
問６．⑴１点
⑵２点

6
問１．２点×５
問２．１点
問３．１点
問４．１点
問５．２点
問６．１点

※100点満点

受験番号	得　　点

5

問1		
問2	A	
	B	
	C	
問3		
問4	(1)	
	(2)	
問5	(1)	
	(2)	
問6	(1)	
	(2)	

6

問1	①	
	②	
	③	
	④	
	⑤	
問2		
問3		
問4		
問5		
問6		

2点
名称…1点×2
速さ…2点
2点
3点
2点

8
問1. 1点
問2. 1点
問3. 2点
問4. 2点
問5. 2点×2
問6. 2点

※100点満点

受験番号	得　点

[5]

問	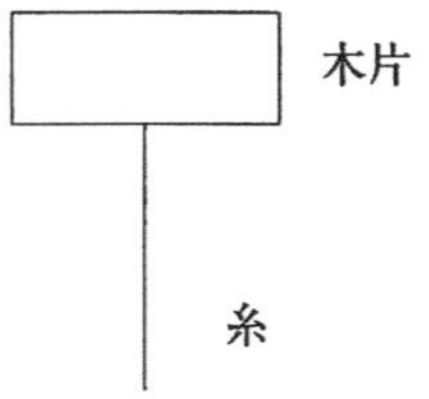
問	
問	N
問	

7

問1	
問2	S波
	P波
	km/s
問3	
問4	時　分　秒
問5	秒

[6]

問		
問		
問		
問	J	
問	X	
	Y	

8

問1	
問2	
問3	
問4	
問5	
	記号
問6	

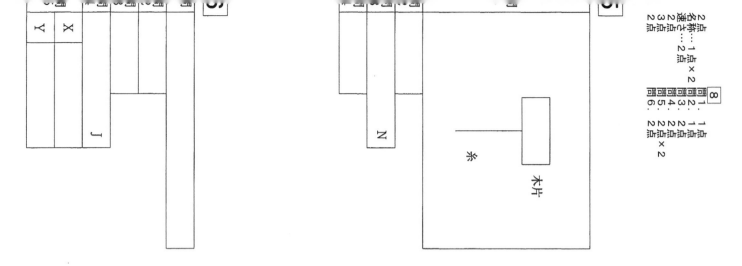

2	
(a)	
(b)	

3

4

5
- •
- •
- •

6

5

I want to be

1	2	3	4	5
1．2点×2 2．3点×3 3．2点×2 4．5点	1．3点×3 2．2点×2 3．2点×6	1．2点 2．2点 3．4点 4．2点×2	1．4点×2 2．3点×2 3．2点 4．3点 5．3点×3 6．2点×2	3点×3

2023

※100点満点

英 語 解 答 用 紙

受験番号	得　　点

1

1	No. 1		No. 2			
2	(ア)		(イ)		(ウ)	
3	No. 1		No. 2			
4						

2

1	(1)		(2)		(3)	
2	(1)		(2)			
3	(1)	X (　　)	Y (　　)	Z (　　)		
	(2)	X (　　)	Y (　　)	Z (　　)		

3

1		2	
3	円	4	

4

1

【解答用

理 科 解 答 用 紙

1	2	3	4	5	6
問1．２点 問2．記号…１点 化学反応式…２点 問3．３点 問4．３点 問5．２点	問1．１点×３ 問2．１点×２ 問3．３点 問4．２点 問5．１点×２	問1．２点 問2．２点 問3．１点 問4．１点×２ 問5．３点 問6．３点	問1．２点×２ 問2．２点 問3．２点 問4．２点 問5．２点	問1．４点 問2．２点 問3．３点 問4．２点	問1．３点 問2．１点 問3．３点 問4．３点 問5．２点×

1

問1	
問2	記号 化学反応式
問3	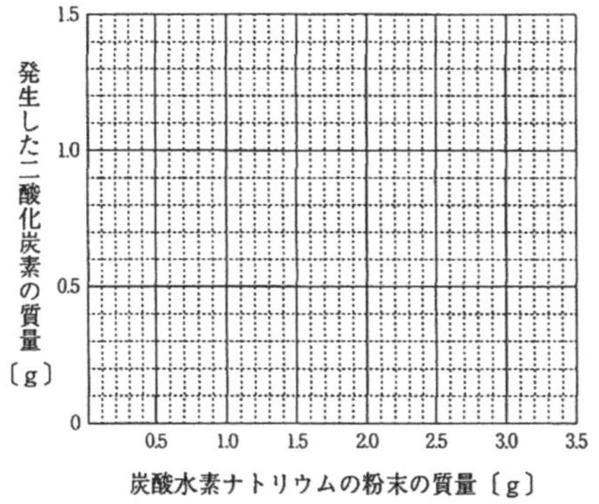
問4	cm³
問5	

2

問1	ア	（　　　　　）色になった
	イ	（　　　　　）色になった
	ウ	（　　　　　）が発生した
問2		
問3		
問4		
問5	酸性の液体	
	アルカリ性の液体	

3

問1		
問2		
問3		
問4	3番目	
	6番目	
問5		
問6		

4

問1	①	
	②	
問2		
問3		
問4		
問5		

2023

社　会　解　答　用　紙

1
問1．　1点
問2．　2点×2
問3．　1点
問4．　1点
問5．　①1点
　　　　②2点
　　　　③2点
問6．　①1点
　　　　②3点

2
問1．　(1)1点
　　　　(2)2点
問2．　1点
問3．　(1)1点×3
　　　　(2)1点
　　　　(3)3点
問4．　3点×2

3
問1．　(1)
　　　　(2)
問2．　(1)
　　　　(2)
問3．　1
問4．　2
問5．　1

1

問1		
問2	(a)	
	(b)	
問3		
問4		
問5	①	
	②	
	③	
問6	①	
	②	

2

問1	(1)		
	(2)		
問2			
問3	(1)	①	
		②	
		③	
	(2)		
	(3)		
問4	特徴		
	理由		

3

問1	(1)	
	(2)	
問2	(1)	
	(2)	
問3	(1)	
	(2)	
問4	(1)	
	(2)	
問5		

4

問1	①		
	②		
問2			
問3			
問4	(1)	①	
		②	
		③	
	(2)		
	(3)		
問5			
問6	(1)		
	(2)		
問7			
問8			

2023

数学解答用紙

※100点満点

受験番号	得　点

1　4点×7

1	(1)	
	(2)	
	(3)	
	(4)	
2		$a=$
3		
4		cm^3

3　4点×6

1	(1)	
	(2)	円
	(3)	
	(4)	円以上　　円未満
2	(1)	個
	(2)	cm^2

4　4点×4

1	

五

問二
A
B

問三

問四

問五

問六

問七
a
b
c

250字 200字 100字 15点

問一．２点
問二．２点
問三．２点
問四．２点
問五．２点
問六．３点
問七．２点

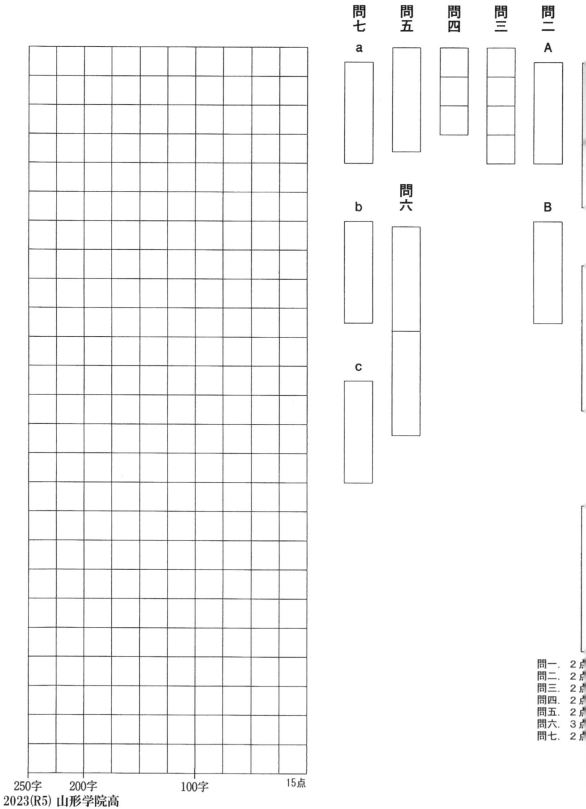

3 次の英文は、中学生のはるか（Haruka）さんと、現在はるかさんの家にホームステイしているジェーン（Jane）さんが *Y.G Family Park の広告を見ながら話をしています。２人の対話を読んで、次の問いに答えなさい。

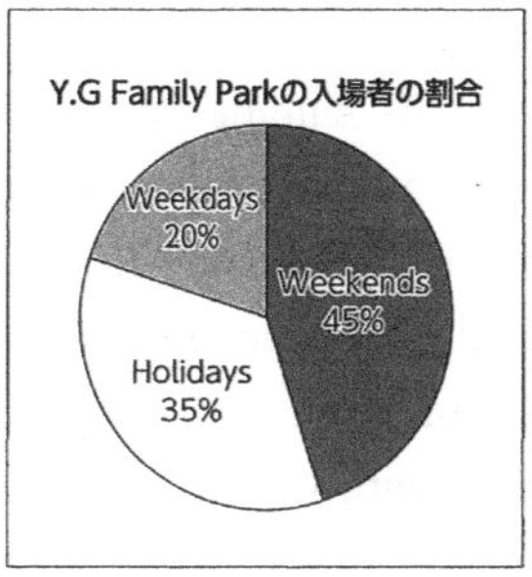

*Y.G Family Park（Summer Time）
Opening Hours　9：00 a.m.–10：00 p.m.
*Entrance *Fee　3 to 6 years old 300 yen　7 to 12 years old 500 yen
13 years old and adults 1000yen
※ Children who are 2 years old and under don't have to pay the entrance fee.
※ Groups and Family of more than 4 people will have 500yen *discount from the *total fee.

Activities and Events

Activities and Events	Time	Information
Swimming pool	Opening － 6：00 p.m.	Children who are 12 years old and under must be with an adult.
*Hot spring	Opening － 5：00 p.m.	Visitors need towel.
*Hanagasa dance practice	10：00 a.m. － 12：00 p.m.	weekends and holidays only.
Soba cooking	10：00 a.m. － 1：00 p.m.	If you want to join, please send an e-mail to Y.G Family Park Office @///com.

Restaurant will close two hours before the park closes.

Jane：Look at this paper. Do you know Y.G Family Park?
Haruka：Yes. There are many activities and events there. It's a lot of fun. This park is the best for my plan. Actually, I want to go there this weekend.
Jane：Really?
Haruka：My younger brother Minato will be 10 years old next Sunday. So, I'm thinking about ①a trip there for his birthday. You can come to with my family. We can enjoy swimming, Hanagasa dance practice and Hot spring.
Jane：Great. But I guess it is crowded on weekends and holidays.
Haruka：Right. Y.G Family Park is very popular with many young people and families. So, I think it's more crowded on weekends and holidays than on weekdays.
Jane：Well, what time shall we leave home on Sunday?
Haruka：We want to arrive there at the opening time. It'll take 90 minutes by car. So we must leave home by（　②　）in the morning.
Jane：OK！ Then, how much will it cost for the entrance fee?
Haruka：Just a moment. There will be five of us going; you, me, dad, mom and Minato. We are 15 years old, Minato is 10 years old, and my parents, so the total fee will be（　③　）yen, right?
Jane：That's right. I'm sure everyone will enjoy about your plan.

（注）Y.G Family Park　はるかさんの町の隣の県にある総合娯楽施設
Hanagasa dance practice　花笠踊り教室　Hot spring　温泉　entrance　入場の
fee　料金　total　合計の　discount　割引する

1 下線部①の内容が表している最も適切なものを、次の**ア**～**エ**から一つ選び、解答欄に記号で答えなさい。
ア　a trip to dance the Hanagasa
イ　a trip to enjoy soba cooking and shopping
ウ　a trip to celebrate a birthday
エ　a trip to have lunch in a restaurant

2（　②　）に入る最も適切なものを、次の**ア**～**エ**から一つ選び、解答欄に記号で答えなさい。
ア　7：00　**イ**　7：30　**ウ**　8：00　**エ**　8：30

3（　③　）に入る最も適切な入場料金を、解答欄に数字で答えなさい。

4 上の本文の内容に合っているものを、次の**ア**～**オ**から二つ選び、解答欄に記号で答えなさい。
ア　Haruka and Jane can use the swimming pool without an adult.
イ　Visitors can enter the park without an entrance fee if they are 4 years old.
ウ　Haruka asked Jane to think about a special plan for her parents.
エ　Y.G Family Park is more crowded on weekdays than on holidays and weekends.
オ　If you want to do soba cooking, you should send an e-mail to Y.G.Family Park Office.

4 次の英文は、英語の授業で要(Kaname)さんが発表した、My Summer Vacationと題するスピーチです。これを読んで、あとの問に答えなさい。

Hello, everyone. I'm going to talk about my exciting *experience during the summer vacation. Do you often go to the supermarket? We can see many kinds of food there. But look at them carefully. The fish are already cut into small *pieces, and the vegetables don't have any *soil on them. Today many of us don't know much about the food we eat every day. I wanted to learn more about food, so I decided to stay on my grandfather's farm during summer vacation. I talked about my idea to my friend Rui. He said, “That sounds interesting. Can I go with you?”

My grandfather welcomed us. He said to us, “If you want to make your vacation more interesting, you should watch our work on the farm. Ask questions when there is something you want to know about. ”

On the first morning, we got up at four. We went out to the farm to get vegetables. I was surprised to know that vegetables *smell good in the fields. Then my grandfather taught us how to get milk from the *cows. Rui cried, “Oh, it's very difficult. I thought that it was much easier.” At breakfast, we ate the food we got with our own hands. ①<u>That made us very happy.</u> We enjoyed eating all the food on the table. After breakfast, my grandfather taught us how to clean the animals' houses. We did it together. There were many things we didn't know, so we asked him many questions during lunch. The work in the morning was very hard and made us very tired, so we slept a little in the afternoon. Then we walked around the farm to see and understand how to work on the farm. My summer vacation passed like this.

On the last evening, we talked with my grandfather about the work on the farm after dinner. ②<u>I asked him “[　　　　　　　　]”</u> “Yes, of course. But I think it is really hard,” he answered. “Why do you enjoy it?” I asked again. Then he said, “I love all the animals and vegetables on the farm. I' ve taken care of them since they were born. To me they are like my children. So I can enjoy the hard work. By the way, I have two things I want you to do.” “What are they?” Rui asked. “First, please try to eat all kinds of food. When I hear that someone doesn't like eating vegetables, I feel very sad,” my grandfather said. “What's the second thing?” I asked. “Please be interested in the food which is grown in your town. Today, a lot of food comes from *far away places. I want the people in our town to eat the good food we grow for them. We are tying to grow some vegetables for them without *agricultural chemicals,” he said.

At night, Rui and I talked about my grandfather's words. “What do you think of your grandfather's words?” Rui asked. I answered, “I was very impressed by them. ③<u>There are some good reasons for us to eat food grown in our town</u>. It tastes very good, and it is easier to know where and how it is grown. And...” “And it is not expensive, because it doesn't have to come from far away places,” Rui agreed. We stayed at my grandfather's house for two weeks and learned a lot of important things.

Thank you.

(注)　experience　体験、体験する　　piece(s)　切れ、かけら　　soil　土　　smell　においがする
cow(s)　牛　　far away　遠くの　　agricultural chemicals　農薬

1　要さんのおじいさんが、要さんと塁（Rui）さんに農場での滞在をもっとおもしろくするために心がけるように言ってくれたことがらを二つ日本語で書きなさい。

2　次の(a)、(b)の問いに対する答えを、それぞれ（　　　　）に示された語数の英語で書きなさい。ただし、記号は語数に含めない。

(a)　Was Rui interested in Kaname's plan?（３語）

(b)　What did Kaname and Rui do after they ate on the first morning?（５語）

3　下線部①で、要さんと塁さんがとてもうれしいと感じたとあるが、その理由として最も適するものを、次の**ア**〜**エ**から一つ選び、記号で答えなさい。

ア　朝食に出されたすべての食べ物が、とても美味しかったから。

イ　早朝の厳しい仕事が終わって、ほっとしたから。

ウ　朝食で、自分たち自身の手でとってきた物を食べたから。

エ　みんなで食卓を囲んで、楽しく食事ができたから。

4　前後の文の意味が通じるように、下線部②の［　　　　］に６語以上の英語を入れて、英文を完成させなさい。ただし、記号は語数に含めない。

5　下線部③にある some good reasons の具体的な内容を、要さんと塁さんの対話から三つ読み取り、日本語で書きなさい。

6　本文の内容に合うものを、次の**ア**〜**カ**から二つ選び、記号で答えなさい。

ア　Kaname made a plan to stay at Rui's grandfathers' farm.

イ　On first morning, Kaname and Rui ate food from the supermarket.

ウ　The work in the morning was exciting, so Kaname and Rui didn't feel tired.

エ　Kaname and Rui walked on the farm to learn how they should work there.

オ　Kaname's grandfather has taken care of his own children since they were born.

カ　Kaname's grandfather said that he wanted Kaname and Rui to eat all kinds of food.

5 あなたは英語の授業の中で将来の夢についてスピーチをすることになり、発表原稿を作っています。以下の続きに、将来なりたいものとその理由を３文で答えなさい。ただし、１文目は I want to be ～で書き始めること。

Hello, everyone.
I'm going to talk about my dream.
(I want to be　　　　　　　　　　　　　　　　　　)
(　　　　　　　　　　　　　　　　　　　　　　　　)
(　　　　　　　　　　　　　　　　　　　　　　　　)
Thank you.

2022年度
山形学院高等学校入学者選抜
学力試験問題

国　語

（ 8：50 ～ 9：40 ）

注　意

1 「開始」の合図があるまで、開いてはいけません。

2 問題は、７ページまであります。

3 **作文**は、五にあります。

4 「開始」の合図があったら、まず、解答用紙に受験番号を書きなさい。

5 答えは、すべて解答用紙に書きなさい。

6 「終了」の合図で、筆記用具をおき、解答用紙を裏返しにしなさい。

一　次の文章を読んで、あとの問いに答えなさい。

翌日、お母さんはさっそく先生に説明してくれた。

「この子は耳が敏感で。あんまり大勢の声がいっぺんに聞こえると、ぐあいが悪くなるみたいなんです」

「でも、歌の時間に香音《かのん》ちゃんだけ出ていってもらうわけにもいかないですよね」

先生は教室を見回し、1ぱちんと手を打った。

「そうだ。伴奏の近くに立ってもらえば、いくらかましじゃないでしょうか?」

ア片隅に置かれた、アップライトピアノを指さす。声量よりも音程が問題なのだと察してくれたようだった。

先生は正しかった。香音の耳には、大きな音が必ずしもうるさく感じられるわけではない。たとえば、風や雨、動物や鳥の鳴き声なら、多少やかましくても平気だ。からすのわめき声も、雷のとどろきも、それぞれ興味深い。野外で耳をすますのも好きだった。小川のせせらぎ、虻《あぶ》の羽音、木々の葉ずれ、寄せては返す波の音。世界はみずみずしい音楽に満ちていて、いつまでも聞き飽きない。

その数日後、歌の時間に、先生は約束どおり香音を最前列の右端、つまりピアノに最も近い位置に立たせてくれた。

歌い出すなり、香音のほのかな期待はたちまち打ち砕かれた。やっぱりうるさい。でもどうしようもない。せっかく特別扱いまでしてもらったのだ。それに、前みたいにでたらめな歌声でぐるりとイ包囲されるよりはまだいい。もやもやと思いめぐらせている香音の右耳に、凛《りん》と澄んだたのもしい音が飛びこんできたのは、そのときだった。

ピアノだ。

香音は体の向きをななめにずらした。正確な［Ⅰ］とリズムが、心地いい。白と黒の鍵《けん》盤の上を器用に躍る、先生のしなやかな指を目で追っているうちに、いつしか自分の声とピアノの音しか聞こえなくなっていた。

その日から、香音は音を聴きわける練習をはじめた。

やっと番が回ってきて、香音はキーボードの前に立った。深呼吸をひとつして、両手の指を鍵盤の上に広げる。

聞き覚えのある旋律が、流れ出した。歌の時間に皆で練習していた、外国の民謡だった。

机を取り囲んで騒いでいた子どもたちが、リモコンで音量をしぼられたかのように、徐々に［Ⅱ］なった。それから、誰かが音楽に合わせて小声で歌いはじめた。香音が一曲を弾き終える頃には、大合唱になっていた。

最後の和音をおさえたまま、香音はしばらく放心していた。4自分の手がこんなふうに動くなんて、信じられなかった。様子を見にやってきた先生も、目をまるくしていた。

「香音ちゃん、ピアノ習ってるの?」

香音は首を横に振った。

〈瀧羽麻子「バイエル」による。〉

問一　～～～部**ア～ウ**の漢字の読みを、ひらがなで答えなさい。

問二　――部**1**「ぱちんと手を打った」はどういう様子を表す行動か。最も適切なものを次の**ア～エ**から選び、記号で答えなさい。

ア　お願いの気持ちを込めた。

イ　周りがうるさいので静かにさせた。

ウ　良いアイデアがひらめいた。

エ　こちらを振り向かせようとした。

だけを選んで耳をこらすのだ。集中するのがコツだった。慎重に耳を傾ければ、雑音の渦の底に沈んでしまっているひそやかな音も、きちんとすくいあげられる。

そのやりかたを身につけてからは、歌の時間に限らず、幼稚園での生活全般が段違いに楽になった。たまに先生の指示まで聞き逃したり、友達のお喋《しゃべ》りに相槌《あいづち》を打ちそびれたりして、マイペースな子だという評価はいよいよ定着してしまったけれど。

つらかった歌の時間は、なにより待ち遠しいものに変わった。香音は毎回、適当に口を動かしながら、ひらひらと鍵盤の上を舞う先生の両手にみとれた。歌詞はちっとも覚えられないのに、軽やかな手の動きはピアノの音色と一体となって、しっかりと頭に刻みこまれていた。無意識のうちに、でも着実に。

それが証明されたのは、夏休み明けのことだった。

先生が教室に持ってきた楽器を最初に見たとき、変なの、と香音は思った。ピアノを不完全に模した、にせもの、とでもいうべき形状だった。鍵盤の部分だけを抜き出し、しかも横幅をかなり縮めてある。白鍵が十九、黒鍵は十三しかない。

「これはね、キーボードっていう楽器よ。信者さんが寄付して下さったの」

先生が小さな鍵盤に指を走らせた。歓声を上げたクラスメイトたちを横目に、香音はいささかがっかりしていた。ピアノに似せられた電子音は、これも本物より軽く、薄っぺらかった。しょせん、にせものはにせものだ。

「みんなで仲よく遊んでね。順番を守って、交代で」

皆が新しいおもちゃに群がった。ピアノ教室に通っているという女の子が、たどたどしい指遣いで童謡を数小節だけ弾いた。いつも教室を駆け回っているやんちゃな男の子は、手のひら全体を鍵盤に押しつけ、盛大に不協和音を鳴らした。

ふだんの香音なら、教室に目新しいものがやってきても、我先に駆け寄ったりはしない。そこには必ず騒音の竜巻が生まれるからだ。耳に入ってくる音をある程度は選《よ》りわけられるようになったとはいえ、できるだけ巻きこまれたくない。

なのに、そのときだけは違った。香音はキーボードが置かれた机のそばに陣どり、うずうずして順番を待った。にせものでもいいから、ふれてみたくてしかたがなかった。全身が妙に熱く、ぞわぞわと落ち着かなかった。

問三 [I] に入る語句として最も適切なものを、本文中から漢字二字で抜き出して答えなさい。

問四 ——部**2**「楽になった」とあるが、それまで香音は歌の時間にどうなっていたのか。本文中から三十字以内で抜き出し、最初と最後の五字を答えなさい。

問五 ——部**3**「舞う」と同じ動作を表した語句を、これより前の本文中から二字で抜き出して答えなさい。

問六 [II] に入る語句として最も適切なものを次の**ア**～**エ**から選び、記号で答えなさい。

ア おだやかに　**イ** うるさく　**ウ** 静かに　**エ** 遅く

問七 ——部**4**「自分の手がこんなふうに動くなんて、信じられなかった」とあるが、なぜ手が動いたのか。その理由がわかる一文を本文中から抜き出し、最初の五字を答えなさい。

二　次の〈本文〉と〈現代語訳〉を読んで、あとの問いに答えなさい。

〈本文〉

時に寺の辺に漁夫有り。幼きときよりひととなるまで網を以《もち》てなりはひとす。後の時に、家の内の桑林《くはばやし》の中にはらばひ、声をあげてさけびて曰はく、「我に近づくことなかれ。我たちまちに焼かれむ」と言ふ。時に、其の親寺にまうでて、*行者を請求《こひもと》む。行者呪《しゆ》する時に、ややひさにありてすなはち免《まぬか》る。其のきたる袴《はかま》焼かれて漁夫おそり、濃於寺《のでら》にまうでて大衆の中にして罪を懺《く》い心を改め、衣服らを施し、経をよましめをはりぬ。これより以後、また悪を行はず。*顔氏家訓に云《い》ふが如《ごと》し「昔*江陵の劉氏《りうし》、ながてのあつものを売ることを以てなりはひとす。後に一の児《こ》を生み、頭はみなこれながてなり。頸《くび》より以下はしかしながら人の身と為《な》る」といふは、其れ斯《こ》れを謂《い》ふなり。

〈現代語訳〉

濃於寺という寺の近くに漁夫が住んでいた。幼い頃から大人になるまで、網を使って漁をすることを仕事としていた。ある時、家の桑林の中でのたうち回りながら、「炎が身に迫ってくる。」と叫んだ。身内の者たちが助けようとすると、その人は「私に近づかないでくれ。［A］」と言う。身内の者たちは寺へ行き、行者に来てくれるよう頼んだ。行者が呪文を唱え、しばらくすると、やっと炎から逃れることができた。漁夫は自分が着ていた袴が本当に焼けていたのを見て恐れた。その後、漁夫は寺に通い始め、他の修行者たちに混ざって自分の犯した罪を悔い改めた。それから寺に衣服をお納めしてお経をよんでもらった。それからは、漁夫が罪を犯すことはなかった。顔氏家訓という中国の書物に「昔、江陵に住む劉氏がうなぎのお吸い物を売る仕事をしていた。後に一人の子どもを授かったが、うなぎの頭をして生まれてきた。しかし首から下は人間そのものであった。」と記されているのは、それもこれをいうのである。

〈『日本霊異記』による。〉

問一　═══部「なりはひ」を現代かなづかいに改めなさい。

問二　この話では、二つの話題が取り上げられている。〈本文〉から、二つ目の話題の最初の五字を抜き出して答えなさい。

問三　――部1「其の人」とは誰か。〈本文〉から漢字二字で抜き出して答えなさい。

問四　［A］に当てはまる現代語訳として最も適切なものを次の**ア**～**エ**から選び、記号で答えなさい。

ア　私は立ったまま焼かれてしまいそうなんだ。
イ　私は今にも焼かれてしまいそうなんだ。
ウ　私は皆が立ち止まってくれれば焼かれはしないんだ。
エ　私はすぐにでも焼かれてしまうわけではないんだ。

問五　――部2「罪」が指すものとして最も適切なものを次の**ア**～**エ**から選び、記号で答えなさい。

ア　魚を盗むこと
イ　庭に火をつけること
ウ　他者を呪うこと
エ　魚を捕ること

〔注〕

＊行者《ぎょうじゃ》……濃於寺でお経を唱えていた修行者。

＊顔《がん》氏《し》家《か》訓《くん》……中国の書物の一つ。生きていくための教訓などが記されている。

＊江陵《こうりょう》……中国の地名。

問六　――部３「其れ斯れを謂ふなり」の解釈として最も適切なものを次のア～エから選び、記号で答えなさい。

ア　生き物の命は、奪ってはならないことをいうのである。

イ　生き物の呪いは、必ず解けることをいうのである。

ウ　人間の罪は、悔い改めが大切であることをいうのである。

エ　生前の悪行は、来世に影響することをいうのである。

三

次の――部のカタカナを漢字で書きなさい。

1　草花を**サイバイ**する。

2　練習の成果を**ハッキ**する。

3　早起きの**シュウカン**をつける。

4　**スコ**やかに育つ。

5　**スミ**やかに移動する。

四　次の文章を読んで、あとの問いに答えなさい。

学校について友人と話したとき、彼がおもしろい問いをぶつけてきた。幼稚園じゃお歌とお遊戯ばかりだったのに、［A］学校に上がるとお歌とお遊戯が授業から外されるんだろうというのだ。

小学校に入ると音楽の時間に楽譜の読みかた、笛の吹きかた、合唱のしかたは習った。体育の特別授業として一学期に一、二回、フォークダンスの練習もした。が、どちらの時間も生徒だった頃のわたしはてれにてれた、あるいはふてくされた。なにか恥ずかしかったからである、おもしろくなかったからである。ひとといっしょに歌うのは楽しいはずである。踊るのも楽しいはずである。ついこのあいだも見物してきたのだが、知人がやっている阿波踊りの連*の練習会を見ているだけでもそれは分かる。みんな同じように踊りながら、みんなどことなく違う。勝手に踊っている。音楽や体育の時間は、音と動作をきっちり揃《そろ》えることが要求される。それがつまらない理由だ。もともとみんなで同じような動作をすることは楽しいのだが、同じ動作をするのはいやなのだ。ファッションだってそう。みんなよく似た服装をしているが（していないと不安だが）、同じ服装は絶対にいやなのだ。人間というのはまったくの孤立に耐えられるほど強くないが、共通性のなかに埋没して安心するほど無神経でもないのだ。

幼稚園では、いっしょに歌い、いっしょにお遊戯をするだけでなく、いっしょにおやつやお弁当も食べる。他人の身体に起こっていることを生き生きと感じる練習だ。そういう作業がなぜ学校では軽視されるのか、不思議なかんじがする。ここで他者への想像力は、幸福の感情と深くむすびついている。

生きる理由がどうしても見当たらなくなったときに、じぶんが生きるにあたいする者であることをじぶんに納得させるのは、思いの外むずかしい。そのとき、死への恐れは働いていても、生きるべきだという倫理は働かない。生きるということが楽しいものであることの経験、そういう人生への肯定が底にないと、死なないでいることをじぶんでは肯定できないものだ。お歌とお遊戯はその楽しさを体験するためにあったはずだ。永井均は最近の著作のなかでこう書いている。

問一　～～～部ア～ウの漢字の読みを、ひらがなで答えなさい。

問二　［A］・［B］に入る最も適切な語句を次のア～エからそれぞれ一つ選び、記号で答えなさい。

ア　もし　　イ　むしろ　　ウ　たとえば　　エ　どうして

問三　本文は、『悲鳴をあげる身体』第三章「からだの幸福」の一部である。「からだの幸福」と密接に関連していて、最も重要なことは何か、本文中から七字で抜き出して答えなさい。

問四　――部1「共通性のなかに埋没して安心するほど無神経でもないのだ」を具体的に言い換えた次の文章の空欄に入る語句として最も適切なものを、本文中から抜き出して答えなさい。

「周囲とまったく〔　　　〕動作や服装をすることは、何か恥ずかしく、おもしろくないのだ」

問五　――部2とあるが、鷲田清一が考える「子供の教育において第一になすべきこと」とは何か。「ルールを教えることではなく、」に続けて、解答欄の形に合うように三十字以内で説明しなさい。

子供の教育において第一になすべきことは、道徳を教えることではなく、人生が楽しいということを、つまり自己の生が根源において肯定されるべきものであることを、体に覚え込ませてやることなのである。

〈永井均『これがニーチェだ』〉

あるいは、幼児期に不幸な体験があったとして、それに代わるものを、それに耐えられるだけの力を、学校はあたえうるのでなければその存在理由はない。だれかの子として認められなかった子どもに、その子を「だれか」として全的に肯定することで、存在理由をあたえうるのでなければ、その存在の意味がない。

近代社会では、ひとは他人との関係の結び方を、まずは家庭と学校という二つの場所で学ぶ。養育・教育というのは、共同生活のルールを教えることではある。が、ほんとうに重要なのは、ルールそのものではなくて、［B］ルールがなりたつための前提がなんであるかを理解させることであろう。社会において規則がなりたつのは、相手も同じ規則に従うだろうという相互の期待や信頼がなりたっているときだけである。他人へのそういう根源的な〈信頼〉がどこかで成立していないと、社会は観念だけの不安定なものになる。

幼稚園でのお歌とお遊戯、学校での給食。みなでいっしょに身体を使い、動かすことで、他人の身体に起こっていること（つまり、直接に知覚できないこと）を生き生きと感じる練習を、わたしたちはくりかえしてきた。身体に想像力を備わせることで、他人を思いやる気持ちを、つまりは共存の条件となるものを、育んできたのである。

〈鷲田清一『悲鳴をあげる身体』ＰＨＰ研究所による。〉

〔注〕
＊連……グループ

問六 本文の内容として最も適切なものを次の**ア**～**エ**から選び、記号で答えなさい。

ア 阿波踊りの練習において重要なことは、音と動作をきっちり揃えることであり、自分たちが踊りたいように勝手に踊ってはいけないのである。

イ 私たちは道徳によってではなく、音楽や体育の授業を通して他人を思いやる気持ちを、つまりは社会で共存するための条件となるものを育んできたのである。

ウ 養育・教育というのは、倫理によって共同生活のルールを教えることだが、お歌とお遊戯ではなく道徳によって、他人を思いやる気持ちを育んできたのである。

エ お歌とお遊戯、給食を通して、他人の身体に起きていることを想像し、思いやる気持ちを育むことによって、社会で共存することができるようになるのである。

五

次の【資料】を見て、相手に情報を伝える時に大切なことについて、二段落構成の文章を書きなさい。

第一段落には、AとBを比較して、Bにはどのようなわかりやすい工夫がされているかを書きなさい。第二段落には、あなたが相手に情報を伝える時に心がけたいことを、自身の体験や見聞きしたことを含めて書きなさい。

【資料】

A　日本の地図記号「郵便局」

〈由来〉郵便などをあつかう役所が逓信省《ていしんしょう》と呼ばれていたときのカタカナの「テ」を○で囲み、記号化した。

B　外国人向け地図記号「郵便局」

〈国土地理院「外国人にわかりやすい地図作成の取り組み」による。〉

《注意》

- ◆「題名」は書かないで本文だけを書くこと。
- ◆第一段落は一〇〇字を超えないこと。
- ◆第二段落は第一段落の次の行から書き始めること。
- ◆本文は、二〇〇字以上、二五〇字以内で書くこと。

2022年度

山形学院高等学校入学者選抜
学力試験問題

数　　学

（ 10：00 ～ 10：50 ）

注　　意

1 「開始」の合図があるまで，開いてはいけません。

2 問題は，７ページまであります。

3 「開始」の合図があったら，まず，解答用紙に受験番号を書きなさい。

4 答えは，全て解答用紙に書きなさい。

5 「終了」の合図で，筆記用具をおき，解答用紙を裏返しにしなさい。

1　次の問いに答えなさい。

1．次の計算をしなさい。ただし，(4)は式を展開しなさい。

(1)　$-(-3)+5$

(2)　$(6-7)\times 5+3\times 2$

(3)　$\dfrac{a+b}{2}-\dfrac{a-b}{3}$

(4)　$(2x+1)^2$

(5)　$\sqrt{18}-\sqrt{50}$

2．2次方程式　$x^2-8x+5=0$　を解きなさい。

3．連立方程式　$\begin{cases}-x+y=3\\ 2x-y=2\end{cases}$　を解きなさい。

4．次の図で，$\angle x$，$\angle y$ の大きさを求めなさい。

(1)　点Oは円の中心である。

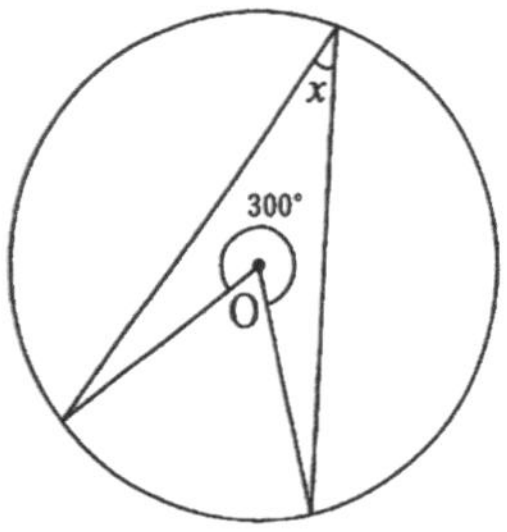

(2)　ℓ // m

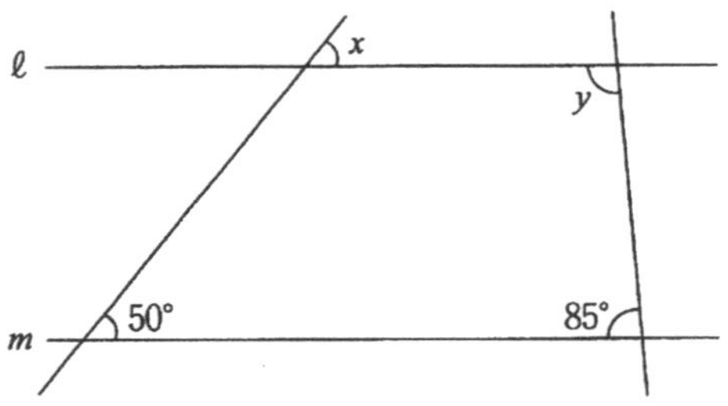

2 次の問いに答えなさい。

1．右の図の㋐は線分ABを直径とする半円であり，㋑は長方形である。
このとき，次の問いに答えなさい。

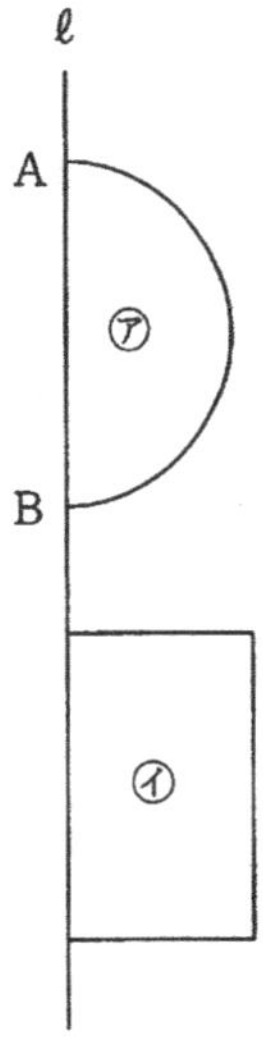

(1) 右の図形㋐，㋑を直線 ℓ を軸として1回転させてできる立体の名称を答えなさい。

(2) (1)の図形㋐における線分ABの長さを6㎝とする。図形㋐を直線 ℓ を軸として1回転させてできる立体の表面積と体積を求めなさい。ただし，円周率は π とする。

2．大小2つのさいころを同時に投げるとき，次の問いに答えなさい。

(1) 出た目の和が7となる確率を求めなさい。

(2) 出た目の積が偶数となる確率を求めなさい。

3 資料１は，2021 年４月１日から 2021 年８月 31 日までに山形県が発表した，県内で新たに新型コロナウイルスに感染した人数のデータをもとに作成したもので，各月の新規感染者の合計を表しています。また，資料２は，資料１と同じデータを，各月の上旬（１日～ 10 日）・中旬（11 日～ 20 日）・下旬（21 日～末日）の時期に分けて作成したものです。

資料１

月	新規感染者数(人)
4	565
5	448
6	59
7	121
8	1031
合計	2224

資料２

時期	新規感染者数(人)
４月上旬	238
４月中旬	175
４月下旬	152
５月上旬	95
５月中旬	190
５月下旬	163
６月上旬	【A】
６月中旬	17
６月下旬	0
７月上旬	37
７月中旬	28
７月下旬	56
８月上旬	252
８月中旬	360
８月下旬	419

１．次の問いに答えなさい。

(1) 資料１について，データの平均値を小数第１位を四捨五入して求めなさい。

(2) 資料２について，【A】に当てはまる数を求めなさい。

2．次の文章のXとYに当てはまる語句を語群から選び，答えなさい。

４月上旬から８月下旬までの間で，新規感染者数が最も多かった時期はXであり，最も少なかった時期はYです。

語群

４月上旬	４月中旬	４月下旬
５月上旬	５月中旬	５月下旬
６月上旬	６月中旬	６月下旬
７月上旬	７月中旬	７月下旬
８月上旬	８月中旬	８月下旬

3．資料１と資料２から**確実に正しいと言えるもの**を，次の(ア)～(オ)の中から**すべて**選び，記号で答えなさい。

(ア) 新規感染者数が最も多い時期は，８月中旬です。
(イ) ７月以降，日ごとの感染者数は常に増加しています。
(ウ) 資料１の分布の中央値は，資料２のデータと比べて，どの時期の値よりも大きいです。
(エ) ４月から８月の期間で，新規の感染者が出なかった日は１日もありません。
(オ) ８月上旬の新規感染者数と各月の新規感染者数を比較したとき，８月上旬よりも少ない月があります。

4 太朗君は 200m走の練習をしている。図の位置からスタートし，ゴールへと向かう。スタートから 120mを曲走路とよび，残り 80mを直走路とよぶことにする。太朗君は曲走路を秒速$\frac{15}{2}$mで走り，直走路を秒速$\frac{25}{3}$mで走るとする。このとき，次の問いに答えなさい。

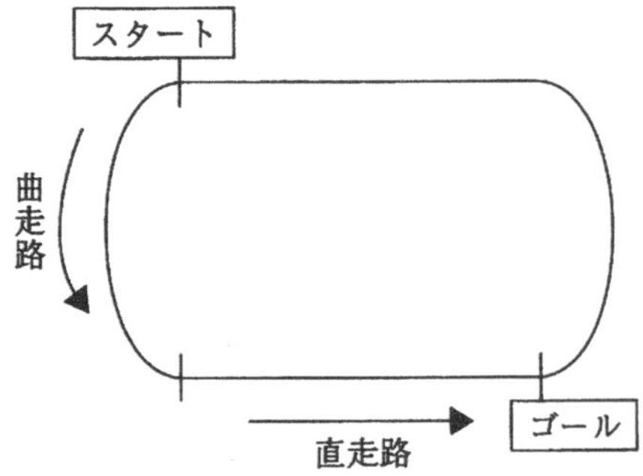

1．太朗君が曲走路を走りきるのにかかる時間は何秒か求めなさい。

2．太朗君がスタートからゴールまで走りきるのにかかる時間は何秒か求めなさい。

3．太朗君がスタートしてからの時間を x 秒，走った道のりを y mとして，ゴールするまでのグラフとして，最も適切なものを(ア)〜(エ)の中から1つ選び，記号で答えなさい。

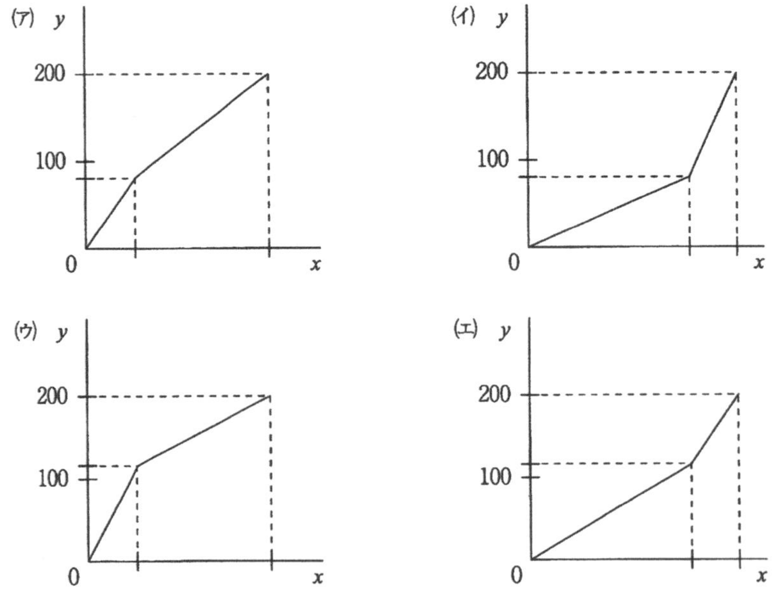

5 図において，①は関数 $y=x^2$ のグラフである。また，①と直線 ℓ の交点をそれぞれA，Bとし，点A，Bの x 座標はそれぞれ－1，3である。また，点Oを原点とする。このとき，次の問いに答えなさい。

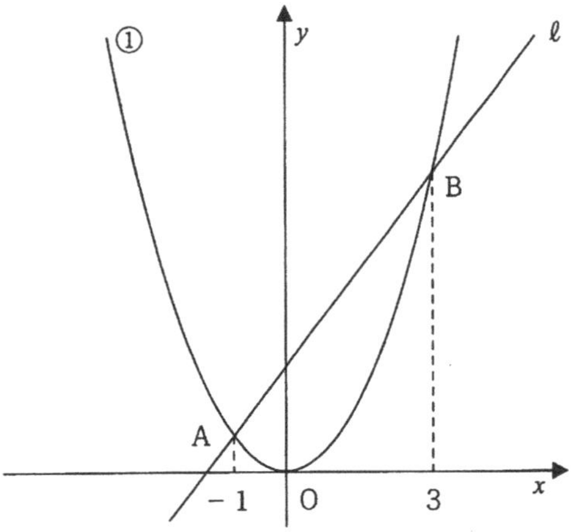

1．関数 $y=x^2$ において，x の変域が $-1 \leqq x \leqq 3$ のときの y の変域を答えなさい。

2．直線 ℓ の方程式を求めなさい。

3．点Bを通り，x 軸に平行な直線と①との交点で，点Bと異なる点をCとする。このとき，三角形ABCと三角形OABの面積比を，最も簡単な整数の比で表しなさい。

6 線分 AB の中点をＣとし，線分 AC を１辺とする正方形 ACDE をつくる。線分 AC の中点をＦとし，２つの線分 BE，DF の交点をＧとするとき，次の問いに答えなさい。

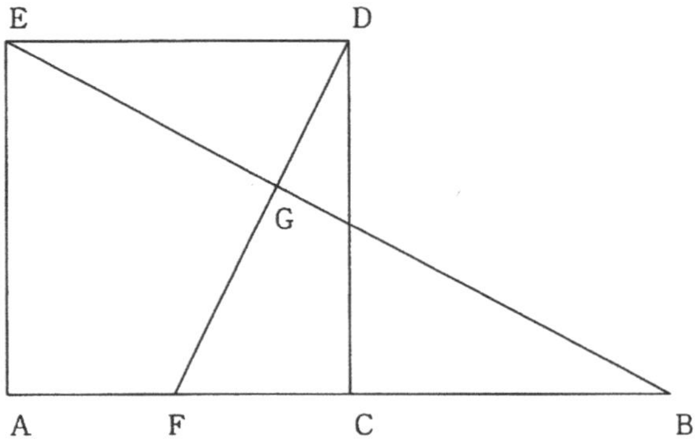

1．△EDG∽△BFG であることを次のように証明する。(1)～(5)に当てはまるものとして最も適切なものを語群から選び，答えなさい。

（証明）

△EDGと△BFGにおいて

仮定より，［ (1) ］は等しいので

∠EDG＝［ (2) ］…①

また，［ (3) ］は等しいので

∠EGD＝［ (4) ］…②

①，②より［ (5) ］ので

△EDG∽△BFG

〈語群〉

平行線の同位角　　平行線の錯角

対頂角　　円周角

∠FBG　　∠BGF　　∠BFG

３組の辺の比がすべて等しい

２組の辺の比とその間の角がそれぞれ等しい

２組の角がそれぞれ等しい

2．AB＝10 とするとき，BG の長さを求めなさい。

K 教英出版

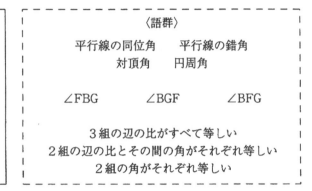

2022年度

山形学院高等学校入学者選抜
学力試験問題

社　会

（　11：10　～　12：00　）

注　意

1　「開始」の合図があるまで、開いてはいけません。

2　問題は、7ページまであります。

3　「開始」の合図があったら、まず、解答用紙に受験番号を書きなさい。

4　答えは、すべて解答用紙に書きなさい。

5　「終了」の合図で、筆記用具をおき、解答用紙を裏返しにしなさい。

1 右の地図を見て、あとの問いに答えなさい。

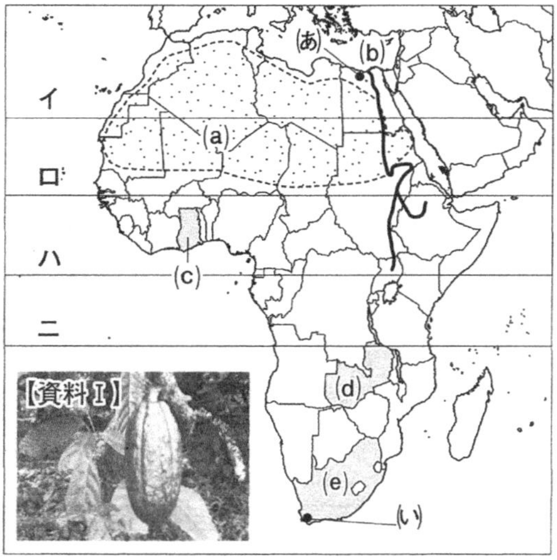

問1 (a)の砂漠名と(b)の河川名を答えなさい。

問2 赤道の正しい位置を示しているものを図中の**イ**～**ニ**から１つ選び記号で答えなさい。

問3 東経30度の都市(あ)と東経135度の明石市の時差は何時間か答えなさい。

問4 (1) 図中の(い)の都市が属する気候を何というか。次の**ア**～**エ**の中から１つ選び記号で答えなさい。

ア ステップ気候
イ 温暖湿潤気候
ウ 西岸海洋性気候
エ 地中海性気候

(2) (い)の都市の雨温図を**資料Ⅱ**の**A**～**C**の中から１つ選び記号で答えなさい。

問5 (1) 図中の(c)国では、農家が中心となって地図中の**資料Ⅰ**の写真の農産物を作っている。その農産物とは何かを答えなさい。

(2) 限られた農産物や鉱山資源の生産や輸出に偏った経済を何というかを答えなさい。

問6 (1) **資料Ⅲ**のグラフは図中の(d)国の主な輸出品を表しているものである。空欄(う)に入る鉱山資源を答えなさい。

(2) 図中の(e)国では、自動車の排ガスの浄化などに使われるプラチナの生産が盛んである。このように埋蔵量が非常に少ない金属や、純粋なものを取り出すことが技術的・経済的に難しい金属を総称して何というか答えなさい。

問7 図中の大陸には、直線的な国境線が多く見られるのはなぜか、歴史的な背景をふまえて答えなさい。

【資料Ⅱ】

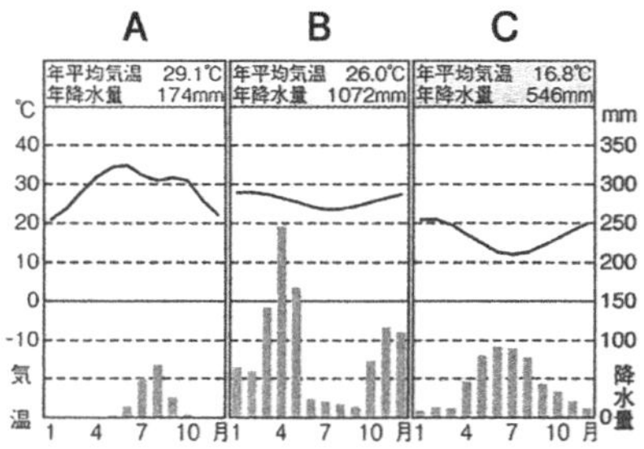

おもな都市の雨温図
（理科年表 平成27年 ほか）

【資料Ⅲ】

2013年 106億ドル

(う) 64.9%	その他 35.1%

(UN Comtrade)

2 佐野君は、昨年山形市で開催された「東北絆まつり2021」の展示を見て興味がわき、東北の祭りについて調べました。次の問いに答えなさい。

問1 東北絆まつりでは、東北各県の祭りが一堂に会する。以下の祭りはそれぞれどの県のものか、答えなさい。

① 花笠まつり　② 七夕まつり　③ わらじまつり
④ ねぶたまつり　⑤ さんさ踊り　⑥ 竿燈まつり

問2 東北地方には、上記のものをはじめとしたさまざまな祭りがある。その理由をまとめたのが以下の文章である。文中（　　）にあてはまる語句を下の**ア**～**オ**より１つずつ選び、記号で答えなさい。

> 東北地方には多くの祭りがありますが、これらの祭りの中には、厳しい自然環境の中で、（ ① ）への願いや感謝を表すものが多くあります。それは、（ ② ）の収穫期前の夏から秋にかけて特に祭りが集中していることでわかります。（ ② ）作に関係する祭りや伝統行事は今でも１年の生活の節目として引き継がれています。

ア 養殖　**イ** 稲　**ウ** 減反政策　**エ** 果樹　**オ** 豊作

問3　東北各県の代表的な祭りが「東北絆まつり」のような形で行われるようになったのは、ある出来事がきっかけとなっている。その出来事とは何か、答えなさい。

問4　東北の日本海側では、冬に雪が多く降る。その理由を答えなさい。また、雪が多い地域では生活の中で雪に対する様々な工夫を行っている。雪に対する工夫としての事例を１つ挙げなさい。

問5　下の表は、山形県の人口ピラミッドである。この表から読み取れる山形県が抱える課題を簡潔にまとめなさい。

山形県の2021年１月1日の人口構成 (住民基本台帳ベース,総人口)

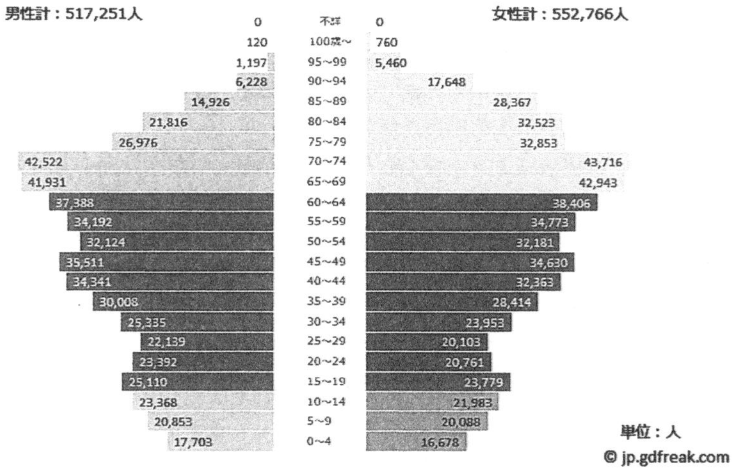

3　つとむさんは、古代・中世までの各時代とその文化について調べました。次の表は、そのときに調べたことをまとめたものの一部です。表を見て、あとの問いに答えなさい。

【表】

古墳時代	飛鳥時代	奈良時代	平安時代	鎌倉時代
古墳文化	飛鳥文化	天平文化	国風文化	鎌倉文化
資料Ⅰ 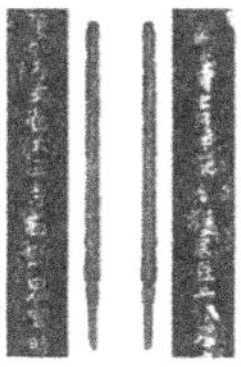	**資料Ⅱ** 	**資料Ⅲ** 	**資料Ⅳ** 	**資料Ⅴ** 

問1　古墳時代について次の問いに答えなさい。

(1)　**資料Ⅰ**の鉄剣は、ヤマト王権の王ワカタケルが関東や九州の豪族に与えたもので、国内での結びつきを強めたいという願いからであった。この時、ワカタケルは何という称号を名乗ったか答えなさい。

(2)　この時、渡来人が日本に**伝えていないもの**を１つ選び、記号で答えなさい。

ア　土器　　**イ**　鉄器の製造　　**ウ**　機織　　**エ**　漢字　　**オ**　陶磁器

問2　飛鳥文化について次の問いに答えなさい。

(1)　**資料Ⅱ**の法隆寺を建立し、中国の皇帝に送った手紙で「日出づる処の天子」と称した人物名を答えなさい。

(2)　(1)の人物が摂政の時に中国の進んだ政治のしくみや文化を取り入れ、正式な国交を目指すために遣わされた使節を何というか、答えなさい。

問３　奈良時代について次の問いに答えなさい。

(1)　**資料Ⅲ**の五絃琵琶が所蔵されており、柱を用いずに木材を組み上げた校倉造が特徴の建物を答えなさい。

(2)　この時代は、交流のあった中国や朝鮮半島の文化だけではなく、西方からの文化の影響も見られた。そのような文化がもたらされた際に用いられた東西交易路を何というか、答えなさい。

問４　平安時代について次の問いに答えなさい。

(1)　**資料Ⅳ**のように、季節の移り変わりなどの日本の風物を描いた絵画を何というか、次の**ア**～**エ**から１つ選び記号で答えなさい。

ア　やまと絵　　**イ**　浮世絵　　**ウ**　大津絵　　**エ**　障壁画

(2)　中国で唐がおとろえたことにより、多くの危険をおかしてまで公的な使者を派遣する必要はないと考え、派遣の停止を提案した人物名を答えなさい。

問５　鎌倉時代について次の問いに答えなさい。

(1)　運慶や快慶らによってつくられ、東大寺南大門などにおかれている**資料Ⅴ**の力強い彫刻を何というか、答えなさい。

(2)　この時代に生まれた新たな仏教とその説明を表にまとめた。表中①～③に入る語句を次の**ア**～**オ**から選び、それぞれ記号で答えなさい。

新たな仏教	説　明
浄土宗	（　①　）をとなえれば死後、極楽に行けると説いた法然の教え
日蓮宗	（　②　）をとなえれば日本国も人々も救われると説いた
禅　宗	（　③　）によってさとりを得るという教え

ア　断食　　**イ**　踊り　　**ウ**　座禅　　**エ**　題目　　**オ**　念仏

4　右の年表を見て、あとの問いに答えなさい。

世紀	で　き　ご　と
15	応仁の乱がおこる
16	〈　ⓐ　〉人が鉄砲を伝える …………A
	豊臣秀吉が朝鮮出兵を行う
17	参勤交代が制度化される
	〈　ⓑ　〉商館を出島に移す
18	老中松平定信が寛政の改革を行う
19	四国艦隊が下関砲台を占領する………B
	王政復古の大号令が出される
	富岡製糸場が設立される…………………C
	日清戦争がおこる
20	第一次世界大戦に参戦する……………D
	満州事変がおこる…………………………E
	日中戦争がおこる

問１　〈　ⓐ　〉〈　ⓑ　〉に当てはまる国の組み合わせとして、正しいものを次の**ア**～**エ**から１つ選び、記号で答えなさい。

ア　ⓐ―イギリス　　ⓑ―中国
イ　ⓐ―ポルトガル　ⓑ―オランダ
ウ　ⓐ―アメリカ　　ⓑ―ロシア
エ　ⓐ―スペイン　　ⓑ―フランス

問２　**A**と同じころ、日本にもキリスト教が伝わったが、この背景についての次の文の（　　）に当てはまる語句を下からそれぞれ選び、記号で答えなさい。

16世紀初めに（　①　）教皇は大聖堂の修築のために、購入すると罪が軽くなるという札を売って資金集めに力を入れるようになった。これに対し、ドイツのルターは「聖書だけが信仰のよりどころである」と説いて、（　②　）の口火を切った。一方でカトリック教会側も改革が進められ、その中心となった（　③　）は海外布教に力をいれるようになった。

ア　イエズス会　　**イ**　十字軍　　**ウ**　ローマ　　**エ**　宗教改革　　**オ**　正教会

問3　**下線部**の人物についての文で**適切でないもの**を、次の**ア**～**エ**から１つ選び、記号で答えなさい。

ア　朝廷から関白に任じられ、朝廷の権威を利用する形で、諸大名に争いの中止を命じた

イ　外国人宣教師の海外追放を命じたが、外国との貿易は認めた

ウ　大阪に壮大な城を築き本拠地とした

エ　比叡山延暦寺や石山本願寺など仏教勢力に厳しい態度でのぞみ屈服させた

問4　**B**について、次の各問いに答えなさい。

(1)　次の文の（　　）に当てはまる語句の組み合わせとして、正しいものを下の**ア**～**エ**から１つ選び、記号で答えなさい。

> 尊王攘夷運動の中心にあった（　①　）藩は、下関を通る外国船を砲撃し、海峡を封鎖しました。しかし、その翌年、（　②　）などの四国艦隊から攻撃を受け占領されてしまいました。

ア　①―会津　②―中国　　**イ**　①―長州　②―中国

ウ　①―長州　②―イギリス　　**エ**　①―会津　②―イギリス

(2)　**B**と同じ頃、薩摩藩も生麦事件の報復として、「**ある国**」から攻撃をされ大きな被害をうけました。その国名を答えなさい。

問5　**C**について、次の各問いに答えなさい。

(1)　この工場で生産していたものを次の**ア**～**エ**から１つ選び、記号で答えなさい。

ア　生糸　　**イ**　綿糸　　**ウ**　麻糸　　**エ**　羊毛

(2)　明治政府は積極的に外国人技術者を招き、欧米の進んだ技術や機械を取り入れ、近代的な産業に育て上げようとしました。このように**政府主導で産業を育成し国家の近代化を進めた政策**を、**漢字４字**で答えなさい。

問6　**D**について、次の各問いに答えなさい。

(1)　大戦前について述べた次の文の（　　）に当てはまる国名の組み合わせとして、正しいものを下の**ア**～**エ**から１つ選び、記号で答えなさい。

> 19世紀末、急速に工業化を進めたドイツは世界各地に進出しようとしたため、すでに植民地支配を広げていたイギリスと対立するようになりました。ドイツは（　①　）・イタリアと三国同盟を結ぶと、イギリスはフランス・（　②　）と三国協商を結び、対立は深まりました。

ア　①―オーストリア　②―アメリカ　　**イ**　①―日本　②―ロシア

ウ　①―オーストリア　②―ロシア　　**エ**　①―日本　②―アメリカ

(2)　大戦中の1917年にロシアで革命がおこったが、この革命を指導した人物を次の**ア**～**エ**から１つ選び記号で答えなさい。

ア　マルクス　　**イ**　ガンディー　　**ウ**　ルソー　　**エ**　レーニン

問7　**E**について、満州事変を容認しながら議会政治を守ろうとしたため、1932年５月に暗殺された内閣総理大臣は誰ですか。その名前を答えなさい。

5　各資料を見てあとの問いに答えなさい。

問1　資料Ⅰを見て次の問いに答えなさい。

【資料Ⅰ】

> 日本国民は、正当に①選挙された国会における代表者を通じて行動し、われらとわれらの子孫のために、諸国民との協和による成果と、わが国全土にわたつて自由のもたらす恵沢を確保し、②政府の行為によつて再び戦争の惨禍が起ることのないやうにすることを決意し、ここに（　A　）が国民に存することを宣言し、この憲法を確定する。そもそも国政は、国民の厳粛な信託によるものであつて、その権威は国民に由来し、その権力は国民の代表者がこれを行使し、その福利は国民がこれを享受する。　（日本国憲法前文より一部抜粋）

(1)　日本国憲法は1946年11月3日に公布され、1947年5月3日に施行された。これらの日は現在、何という国民の祝日になっているか。**ア～エ**からそれぞれ1つずつ選び記号で答えなさい。

ア　文化の日　　**イ**　建国記念の日　　**ウ**　憲法記念日　　**エ**　昭和の日

(2)　（　A　）にあてはまる適切な語句を**漢字2字**で答えなさい。

(3)　**下線部①**について、現在衆議院議員選挙で導入されている選挙制度を答えなさい。

(4)　**下線部②**は平和主義に関連する部分である。次の**ア～エ**のうち、**適切でないもの**を1つ選び記号で答えなさい。

ア　唯一の被爆国である日本は核兵器を「もたず、つくらず、もちこませず」という非核三原則をかかげている。

イ　憲法7条は戦争を放棄し、戦力を持たず、交戦権を認めないと定めている。

ウ　自衛隊の前身はGHQの指示でつくられた警察予備隊である。

エ　日本は防衛のためにアメリカと日米安全保障条約を結び、アメリカ軍が日本の領域内に駐留することを認めている。

問2　資料Ⅱを見て次の問いに答えなさい。

【資料Ⅱ】

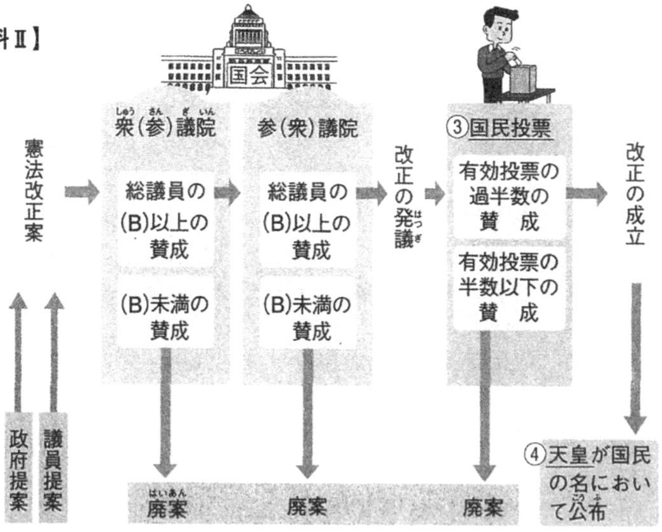

日本国憲法が改正されるまで

(1)　（　B　）にあてはまる語句として適切なものを**ア～エ**から1つ選び記号で答えなさい。

ア　3分の1　　**イ**　3分の2　　**ウ**　4分の1　　**エ**　4分の3

(2)　**下線部③**の投票と同じ年齢から出来るようになるものを**ア～エ**から**すべて**選び記号で答えなさい。

ア　衆議院議員選挙に立候補する　　**イ**　参議院議員選挙に投票する

ウ　お酒を飲む　　**エ**　自動車の運転免許をとる

(3) **下線部④**は憲法で「日本国の（　C　）であり日本国民統合の（　C　）」であるとされている。（　C　）にあてはまる語句を**漢字２字**で答えなさい。

問３　資料Ⅲおよび**資料Ⅳ**を見て次の問いに答えなさい。

【資料Ⅲ】　男女の賃金格差

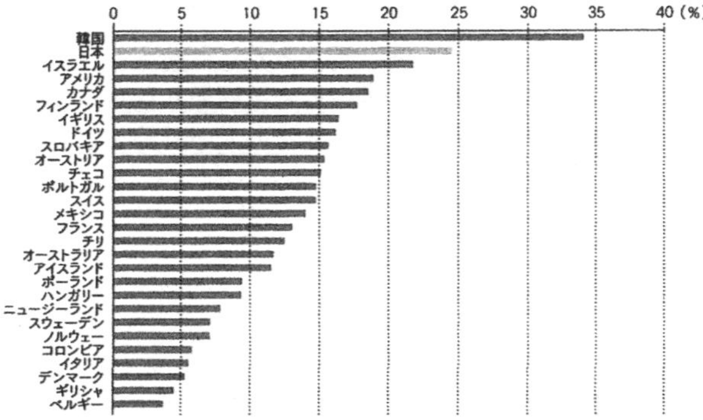

出所：OECD, Gender Wage gap (indicator) 2018年または最新年

【資料Ⅳ】　大企業における女性役員の割合

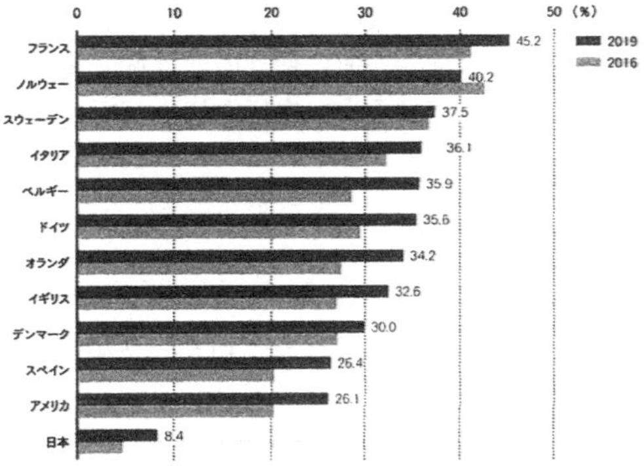

出所：OECD　Female share of seats on boards of the largest publicly listed companies

(1) **資料Ⅲ**のグラフから読み取れる内容として正しい文章になるよう、（　D　）に当てはまる語句を書きなさい。また、その原因として**適切でないもの**を**ア〜エ**から１つ選び記号で答えなさい。

日本は他国に比べ、男女の賃金格差が（　D　）水準にある。

ア　「男性は仕事、女性は家庭」という固定した性別役割分担の考えがまだ残っているから。
イ　日本では男性の育児休暇の取得率が高く、育児や家事に男性が積極的に参加しているから。
ウ　家事や育児、介護を女性が引き受けることが多く、社会に出ていくことが難しいから。
エ　保育所不足による待機児童の問題など、女性が働きやすい環境が整えられていないから。

(2) **資料Ⅳ**のグラフから読み取れる内容として適切なものを**ア〜エ**から１つ選び記号で答えなさい。

ア　日本は他国に比べて女性役員の割合が高く、2019年の方が2016年よりも割合は高い。
イ　日本は他国に比べて女性役員の割合が低く、2019年の方が2016年よりも割合は高い。
ウ　日本は他国に比べて女性役員の割合が高く、2019年の方が2016年よりも割合は低い。
エ　日本は他国に比べて女性役員の割合が低く、2019年の方が2016年よりも割合は低い。

(3) ２つのグラフに関連し、日本国憲法は第14条で「すべて国民は、法の下に平等であって、人種、信条、性別、社会的身分又は門地により、政治的、経済的又は社会的関係において、差別されない。」として平等権を保障している。これに基づいて1986年に制定された、職場での男女平等を実現するための法律を答えなさい。

6

銀行の役割について学習したげんさんとゆいさんの会話文を読んで、あとの問いに答えなさい。

げんさん：銀行は、家計や企業からすぐに使わないお金を預かる一方で、お金を借りたいと考える家計や企業に貸し出しをしているよね。
ゆいさん：そうね。ⓐお金を借りた家計や企業は銀行に（　　）お金を返すだけでなく、定期的に利子を支払わなければならないの。そして、ⓑそれが預金者に支払われる利子のもとになるのよ。
げんさん：だから、ⓒお金を借りたいという家計や企業を審査して、できるだけ将来性のある事業に貸すことが銀行の大切な仕事になるんだね。
ゆいさん：企業の多くは銀行から経営資金を借りているから、経済がしっかり動いていくうえで、銀行のような金融機関のはたらきは欠かせないのよね。

問１　文中の（　　）にあてはまる語句を答えなさい。

問２　文中の**下線部ⓐ**、ⓑの利率はどちらが高いか、記号で答えなさい。

問３　ゆいさんは**下線部ⓒ**の審査の内容を確認するために銀行に出向き、担当者の方の話を聞きました。その時の話をまとめた次の文の**ア**～**オ**の中で**適切でないもの**を１つ選び、記号で答えなさい。

> 個人のお客様にお金を貸すさいには、いくつかの点を確認しています。**ア**金額はお聞きしますが、何に使うのかは個人情報なので確認しません。そして、**イ**きちんと返せるように計画しているか、**ウ**ほかに借りているお金はないか、**エ**借りている場合でも計画通りきちんと返しているか、といったことも確認します。こうした審査をした上で、**オ**その人の所得などを総合的に判断して決定します。

問４　企業が株式を発行するなどして、市場から資金を調達するしくみを何というか、**「金融」**という語句を含む**漢字４字**で答えなさい。

問５　民間の金融機関には**図Ⅰ**のような種類が含まれるが、ノンバンクは他の金融機関と比べ大きな違いがある。それはどのようなことか30字以内で説明しなさい。

問６　資金の貸し借りの他に私たちのくらしと銀行がどのように結びついているか、次の**ア**～**オ**から**あてはまらないもの**を１つ選び、記号で答えなさい。

【図Ⅰ】

民間金融機関	普通銀行	都市銀行，地方銀行，ゆうちょ銀行など
	協同組織金融機関	信用金庫，労働金庫，農業協同組合など
	証券会社など	証券会社，証券金融会社
	保険会社	生命保険会社，損害《そんがい》保険会社
	ノンバンク	消費者金融会社など

ア　給料の銀行振り込み

イ　お金を送る

ウ　公共料金の支払い

エ　両替

オ　生活保護の相談

問７　げんさんは日本の中央銀行である日本銀行の役割について３枚のカードにまとめました。カードの文中の（　**ア**　）～（　**ウ**　）にあてはまる語句をそれぞれ答えなさい。

> 日本銀行券と呼ばれる紙幣を発行する（　**ア**　）銀行の役割を担う。

> 政府の資金の出し入れを行う（　**イ**　）の銀行の役割を持つ。

> 一般の銀行に不足する資金の貸し出しを行う（　**ウ**　）の銀行の役割を果たしている。

問８　2024年に新しい紙幣が発行されることになっていますが、千円札、五千円札、一万円札のそれぞれの新しい肖像とされる人物の正しい組み合わせを**ア**～**オ**から１つ選び、記号で答えなさい。

ア　千円札：伊藤博文　　五千円札：新渡戸稲造　　一万円札：聖徳太子
イ　千円札：伊藤博文　　五千円札：樋口一葉　　一万円札：聖徳太子
ウ　千円札：北里柴三郎　　五千円札：津田梅子　　一万円札：渋沢栄一
エ　千円札：北里柴三郎　　五千円札：樋口一葉　　一万円札：渋沢栄一
オ　千円札：野口英世　　五千円札：津田梅子　　一万円札：福沢諭吉

2022年度

山形学院高等学校入学者選抜
学力試験問題

理　科

（ 12：40 ～ 13：30 ）

注　意

1 「開始」の合図があるまで，開いてはいけません。

2 問題は，7ページまであります。

3 「開始」の合図があったら，まず解答用紙に受験番号を書きなさい。

4 答えは，すべて解答用紙に書きなさい。

5 「終了」の合図で，筆記用具をおき，解答用紙を裏返しにしなさい。

1　理科クラブで活動しているＴさんは、飲みきったペットボトルを本体、キャップ、ラベルに分け、それぞれのプラスチックの違いを次のような実験をして調べてみることにした。
あとの問いに答えなさい。

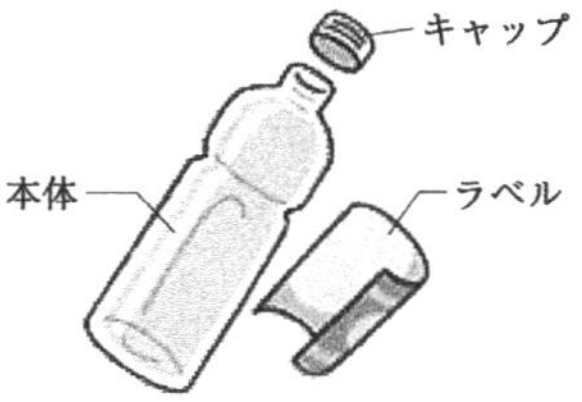

＜実験１＞	＜実験２＞	＜実験３＞
それぞれから切り取ったプラスチック片を一つずつ燃焼さじにのせ、ガスバーナーで加熱して燃焼させ、図のように、すぐに石灰水が入った集気びんに入れた。しばらくしてから燃焼さじを取り出してふたをし、よく振って石灰水の変化を観察した。燃え方は種類によって異なるが、石灰水はいずれも白くにごった。 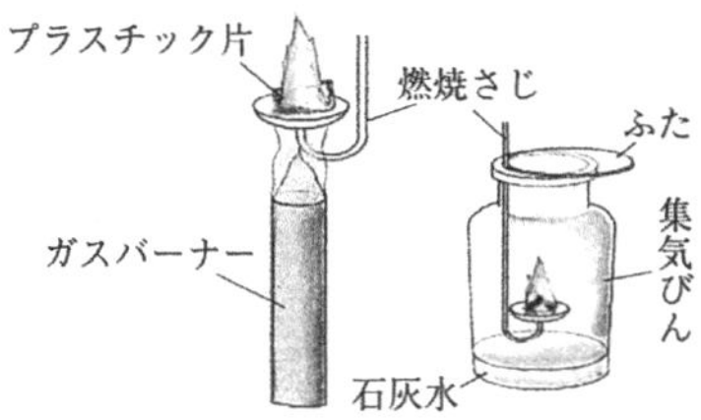	それぞれから切り取ったプラスチック片を、一つずつピンセットではさんで水の入ったビーカーの底に押し沈めた。その後、静かにピンセットからはなし、水に浮くかどうか観察したところ、本体のプラスチック片のみが浮かび上がらなかった。	50mL の水の入ったメスシリンダーに、本体から切り取った小片4.4gを沈めた。メスシリンダーの液面を真横から水平にみると、下図のようであった。 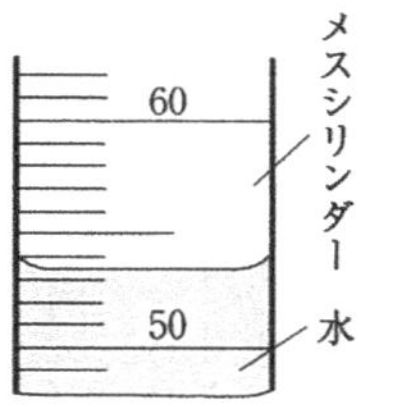

問１　実験１について、ガスバーナーの炎の色が適切ではなかったので、空気を送り込み適切な炎にした。この時の操作として正しいものを１つ選び記号で答えなさい。

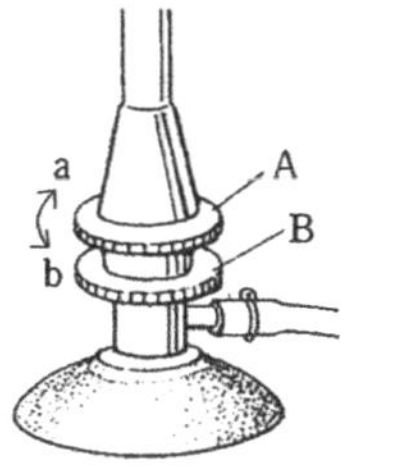

ア　Ａをａの方向に回して、炎の色を青色にした。
イ　Ａをｂの方向に回して、炎の色を青色にした。
ウ　Ａをｂの方向に回して、炎の色を赤色にした。
エ　Ｂをａの方向に回して、炎の色を青色にした。
オ　Ｂをｂの方向に回して、炎の色を赤色にした。

問２　実験１より、石灰水を白く濁らせた物質の名称を答えなさい。またその結果より３つのプラスチックに共通して含まれる元素の元素記号を書きなさい。

問３　次の文は、実験２で、本体のプラスチックが水に浮かばなかった理由を書いたものである。【　】に「密度」という言葉を用いて15字以内で書き、文を完成させなさい。

本体のプラスチックは、【　　　　　　　　　　　】から。

問４　実験２では、ラベルとキャップのプラスチックを区別することはできなかった。そこで、水に変えて50％エタノール水溶液を用いて、実験２と同様の実験をしたところ、キャップ片は浮かんだが、ラベル片は浮かばなかった。キャップとラベルのプラスチックが、ポリプロピレンかポリエチレンである時、キャップのプラスチックはどちらか、右表を参考にして答えなさい。

プラスチックの種類	密度[g/cm^3]
ポリプロピレン	0.90～0.91
ポリエチレン	0.92～0.97

問５　実験３より本体のプラスチック片の密度を計算し四捨五入して小数第１位まで求めなさい。

2

電池のしくみを調べるために次のような実験を行った。あとの問いに答えなさい。

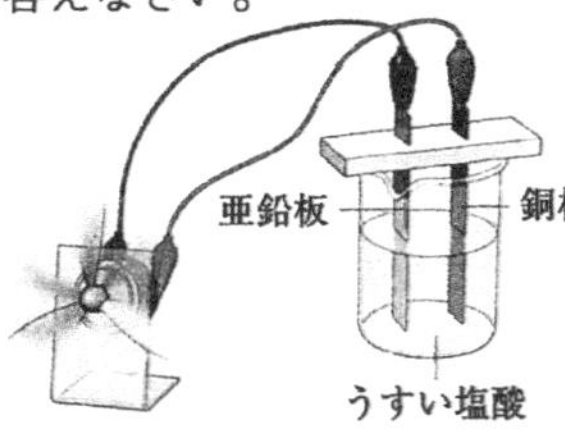

実験　右図のようにプロペラ付きモーターに亜鉛板（－極）と銅板（＋極）をつなぎ、これらの金属板をうすい塩酸の中に入れた。

問1　次の文中の（ア）（イ）にあてはまる語句を書きなさい。

水に溶かした時に水溶液に電流が流れる物質のことを（ア）という。また水に溶かしても水溶液が電流を流さない物質のことを（イ）という。

問2　次の文は実験の電池について説明したものである。文中の［A］［B］にあてはまるイオン式を書きなさい。

> 亜鉛板表面では、亜鉛原子が電子を放出して亜鉛イオン［A］となってうすい塩酸中に溶け出す。そして放出された電子は導線、モーターを通り銅板に移動する。次に銅板に移動した電子をうすい塩酸中の水素イオン［B］が受け取って水素原子となり、水素原子どうしが結合して水素分子になる。両極で起こる反応は以下のようになる。
> －極　亜鉛　→　亜鉛イオン　＋　電子
> ＋極　水素イオン　＋　電子　→　水素

問3　亜鉛板の表面で、亜鉛原子10個から放出された電子がすべて銅板に移動した場合、これらすべての電子を銅板表面で受け取る水素イオンは何個か、求めなさい。

問4　両極の金属を違う金属に交換して同様の実験を行ったとき、電流が流れる組み合わせは次のうちどれか、ア～カからすべて選び記号で答えなさい。

ア　鉄板と鉄板　**イ**　亜鉛板と鉄板　**ウ**　鉄板とマグネシウムリボン
エ　亜鉛板とマグネシウムリボン　**オ**　マグネシウムリボンとマグネシウムリボン
カ　亜鉛板と亜鉛板

問5　うすい塩酸ではなく別の液体を使って同様の実験を行ったとき、電流が流れるものはどれか、次のア～オから２つ選び記号で答えなさい。

ア　精製水　**イ**　しょう油　**ウ**　砂糖水　**エ**　エタノール　**オ**　果汁

3

Ａさんは夜に友達と食事に行く約束をし、待ち合わせ場所の薄暗い公園で友達を待っていた。待っている間に持っていた鏡で①自分の顔を見ていた。しばらくすると友達がＡさんを呼ぶ②声が聞こえ、一緒に食事をするレストランに行き、店に入った。レストランの中は公園よりも明るかった。食事をした後、レストランの中に置いてあった鏡でもう一度③自分の顔を見た。次の問いに答えなさい。

問1　下線部のように、光や音など外部からの刺激を受け取る器官を何というか、答えなさい。

問2　図はヒトの目の断面を模式的に表したものである。光の刺激を受けとる細胞があるのはＡ～Ｅのどこか。また、その部分を何というか、答えなさい。

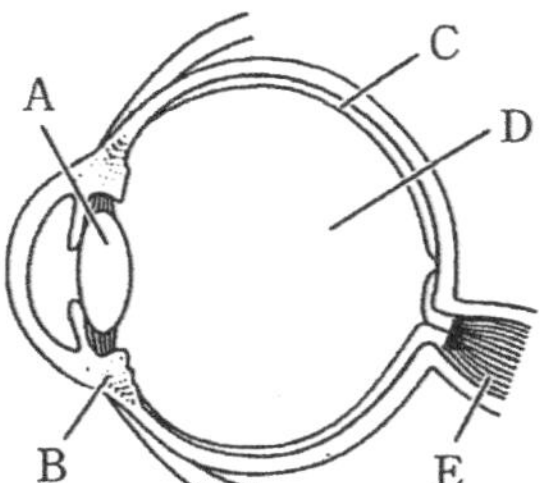

問3　下線部②で耳の中で音の刺激が伝わる順に、次のア～エを並べかえなさい。

ア　神経　**イ**　うずまき管　**ウ**　鼓膜　**エ**　耳小骨

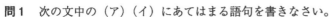

問4　Aさんは下線部①と、下線部③で自分のひとみの大きさが違っていることに気がついた。図は下線部①のひとみのようすである。下線部③のひとみのようすとして適当なものをア～ウから選び、記号で答えなさい。また、ひとみの大きさがそのように変化する理由を説明しなさい。

下線部①の
ひとみの様子

問5　ひとみの大きさが変わるときのように無意識に行われる反応の例に「熱いものが手にふれたとき、思わず手を引っ込める。」というものがある。この時の、皮膚が刺激を受けとってから筋肉が反応するまで信号が伝わる経路として適当なものを次のア～エから１つ選び、記号で答えなさい。

ア　皮膚→せきずい→脳→せきずい→筋肉
イ　皮膚→せきずい→脳→筋肉
ウ　皮膚→せきずい→筋肉
エ　皮膚→脳→せきずい→筋肉

4

次の文章を読み、あとの問いに答えなさい。

K君は先生に消化に関する質問をしに職員室に行った。理科の先生は質問を交えながら話してくれるので、理科好きのK君にとっては楽しみの一つだった。

K君：先生、糖とデンプンの分子構造はどのようになっているのですか？
先生：それはね……＜　略　＞
K君：そうか、ここの結合を消化酵素が切っていくのですね。分子の大きさもだいぶ違いますね。
先生：そうだね。分子の大きさを確認する方法としては、こんなのがあるよ。
　　（と言って右図を描いてくれた）

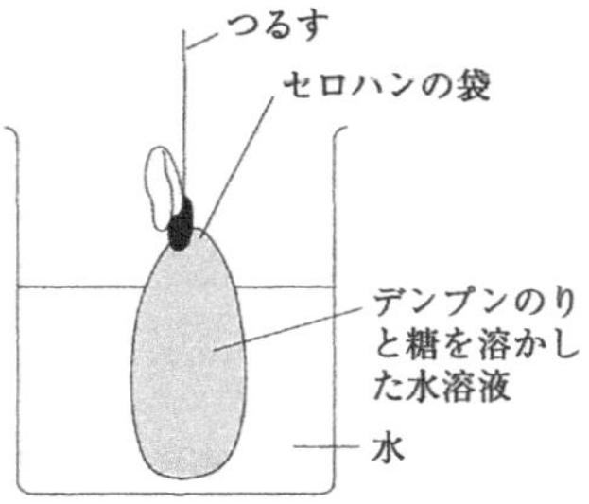

先生：セロハンには小さな穴が開いていて、小さな分子しか通さない。この場合、どちらが通って外側に出てくることになる？
K君：糖ですね。
先生：そうだね！　ところで、それを確認する方法はあるかな？
K君：え～っと……糖の存在を調べる時は、（　A　）ですか。
先生：そのとおり！　さて、先ほど君は「消化酵素が切っていく」と表現したが、我々が食べたご飯やパンを最初に消化する酵素は何だか知っているかい？
K君：えーっと、だ液に含まれるアミラーゼですか？
先生：これも正解だ！　りっぱだね。　せっかくだから理解を深めるために君に課題を出そう。……

問1　空らん（A）に適する語を答えなさい。

問2　（A）を使って糖の存在を調べる方法は以下のとおりである。（B）にあてはまる語句を書きなさい。
糖が含まれているであろう溶液の中に（A）を入れ、（B）する。
その結果赤褐色の沈殿ができれば、糖が含まれていることになる。

問3　先生はこの後K君に対し、上の実験を次のように変更して実験計画をたてるよう、課題を出してくれた。

課題　・何を調べる実験なのかを明確にするため、仮説をたてて文章にする。
　　　・セロハンの袋の中に入れるのはデンプンと糖のどちらかにする。
　　　・これを２つ用意し、一方にだけだ液を入れる。

K君は、先生との会話をヒントに次のような大まかな実験計画をたてた

仮説「　　X　　」

準備するもの　＜　略　＞

手順　①　セロハン袋の中に（ア．デンプンのり　イ．糖）の水溶液を入れたものを２つ用意する。

②　①の一方にだけ、さらにだ液を入れる。

③　これら２つを下図のように水の入ったビーカーに浸す。

④　装置全体の温度をおよそ（ウ．５℃　エ．40℃　オ．80℃）に保ち、約10分待つ。

⑤　その後、外側の液体を試験管に取り、その中に糖が存在するかを（A）を使って確認する。

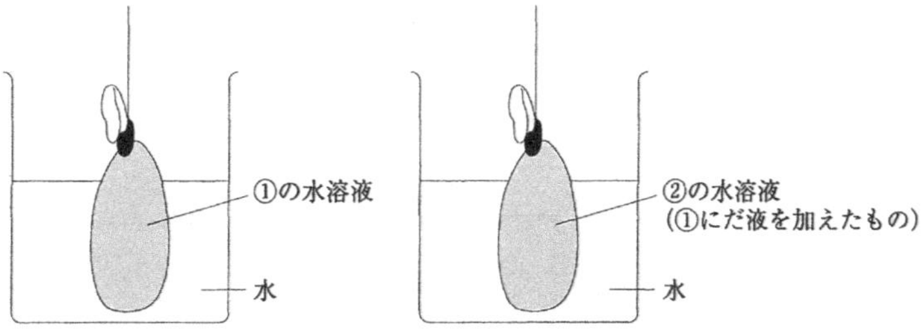

（１）　上の①の文に適する語をアイから１つ選び記号で答えなさい。

（２）　上の④の文に適するものをウ～オから１つ選び記号で答えなさい。

（３）　（２）でそれを選んだ理由を簡潔に答えなさい。

（４）　①で袋を２つ用意し､②で一方にだけだ液を入れた。このような実験を何というか、答えなさい。

（５）　この実験の仮説「X」の文章を考え、書きなさい。

5

台車の運動を調べるために次の実験を行った。ただし、空気の抵抗、運動する台車、滑車にはたらく摩擦は考えないものとし､質量100gにはたらく重力の大きさは１Nとする。あとの問いに答えなさい。

【実験１】

図１のようにおもりをのせて質量を３kgにした台車を斜面上に置き、ひもと滑車を用いて点Bから点Aまで人がゆっくりと一定の速さで引き上げた。点Aから点Bまでの距離は５mであり、高さの差は２mであった。

【実験２】

点Aまで台車を引き上げたあとで静かにひもを離し、台車が点Cまで移動する間の運動の様子を調べ、図２のような台車の位置エネルギーの変化のグラフを作成した。

図１

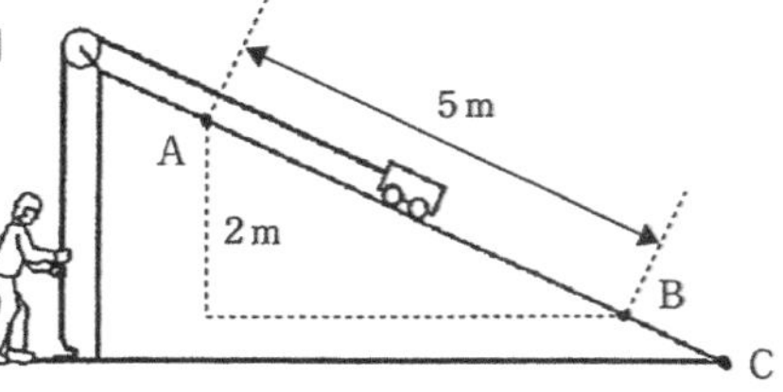

図２

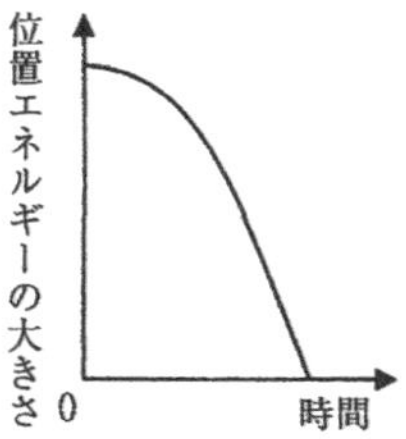

問１　実験１のとき、斜面上の台車にはたらく重力の大きさは何Nか、答えなさい。

問２　実験１のとき、人がした仕事は何Ｊか、求めなさい。

問３　実験１のとき、人がひもを引いた力の大きさは何Nか答えなさい。

問４　右の図の矢印は、斜面上の台車にはたらく重力の大きさと向きを示している。重力を斜面に沿った方向と斜面に垂直な方向に分解し、解答欄に分力を矢印でそれぞれ書き入れなさい。

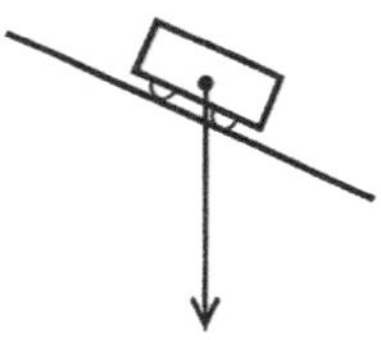

問５　実験２における台車の力学的エネルギーの変化と運動エネルギーの変化を示すグラフとして最も適切なものを次のア～エからそれぞれ１つずつ選び、記号で答えなさい。

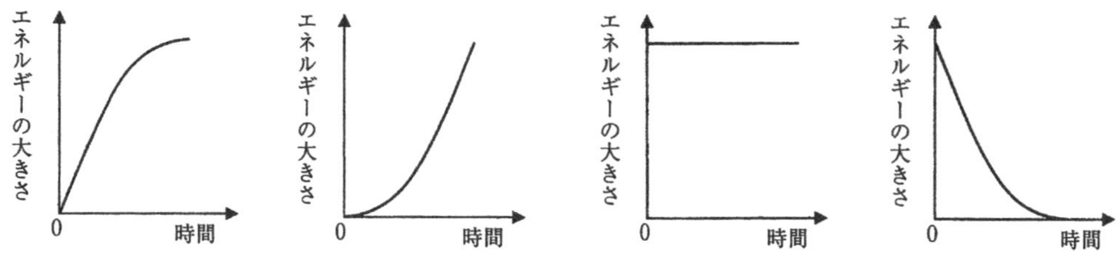

6

図３のような特性を持つ白熱電球を使い、いろいろな回路を作り電流を流した。次の問いに答えなさい。

図３

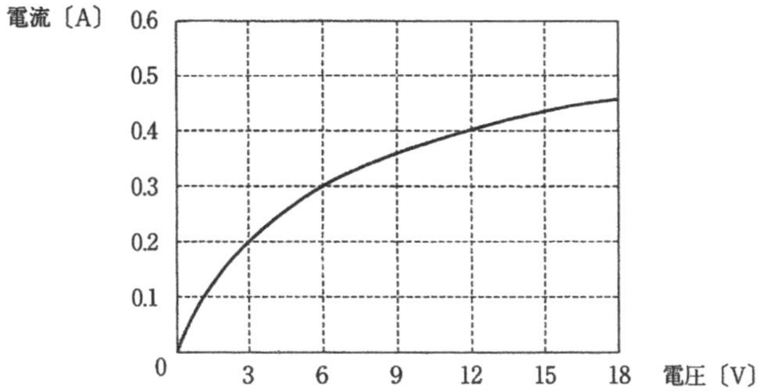

問１　この白熱電球に３Ｖの電圧をかけたとき、電球の電気抵抗は何Ωになるか、答えなさい。

問２　この白熱電球の性質として正しいものを次のア～ウから選び記号で答えなさい。
　ア　かける電圧を大きくしていくと抵抗値は大きくなる。
　イ　かける電圧を大きくしていくと抵抗値は小さくなる。
　ウ　抵抗値はかける電圧によらず一定の値をとる。

問３　この白熱電球と６Ωの電気抵抗Ｒを並列につなぎ、次のような回路を作り点Ａを流れる電流を測ったら0.4Ａであった。
（１）白熱電球で消費する電力は何Ｗか答えなさい。
（２）電源装置の電圧は何Ｖか答えなさい。
（３）点Ｂを流れる電流は何Ａか答えなさい。
（４）回路全体の抵抗値は何Ωか答えなさい。

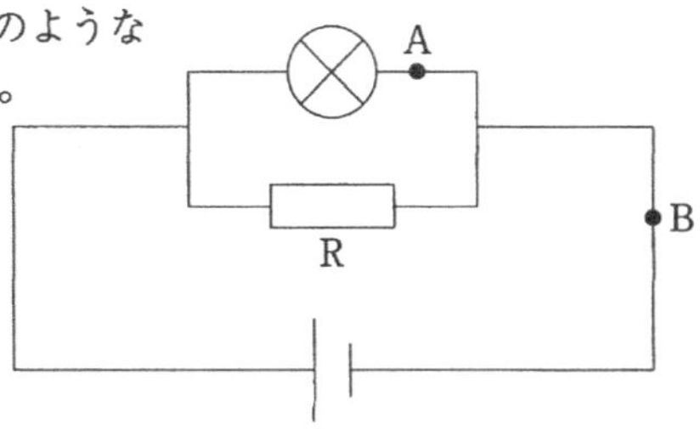

7

図４は、ある日に観測された日本の天気図である。これについて次の問いに答えなさい。

問１　図４にかかれている、同時刻に観測された気圧の等しい地点を結んだなめらかな線を何というか、答えなさい。

問２　Ａは高気圧と低気圧のどちらか答えなさい。

図４

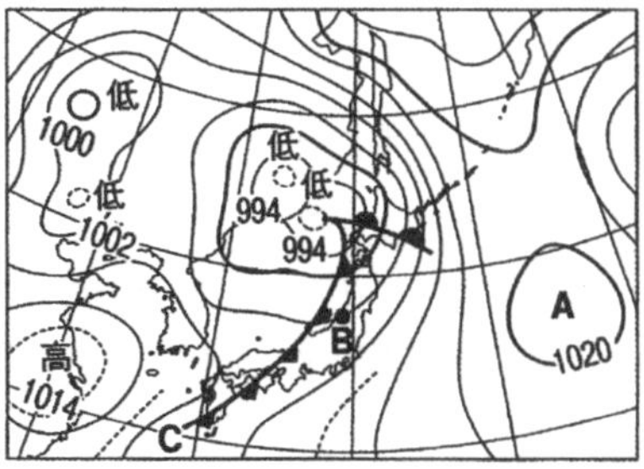

問3　低気圧付近での空気の動きを正しく表しているものはどれか。ア～エから１つ選び、記号で答えなさい。

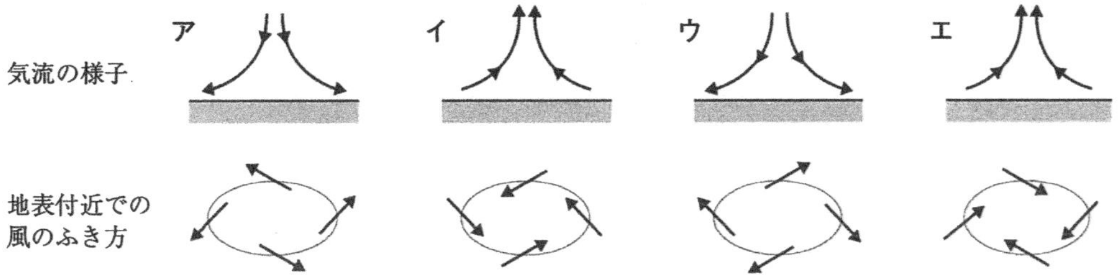

問4　Ｂ地点での気圧は何 hPa か答えなさい。

問5　Ｂ地点では、今後どのようになると予想されるか。ア～エから選び記号で答えなさい。

ア　雨が上がり、天気が回復して気温が上がる。

イ　まもなく強い雨が降り出し、気温が下がる。

ウ　しばらく雨が降り続き、気温の低い時間が続く。

エ　しばらく晴天が続き、気温の高い時間が続く。

問6　Ｃの前線の名前を答えなさい。またその構造を表した図をア～エから選び記号で答えなさい。

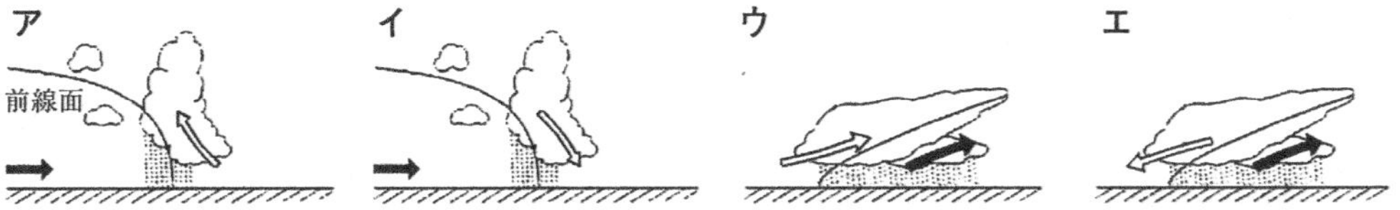

問7　この日の山形市の気温は25℃、露点は10℃であった。この時の湿度を下表を参考にして四捨五入して小数第１位まで求めなさい。

気温(℃)	－5	0	5	10	15	20	25	30	35
飽和水蒸気量(g/㎥)	3.4	4.8	6.9	9.4	12.8	17.3	23.1	30.4	39.6

8 図5はある場所で観察した地層をスケッチしたものである。次の問いに答えなさい。ただし、図中のX－Yは断層を表しており、X－Yをはさんだ泥岩、砂岩、れき岩、岩石Aはそれぞれ同じ層であることが分かった。あとの問いに答えなさい。

図5

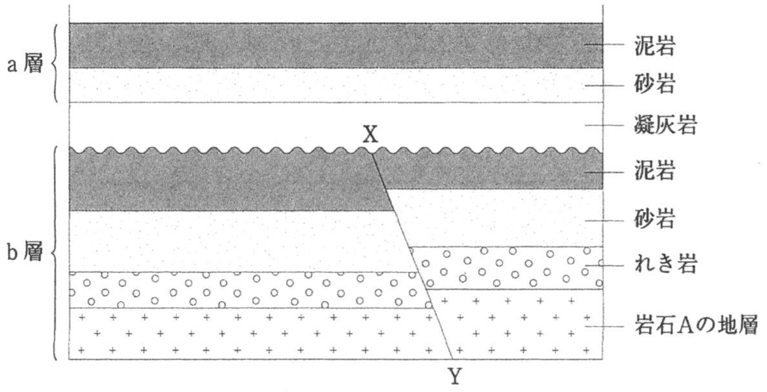

問1 岩石Aのかけらをペトリ皿に入れうすい塩酸を数滴かけたところ、泡が発生してとけた。岩石Aは次のうちどれか。ア～エから1つ選び記号で答えなさい。

ア 花こう岩　　**イ** 安山岩　　**ウ** 石灰岩　　**エ** チャート

問2 b層の砂岩からフズリナの化石が見つかり、a層の泥岩からビカリアの化石が見つかった。これらの地層が堆積した年代を、次のア～エから1つずつ選び、記号で答えなさい。

ア 古生代より前　　**イ** 古生代　　**ウ** 中生代　　**エ** 新生代

問3 スケッチしたa層の砂岩と泥岩はどちらも川が運んだ土砂が海底に堆積したものである。砂岩の層が堆積してから泥岩の層が堆積しはじめるまでの間に、この場所で起きたと考えられる変化の様子を説明したものとして最も適切なものを次のア～エから選び記号で答えなさい。

ア 海水面が上昇し、海岸に近くなった。
イ 海水面が上昇し、海岸から遠くなった。
ウ 海水面が下降し、海岸に近くなった。
エ 海水面が下降し、海岸から遠くなった。

問4 図のX－Y断層はどのようにして生じたものか。次のア～エから1つ選び記号で答えなさい。ただし⇨は地層にはたらいた力の向きを表し、→は地層がずれて動いた向きを表している。

ア
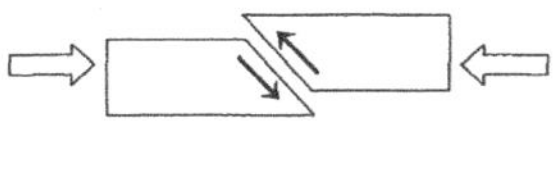

イ
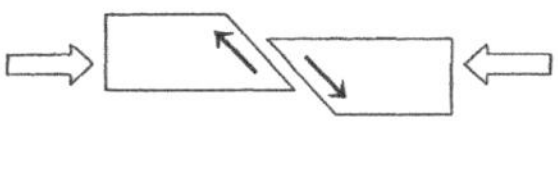

ウ
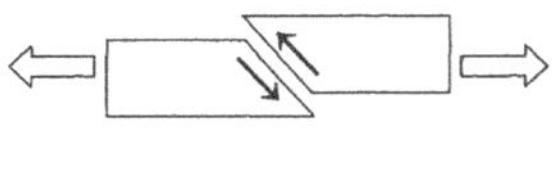

エ
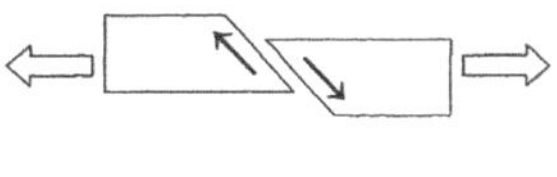

問5 次のア～エは図の地層ができるまでの出来事を表している。これらを古い順に並びかえ記号で答えなさい。

ア a層が堆積した。　　**イ** 火山の噴火が起こり火山灰が堆積した
ウ X－Y断層ができた　　**エ** b層が堆積した

2022 年 度

山形学院高等学校入学者選抜
学力試験問題

英　　語

（ 13：50 ～ 14：40 ）

注　　意

1 「開始」の合図があるまで，開いてはいけません。

2 最初に，放送によるテストがあります。

3 問題は，７ページまであります。

4 「開始」の合図があったら，まず，解答用紙に受験番号を書きなさい。

5 答えは，すべて解答用紙に書きなさい。

6 「終了」の合図で，筆記用具をおき，解答用紙を裏返しにしなさい。

※音声と放送原稿非公表

1 これはリスニングテストです。放送の指示に従って答えなさい。

1 No.1

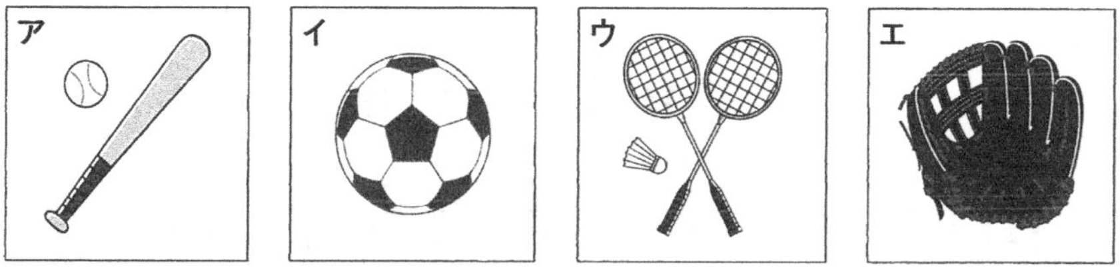

No.2

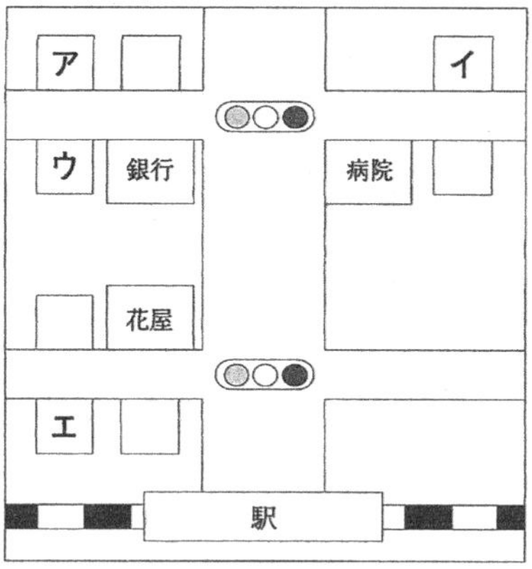

2

翔平さんのクラブ活動

活動場所：英語室［(　ア　)とコンピュータ室の間］

活動時間：火曜日と(　イ　)曜日の4時00分から5時30分の間

活動内容：歌を歌う、(　ウ　)など様々なことを行う

3

No.1 ア He took care of her children.
イ He bought food at a supermarket.
ウ He invited her to his house.
エ He cleaned some rooms in her house.

No.2 ア He wants them to listen to good music.
イ He wants them to be kind to their classmates.
ウ He wants them to work as volunteers.
エ He wants them to have coffee with old people.

4 答えは、解答用紙に書きなさい。
（メモ用）

（　　　）のところの英語を聞き取り、書きなさい。

Dad：Kana, can you come and help me?
Kana：Yes, Dad. What should I do?
Dad：(　　　　　　　　　　　　　　).

2 次の問いに答えなさい。

1 次の対話文の（　　　　）の中に最も適する英語を、それぞれ１語ずつ書きなさい。

(1) Man：I need a（　　　　）to put on this letter to Emily.
Woman：I have one. Here you are.

(2) Man：This T-shirt is a little small for me. Can I（　　　　）on a bigger one?
Woman：Certainly, sir. How about this one?

(3) Woman：It's my boyfriend's birthday tomorrow.（　　　　）should I give him?
Man：How about a pair of running shoes? He likes running.

2 次の対話文の（　　　　）の中に最も適するものを、あとのア～エからそれぞれ一つずつ選び、記号で答えなさい。

(1) Woman：Are you excited about moving to Australia?
Man：Yes, I am. But（　　　　）
Woman：You can write to them.
Man：That's a good idea.

ア I'll miss my friends.
イ I'll study English hard there.
ウ I'll be ready for writing reports.
エ you'll like foreign countries.

(2) Man：I've never been snowboarding. How about you?
Woman：（　　　　）But I'd like to learn this winter.
Man：Me too! Can I go with you?
Woman：Sure.

ア It isn't snowy in the mountains.
イ I'm not good at skiing.
ウ I didn't have it.
エ I haven't, either.

3 次の対話文の下線部について、あとのア～カの語を並べかえて正しい英文を完成させ、（ X ）、（ Y ）、（ Z ）にあてはまる語を、それぞれ記号で答えなさい。

(1) Woman：Your wife is angry with you. What did you do last night?
Man：I（　　）（ X ）（　　）（ Y ）（　　）（ Z ）.

ア understand　イ angry　ウ don't　エ why　オ is　カ she

(2) Woman：You have a nice poster on the wall. Where did you get it?
Man：（　　）（ X ）（　　）（ Y ）（　　）（ Z ）at a store near my house.

ア bought　イ who　ウ received　エ people　オ a book
カ a free poster

二〇二二

国語　解答用紙

一

問一　ア

イ

ウ

問二

問三

問四　〜

問五

問六

問七

二

問一

問二

問三

問四

問五

問六

三

1

2

3

4　やか

5　やか

四

問一　ア

イ

ウ　わせる

※100点満点
（配点非公表）

受験番号	得　　点

4	(1)	$\angle x =$
	(2)	$\angle x =$
		$\angle y =$

2

1	(1)	㋐	
		㋑	
	(2)	表面積	cm^2
		体積	cm^3
2	(1)		
	(2)		

5

1	
2	
3	

6

1	(1)	
	(2)	
	(3)	
	(4)	
	(5)	
2		

※100点満点
（配点非公表）

受験番号	得　　点

5

問1	(1)	11月3日	5月3日
	(2)		
	(3)		
	(4)		
問2	(1)		
	(2)		
	(3)		
問3	(1)	（D）	原因
	(2)		
	(3)		

6

問1		
問2		
問3		
問4		
問5		
問6		
問7	ア	
	イ	
	ウ	
問8		

※100点満点
（配点非公表）

受験番号	得　　点

5

問1	N
問2	J
問3	N
問4	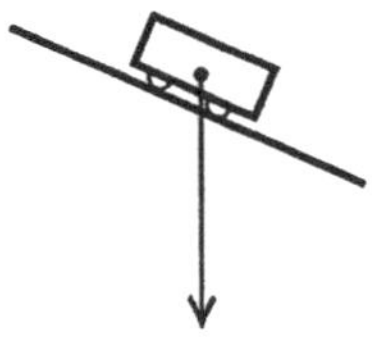
問5	力学的エネルギー
	運動エネルギー

6

問1		Ω
問2		
問3	(1)	W
	(2)	V
	(3)	A
	(4)	Ω

7

問1		
問2		
問3		
問4	hPa	
問5		
問6	名称	記号
問7	%	

8

問1		
問2	b層	
	a層	
問3		
問4		
問5	(　　)→(　　)→(　　)→(　　)	

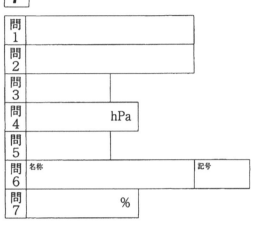

4

1

2

3

4

(1)	
(2)	

5

(　　　　　) → (　　　　　) → (　　　　　) → (　　　　　) → (　　　　　)

6

Ⅰ	
Ⅱ	

5

2022

英　語　解　答　用　紙

※100点満点
（配点非公表）

受験番号	得　　点

1

1

No. 1		No. 2	

2

(ア)		(イ)	(　　　　) 曜日	(ウ)	

3

No. 1		No. 2	

4

2

1

(1)		(2)		(3)	

2

(1)		(2)	

3

(1)	X (　　　　)　Y (　　　　)　Z (　　　　)
(2)	X (　　　　)　Y (　　　　)　Z (　　　　)

3

1

2

X		Y		Z	

【解答用

2022

理 科 解 答 用 紙

1

問1		
問2	物質名	元素記号
問3		
問4		
問5	g/cm³	

2

問1	(ア)	
	(イ)	
問2	[A]	
	[B]	
問3	個	
問4		
問5		

3

問1	
問2	刺激を受けとる細胞があるところ
	名称
問3	→ → →
問4	記号
	理由
問5	

4

問1	A	
問2	B	
問3	(1)	
	(2)	
	(3)	
	(4)	
	(5)	

社 会 解 答 用 紙

1

問1	a	砂漠
	b	川
問2		
問3		時間
問4	(1)	
	(2)	
問5	(1)	
	(2)	
問6	(1)	
	(2)	
問7		

2

問1	①			
	②			
	③			
	④			
	⑤			
	⑥			
問2	①		②	
問3				
問4	理由			
	工夫			
問5				

3

問1	(1)		
	(2)		
問2	(1)		
	(2)		
問3	(1)		
	(2)		
問4	(1)		
	(2)		
問5	(1)		
	(2)	①	
		②	
		③	

4

問1		
問2	①	
	②	
	③	
問3		
問4	(1)	
	(2)	
問5	(1)	
	(2)	
問6	(1)	
	(2)	
問7		

2022

数　学　解　答　用　紙

※100点満点
（配点非公表）

受験番号	得　　点

1

1	(1)	
	(2)	
	(3)	
	(4)	
	(5)	
2	$x =$	
3	$x =$	
	$y =$	

3

1	(1)	人
	(2)	
2	X	
	Y	
3		

4

1	秒
2	秒

【解答

問三

問四

問五 ルールを教えることではなく、

こと。

問六

五

100字

200字

250字

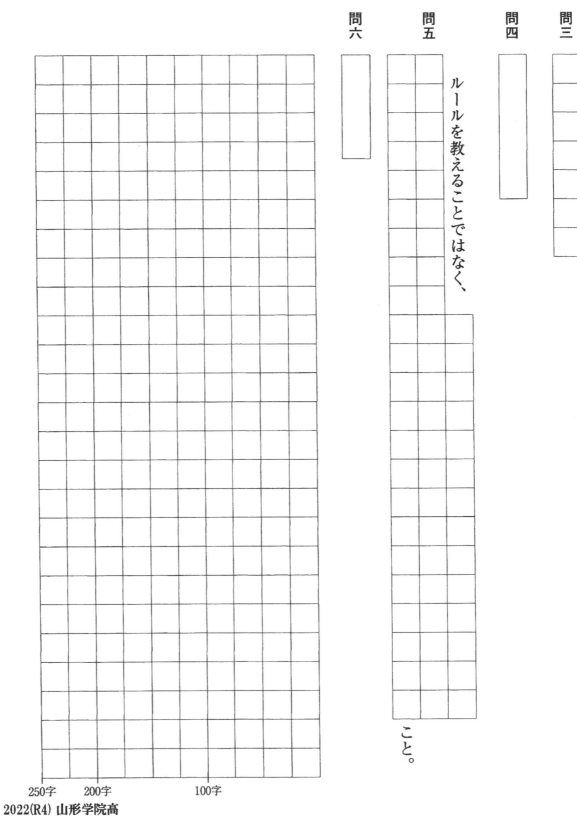

3 大学生の亜紀（Aki）さんとベス（Beth）さんは、山形県の空き家問題（the empty house problem）について調べているところです。次は、図を見ている二人の対話です。図および対話について、あとの問いに答えなさい。

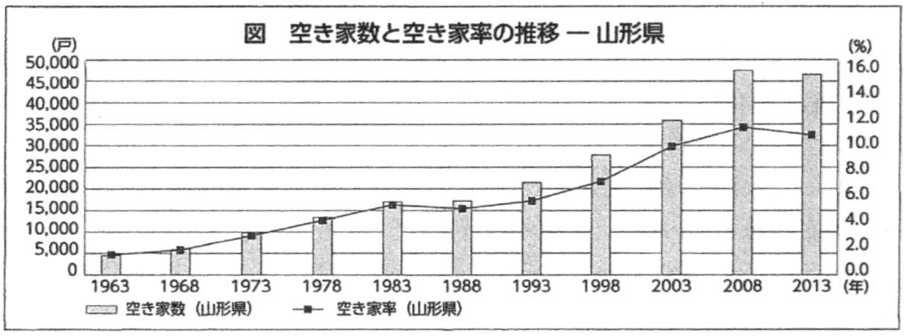

図　空き家数と空き家率の推移 ― 山形県

出典：住宅・土地統計調査

Beth：I found Yamagata had about 46,000 *empty houses, and about （ ① ）% of all the houses were empty in 2013. The number of empty houses has been increasing since 1963. You know an empty house means a house no one has used for more than a year.

Aki：I think there are some reasons for that. One of the reasons is that young people in Yamagata moved to big cities to work there. I heard about 52% of Japan's population lives in Tokyo, Osaka, Nagoya and their neighbors.

Beth：That may be true, but some people are finding ways to use empty houses. An *NPO in my town has changed some empty houses into restaurants and *guest houses. Many people visit and enjoy the local food and have good experiences there.

Aki：My grandfather has his house in Nagoya, but bought one empty house which was on sale in Yamagata to live there only during their vacation. He and his family have started a new lifestyle. In Yamagata, they enjoy growing vegetables like carrots and potatoes, and also talking with neighbors. They sometimes have a party and have a good time with their new friends there.

Beth：Your grandfather's family lives in two different places, right? I think these are both good ways to solve the empty house problem in Yamagata.

Aki：I think so, too. I hope empty houses will become one of our *resources in the near future.

（注）empty　人の住んでいない　　NPO　非営利団体　　guest houses　民宿　　resource　資源

1　①に入る適切な数字として正しいのはどれですか。次のア～エから一つ選び、記号で選びなさい。
　ア 5　　イ 10　　ウ 20　　エ 30

2　対話の内容に即して（ X ）、（ Y ）、（ Z ）のそれぞれにあてはまる適切な言葉を、日本語で書きなさい。
　ベスの町のNPOは、空き家の活用策として、空き家を（ X ）や民宿に変えて訪問者に食事を提供している。また、亜紀のおじいさんのように、（ Y ）の時だけ住む家を（ Z ）て、空き家を再利用している人もいる。

3　資料および本文の内容に合うものをア～オから内容に合うものを二つ選び、記号で答えなさい。
　ア　Only about 2% of houses were empty in 1963.
　イ　The number of empty houses became smaller than before, but it is increasing now.
　ウ　Many people have their second house in Yamagata.
　エ　More than half of people live in the big cities now.
　オ　Beth thought it was difficult to solve the problem of the empty houses.

4 中学生のさくら (Sakura) さんと、妹で小学６年生の真衣 (Mai) さんの会話です。これを読んで、あとの問いに答えなさい。

It was after dinner one day. Sakura and her sister Mai were talking. Sakura asked Mai, "You are also a junior high school student next spring. Are you looking forward to it?" Mai answered, "Yes, I'd like to join a club activity. (**A**) But in junior high school, I have to wear a uniform *skirt, right?" Sakura said to Mai, "Yes, boys only wear pants, girls wear only skirts in our school. We can't choose our uniform by ourselves. Which do you like better, pants or skirts?" Mai answered, "Of course, I like pants. In elementary school, I always wear pants, because they're very easy to exercise in, and they can protect our legs from cold winds in winter. I can't imagine myself wearing a skirt. I don't want to wear one. When I think about it, I feel sad. If I have to wear a skirt every day, I feel like I'm not myself. I want to be myself!" Sakura said, "I like my uniform skirt. It's popular with girls. I want to wear it. I like skirts better than pants. But I think there are some girls and boys like you. (**B**) Now I think we need to think of this problem as our own personal problem."

Sakura continued, "I watched the news about school uniforms at junior high schools in a city the other day. (**C**) One 12-year-old girl like you didn't want to wear a skirt in the junior high school. So, she gathered her friends'opinions about school uniform. Many of them said they wanted to choose skirts or pants. And then, she sent the opinions to the *mayor of the city. (**D**) He agreed with them. The next spring, all the junior high school students in that city could choose skirts or pants freely. What do you think, Mai?" Mai answered, "The girl has great *courage. I want to be like her." Sakura said, "You can do it! I think girl students have the right to choose skirts or pants. It's not *fair that girls have to wear only skirts in school. To make our life better, we need to know our rights and try to protect them. ① If we don't know our rights, how can we know our life is fair? It's not easy for only us to protect our rights, ② so we need to know the person who can decide important things. The power each of us has is very small, but we can ask someone of power to support us. We can make our life better with the help of others. Don't give up, Mai. Why don't you try to ask someone for help?"

The next week, Sakura studied about *SDGs in school. In the evening, Sakura said to Mai, "Do you know SDGs?" Mai said, "Of course, I know a song about it. There are 17 SDGs to help the world until 2030. I like the song. It says that if we change today, our world will become better." Sakura said, "That's wonderful. Today, I learned about SDGs at school. It's a little difficult for me. But I found that the things which I thought were *normal weren't natural. We can say the same about school uniforms. If we change the uniform rules, our school lives will become better." Mai said with a smile, "I believe these words are true. I'm not afraid to talk about uniform problems."

（注） skirt スカート　mayor 市長　courage 勇気　fair 公平な
SDGs 持続可能な開発目標　normal 普通の

1　次の英文を、本文の流れに合うように入れるとすれば、どこに入れるのが最も適切ですか。（ A ）～（ D ）から一つ選び、記号で答えなさい。

This is not another person's problem.

2　下線部①と言ったのは、さくらさんがどのような思いを持っていたからですか。さくらさんの思いに最も近いものを次の**ア**～**エ**から一つ選び、記号で答えなさい。

ア　We are too busy to think about this problem.

イ　It is natural that girls wear skirts.

ウ　We can make things better by knowing what is right.

エ　It's not important for girls to wear skirts or pants in school.

3　下線部②と言ったのはなぜか。本文に即して、日本語で答えなさい。

4　本文に即して、次の問いに英語で答えなさい。

(1)　Why does Mai like pants?

(2)　Did Sakura learn about SDGs on the TV?

5　次の**ア**～**オ**は、それぞれ本文の内容の一部です。**ア**～**オ**を、本文の流れに合うように並べかえ、記号で答えなさい。

ア　Sakura knew a city which students could choose skirts or pants.

イ　Mai likes to wear pants in elementary school.

ウ　Sakura thinks it's important to ask other people to support us.

エ　Mai is looking forward to joining a club activity in junior high school.

オ　Sakura and Mai talked about a song.

6　さくらさんは、妹の真衣さんと話した内容について、ALTのアレックス（Alex）さんに話しました。次はその対話の一部です。対話の［ Ⅰ ］、［ Ⅱ ］に入る適切な英語を、文脈に合うように、それぞれ２語以上で書きなさい。

Alex：I was glad to know your opinion about school uniform. I forgot the number of goals. ［ Ⅰ ］ SDGs are there?

Sakura：There are 17 goals. They are international goals to make our world better until 2030.

Alex：That's nice. These goals are kind to everyone on the earth.

Sakura：Yes, that's right. If we change today, our world ［ Ⅱ ］. Everyone can do something. Each of us should start doing little things from now on!

5 メグ (Meg) さんは、イギリスにいるルーシー (Lucy) さんと、メールを使って次のような会話をしています。(　　　　　) の中に、メグさんとの会話が成り立つように、ルーシーさんの考えを3文以上で書きなさい。

Lucy : Do you have many friends in Japan?
Meg : Of course, I have many good friends.
Lucy : What do you do with them?
Meg : Well, sometimes we go shopping and eat at a fast food restaurant.
Lucy : That sounds like fun.
Meg : By the way, what do you do when you have free time?
Lucy : (　　　　　　　　　　　　　　　　　　　　　　　　　　)
Meg : You enjoy your daily life very much.

2021年度
山形学院高等学校入学者選抜
学力試験問題

国　語

（ 8：50 ～ 9：40 ）

注　意

1 「開始」の合図があるまで、開いてはいけません。

2 問題は、7ページまであります。

3 **作文**は、五にあります。

4 「開始」の合図があったら、まず、解答用紙に受験番号を書きなさい。

5 答えは、すべて解答用紙に書きなさい。

6 「終了」の合図で、筆記用具をおき、解答用紙を裏返しにしなさい。

一　次の文章を読んで、あとの問いに答えなさい。

職員室をでると、洋子はくるりとうしろにむきなおり、おじぎをして戸をしめた。そのまま廊下をはしって階段をおり、つきあたりの教室にとびこんだ。かかえていたさいほう箱がかたかたと鳴る。

ふう。

洋子は小さくためいきをついた。土曜の午後の教室には誰もいない。窓からあざやかな新緑が見える。なんてきれいに晴れているんだろう、と洋子は思った。放課後の教室はふしぎなにおいがする。

廊下がわから二列目の、前から四番目が洋子の席だった。つくえの中にさいほう箱をしまいながら、洋子は柴田《しばた》先生の言葉を思い出していた。

「どうしてかなぁ。あなたはまじめなのに、どうしてこんなに遅いのかなぁ」

洋子は家庭科がにがてだった。一年生の前期課題であるブラウス製作も、ほかの人はそろそろ仮縫いがおわろうとしているのに、洋子一人、最初のダーツ縫いでてまどっていた。だから今日のいのこりだって、しかたのないことではあった。

「女の子なんだからさいほうがへたでは困りますよ」

柴田先生はそうも言った。たしかにそうだ、と洋子は思う。女の子なんだから、さいほうがうまいほうがいいに決まっている。洋子は、いすにこしかけたまま、大きくのびをしてみた。新しい制服から、棒のような足がにょっきりと二本、つきだした。あけはなした窓から、五月の風が胸元の白いりぼんにからまって吹きすぎてゆく。

中学に入学して一ヵ月。女子校って女の子ばかりだ、洋子はあたりまえのことを思ってもう一度ためいきをついた。せめて人見知りがなおってくれたら——。校庭から、バレー部員の練習する声がきこえる。

そういえば、涼ちゃんは念願の野球部に入れたんだろうか。洋子はとうとつに、小学校時代にあこがれていた男の子のことを思った。卒業文集に、中学にいったら野球部に入って、ピッチャーで、四番を打ちたいです。と書いた、小柄な少年だった。あまり話もできなかったけれど、洋子はずっとあこがれていた。四年生の遠足のとき、バスの席がとなりどうしになったっ

かわいい子だろうと、洋子は思った。涼ちゃんと二人で、両側からえみの手をひいて歩きながら、なんとしあわせなのだろう、と思った。頭の上には、夏空がひろがっている。

しばらく歩くと、むこうから自転車にのった、中学生くらいの女の子が近づいてきた。

「お。えみ」

涼ちゃんが片手をあげて声をかけた。

「どこへ行くんだ」

「塾」

あれっと、洋子は思った。ぽっちゃりとふとった、目の大きなこの少女はたしかにえみである。ではえみのつもりで手をひいてきた、この小さな子どもは誰だろう。

「いいなぁ、健二はお散歩か」

自転車の上から少女が言った。健二……そうか、健二だ。ああ、しっかりしなくちゃ、と洋子は思った。私には子どもが二人いるんだった。

「ほらほら、遅刻しますよ。車に注意して、はやく行きなさい」

知らないうちに口からとびだした母親らしい言葉に、洋子は自分でどぎまぎした。

「はぁい」

少女は弟の頭をなでてから、すうっと走り去って行った。

三人が信号で立ちどまると、すぐ左手のきんもくせいが、匂《にお》やかに咲いている。〈江國香織「夏の少し前」『つめたいよるに』所収　新潮文庫刊による。〉

問一　～～～部**ア～ウ**の漢字の読みを、ひらがなで答えなさい。

問二　中学生の洋子を説明した次の文章の、空欄**A～C**に入る語句として最も適切なものを、本文中からそれぞれ抜き出して答えなさい。

女子校に入学した洋子は、授業に［　**A**　］に取り組むが、家庭科が［　**B**　］であった。

自分では、［　**C**　］な性格をなおしたいと思っている。

問三　——部**1**の「しかたのないことではあった」には、「いのこり」に対する洋子の、どのような気持ちがこめられているか、最も適切なものを

け。あのとき、いっしょに飴《あめ》を食べたこと、涼ちゃんはおぼえているかしら。

　ははそはのははもそのこも、

　はるののにあそぶあそびをふたたびはせず。

　国語の教科書にでていた詩の最後の二行が、何とはなしに口をついてでた。"いにしへの日は"という詩だった。詩の意味はよくわからなかったが、洋子はきれいな言葉だと感じた。はるののにあそぶあそびをふたたびはせず。春の野に遊ぶには、制服はたしかに少しきゅうくつだ、と思いながら、洋子は三度目のためいきをついた。

　いきなり教室の戸があいた。戸口には背の高い男の人が立っていた。

「何してるんだ」

　男の人は、おこったようにそう言った。白いポロシャツ姿のその人は、すっかり大人になっているとはいえ、涼ちゃんにまちがいない。

「ほら、帰るぞ」

　そう言われて、洋子は思わず、

「はい」

と素直に返事をしていた。

　立ち上がった自分の姿に、洋子は声をあげておどろいた。大人なのである。水玉模様のブラウスを着ている。

「たった今制服を着ていたのに」

　男の人は笑って、

「……そうだね。僕もついこの間まで学生だった気がするよ」

　ひっそりとそう言った。

「さ、早くしないと、おもてでえみが待ってるぞ」

　えみ。えみ。洋子は男の人のあとについて歩きながらぼんやりと考えた。――そうだ、えみは私の娘だ。全く、どうしてわすれていたんだろう。私は涼ちゃんと結婚したんだ。えみが生まれて、きょうは土曜日で、家族三人でお昼ごはんを食べに来たんだ。そしたら学校の前をとおって、なつかしくなって、ちょっとのぞいてみようと思って――そうだ、思い出した。

　えみは、校門のわきで待っていた。

「ごめん、ごめん。お待ちどおさま」

「ママ、おそい」

　しゃがみこんで、ほっぺたをふくらませてみせる小さな娘を見て、なんて

次のア～エから選び、記号で答えなさい。

　ア　おろおろ　**イ**　どきどき　**ウ**　そわそわ　**エ**　しぶしぶ

問四　――部**2**「洋子は三度目のためいきをついた」とあるが、二度目の場面を本文中から一文で抜き出し、最初の五字を答えなさい。

問五　――部**3**「三人」とは、誰のことか、**当てはまらない一人**を、次の**ア～エ**から選び、記号で答えなさい。

　ア　洋子　**イ**　涼ちゃん　**ウ**　えみ　**エ**　健二

問六　次の詩を読み、説明文の空欄**A～C**に入る語句として最も適切なものを、本文中からそれぞれ漢字二字で抜き出して答えなさい。

「いにしへの日は」

いにしへの日はなつかしや
すがの根のながき春日を
野にいでてげんげつませし
ははそはの母もその子も
そこばくの夢をゆめみし

（中略）

ははそはのははもそのこも
はるののにあそぶあそびを
ふたたびはせず

〈三好達治『花筐《はながたみ》』による。〉

【説明文】

　達治四十歳。ある春の日、年とった母と旅行した時の思いを詩にした。「いにしへ」とは遠い昔のことであり、春の野で遊んだ時のことである。「すがの根の」と「ははそはの」は、枕詞である。「げんげ」とは、レンゲソウのことであり、レンゲソウをつみながら、いくつかの夢を見ていたのであろう。

　本文では、季節の移り変わりと洋子の人生の移り変わりが結びついている。――部**4**の「きんもくせい」は、秋に香りの高い小花をつける木だが、この他にも本文には、「季節」を表現している部分が三箇所ある。それは、「（　**A**　）」と「五月の風」と「（　**B**　）」である。

　洋子にとって、「春の野の遊び」は、小学四年生の遠足であり、あこがれの涼ちゃんとの思い出の場でもあった。中学に入学した洋子にとっての（　**C**　）は、自由に夢を見ることを制限するものだったのであろう。

二　次の古文を読んで、あとの問いに答えなさい。

　ある時、*狼喉《のど》に大きなる骨を立てて、すでに*難儀におよびける*折節、鶴《つる》此《この》[1]由を見て、「*御辺はなに事を悲しみ給《たま》ふぞ」といふ。狼泣く泣く申しけるは、「我喉に大きなる骨を立て侍《はべ》り。これをば[2]御辺ならでは救ひ給ふべき人なし。ひたすらに頼み奉《たてまつ》る」といひければ、鶴*件のくちばしを伸《の》べ、狼の口をあけさせ、骨をくはへてえいやと引きいだす。[3]その時、鶴狼に申しけるは、「今より後《のち》、此報恩《ほうをん》によつてしたたしく申し語るべし」といひければ、狼怒《いか》つていふやうは、「*なんでふ。*汝がなにほどの恩を見せけるぞや。汝が頸《くび》*しやふつと食ひきらんも、今それがしが心にありしを、助けおくこそ汝がためには報恩なり」といひければ力におよばず立ち去りぬ。

　そのごとく、悪人に対してよき事を教《をし》ゆといへども、かへつてその罪をなせり。*しかりといへども、悪人に対してよき事を教へん時には、天道に対し奉りて御奉公と思ふべし。

〈『伊曽保物語』による。〉

〔注〕
*狼《おほかめ》……おおかみ。
*難儀《なんぎ》におよびける……大きな苦悩におちいる。
*折節《をりふし》……ちょうどその時。
*御辺《ごへん》……あなた。
*件《くだん》のくちばし……一般的に知られている、あのくちばし。
*なんでふ……何を言うか。
*汝《なんぢ》……おまえ。
*しやふつと……即座にふっつりと。
*しかりといへども……そうはいっても。

問一　＝＝部「くはへて」を現代かなづかいに改めなさい。

問二　――部**1**「由」の意味として最も適切なものを次の**ア〜エ**から選び、記号で答えなさい。

ア　理由　**イ**　由来　**ウ**　方法　**エ**　事情

問三　――部**2**「御辺ならでは救ひ給ふべき人なし」の現代語訳として最も適切なものを次の**ア〜エ**から選び、記号で答えなさい。

ア　あなただからこそ救うべき命があるのです。
イ　あなたしか私を救うことのできる人はいません。
ウ　あなただけに人を救うための手段を教えます。
エ　あなたでも私を救うことは不可能でしょう。

問四　――部**3**「その時」とあるが、これ以降の本文における鶴の主張(**A**)と狼の主張(**B**)として最も適切なものをそれぞれ**ア〜ウ**から選び、記号で答えなさい。

A　鶴の主張
ア　助けたお礼として、これから狼と仲良くなりたい。
イ　助けられたのは自分の方だから、お礼がしたい。
ウ　助けたからといって、親近感を持たれても困る。

B　狼の主張
ア　鶴の命は狼次第なのだから、今後鶴は狼に従うべきである。
イ　鶴が狼を救ったのは、自然界において当然のことである。
ウ　鶴は、狼に殺されずにいることを感謝しなければならない。

問五　本文において筆者が伝えたいことをまとめた次の文の、［Ⅰ］・［Ⅱ］に入る語句として最も適切なものを、本文中からそれぞれ二字で抜き出して答えなさい。

　［Ⅰ］に対して善行を教えようとしても、逆にひどい目にあうことがあるため、天の神様に対して［Ⅱ］をしたと思っておいた方が身のためである。

三

次の――部のカタカナを漢字で書きなさい。

1 ゲネツ剤を飲む。

2 ゴウインなやり方。

3 指導をアオぐ。

4 ナゴやかな食卓。

5 ジッキョウ中継。

四　次の文章を読んで、あとの問いに答えなさい。

現代のロボット・人工知能技術の展開は、古典的なロボットイメージ――人造人間か、超高度な道具か、の両極の間のスペクトル*――を裏切り、そのどちらでもないものを生み出し、それによって社会を大きく変えつつあります。かといって、古典的なロボット、「人造人間」のイメージそれ自体もまた、じつはなお問題含みで、見かけほどわかりやすいものではないことは確認しておかねばなりません。

「人間」のような自律性を備(ア)えたロボットの開発を目指すベクトル*は、現実のロボット・人工知能の研究開発の世界にもたしかにありますが、その最終的な行方《ゆくえ》はよく見えていません。その背景には、そもそもロボットにまねさせよう、再現させようとしているところの「心」とは、人間をはじめとした「心ある者」とは一体どういう存在なのか、がまだ十分にわかっていない、という事情があります。逆に一部のロボット研究者の中には、じつはロボットの研究開発それ自体は手段であって、究極目標は人間――を含めた心ある者とは何か、を解明することのほうなのだ、と公言(1)する向きさえあるのです。

昔のSFには、ここで言う意味での「心」、自分なりの意志や判断力、そしておそらくは意識（それが何なのか本当はまだわかっていないのですが）を持ったスーパーコンピューターがしばしば登場しました。ここで私がなぜそれらを「ロボット」ではなく「コンピューター」と呼ぶのかというと、それらが普通の意味での身体(2)を持っていないからです。もちろんそれはどんなコンピューターもそうであるように、物理的実体、躯体*は当然に持っているのですが、その躯体は一カ所に固定されています。

私たちがロボットの身体についてイメージする際の重要なポイントは、ボディが自由に動き回れるということです。別に二本の足を持っていなくても、四本足、六本足、あるいは車輪でもキャタピラでも、どんな形でもいい。他のものと区別可能な実体を持っている、というだけだったら、固定された建物も同様です。「自分で動き回ることができる」ということが、われわれが想像するロボットのふつうのあり方ではないでしょうか。

古い作品なので、読者の皆さんはご存じないかもしれませんが、たとえば『鉄人28号』の作者横山光輝の『バビル2世』というまんがには、先に触れ

問一　～～部ア～ウの漢字の読みを、ひらがなで答えなさい。

問二　［A］・［B］に入る最も適切な語句を次のア～エからそれぞれ一つ選び、記号で答えなさい。

ア　ところが　　イ　したがって　　ウ　そこで　　エ　たとえば

問三　――部1「公言」の意味として最も適切なものを次のア～エから選び、記号で答えなさい。

ア　官公庁から国民に向けて通達すること。
イ　メディアを通して正式に発表すること。
ウ　口にまかせてでたらめを広げること。
エ　人前でおおっぴらに発言すること。

問四　――部2「普通の意味での身体」は、本文において次のような意味で使われている。空欄に入る最も適切な語句を、本文中から八字で抜き出して答えなさい。

［　　　　　　　　］身体

問五　――部3のように「動かないものに心はいらない」と研究者たちが結論づけたのはなぜか。「『心』を必要とするのは、」という語句に続けて四十字以内で答えなさい。

たような心のあるスーパーコンピューターが登場しました。そのコンピューターは、主人公の基地のィ制御と、主人公の後方支援を任務としており、固定設備として基地に据《す》えられていて、ウ遠隔操作のミニロボットなどを用いることはあっても、本体はデーンと構えていて、自分では動き回りません。

[A]面白いことに、そういう「心のある（動かない）コンピューター」のイメージは、今ではSFにおいても実際の科学技術においても、時代遅れとなってきています。最近のロボット研究者たちは、「動き回るボディを持たないものには、心は必要ない」という結論に到達しているからです。

生物の世界でも脳を持たない植物は、「心を持つ」ことを適応戦略にしていないわけです。しかし動物にとっても、どうやら脳は必須というわけではないようです。[B]ホヤという生き物は、幼少時に動き回るときには脳を持ちますが、成熟してイソギンチャクみたいな定着生活に入ると、自分自身の脳を食べてしまうそうです。居場所が決まり、動いて食べ物を取る必要がなくなると、脳はいらなくなってしまう、ということらしいのです。

こういう生物現象におけるメカニズムも参考にしながら、ロボット研究者がある時期にたどり着いた結論が3「動かないものに心はいらない」というものでした。自ら判断し、自分のやるべきことを決める機械というものは、動き回っていろんな未知の環境に入り込み、何か困ったことに出会う可能性があるからこそ、その際に何をなすべきか判断して決定する能力、つまり広い意味での「心」を必要とします。しかしスタンドアローンの固定されたコンピューターには、心などいりません。あったところで、自分で動いて好きな環境を選んで移動したり、あるいは周囲の環境を操作し、改造して自分に都合よくしたり、といったことができない以上、そのために情報を集めてあれこれ考えて決断する、といった能力などは[4]であるはずです——こうしたロボット研究者の結論は、非常に興味深いものです。

〈稲葉振一郎『銀河帝国は必要か？』ちくまプリマー新書による。
一部省略がある。〉

〔注〕
＊スペクトル……規則的な配列。
＊ベクトル……大きさと方向をもった量。速度・力・加速度など。
＊軀体《くたい》……建造物における、主要な構造部分。

問六 [4]には、「役に立たないうえに、かえって邪魔になるもの」という意味の言葉が入る。その意味を示す語句として適切なものを次の**ア～エ**から選び、記号で答えなさい。

ア 無用の長物
イ 元の木阿弥《もくあみ》
ウ 帯に短したすきに長し
エ 提灯《ちょうちん》に釣《つ》り鐘

問七 本文の内容として**適切でないもの**を次の**ア～エ**から一つ選び、記号で答えなさい。

ア 現代の技術は古典的な「人造人間」を生み出そうとしているのではなく、また超高度な道具としての人工知能を追い求めているわけでもない。
イ 近い将来、ロボットは人間とまったく同じような「心」を持って正しい判断をすることができるとロボット研究者は断言している。
ウ 本来脳を持っている動物の中にも、生活の仕方によっては脳つまり「心」を持つことを放棄する種が存在する。
エ 自律性を持ったロボットの開発については、「心」のあり方がまた十分に研究されていないために最終目標がいまだ不明確である。

五

次の文章を読んで、第一段落には本文の内容をまとめなさい。第二段落には、「過去の出来事からあなたが学んだこと」を述べなさい。

〈二〇二〇年八月三日山形新聞「談話室」による。〉

〔注〕

＊原水……水道など色々の用途に使う基になる水。

＊融通……やりくりすること。

《注意》

◆「題名」は書かないで本文だけを書くこと。
◆二段落構成とすること。
◆第一段落は一〇〇字を超えないこと。
◆第二段落は第一段落の次の行から始めること。
◆本文は、二〇〇字以上、二五〇字以内で書くこと。

2021年度
山形学院高等学校入学者選抜
学力試験問題

数　学

（ 10：00 ～ 10：50 ）

注　意

1 「開始」の合図があるまで，開いてはいけません。

2 問題は，５ページまであります。

3 「開始」の合図があったら，まず，解答用紙に受験番号を書きなさい。

4 答えは，全て解答用紙に書きなさい。

5 「終了」の合図で，筆記用具をおき，解答用紙を裏返しにしなさい。

1 次の問いに答えなさい。

1. 次の計算をしなさい。

(1) $6-(-9)+(-3)$

(2) $\frac{6}{7}\times\left(-\frac{2}{3}-\frac{5}{6}\right)$

(3) $2(a-3b)-3(a-2b)$

(4) $(\sqrt{3}+1)(\sqrt{3}-1)$

2. 次の方程式を解きなさい。

(1) $x^2+3x-2=0$

(2) $\begin{cases}2x+y=3\\3x-2y=8\end{cases}$

3. さいころを２回投げるとき，出た目の和が５の倍数になる確率を求めなさい。
ただし，さいころの１から６のどの目が出ることも同様に確からしいものとする。

2　次の問いに答えなさい。

1．右の図のような直方体 ABCD－EFGH がある。
この直方体について，次の問いに答えなさい。

(1)　線分 EG の長さを求めなさい。

(2)　線分 AG の長さを求めなさい。

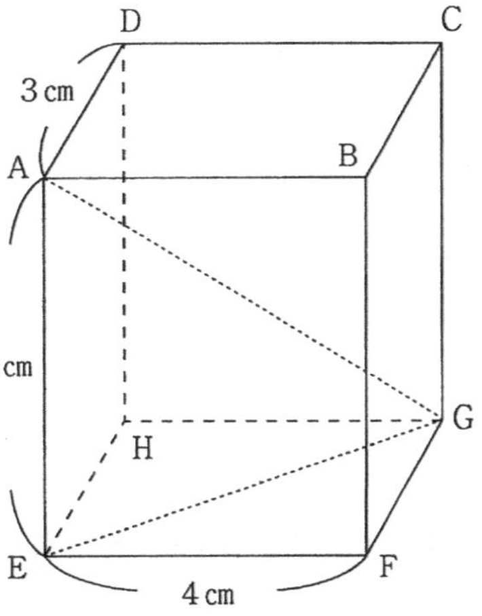

2．太朗君は，地点 O を出発し，1 周 400m のグラウンドを分速 375m の速さで走る。
このとき，次の問いに答えなさい。

(1)　7 分後，太朗君が進んだ道のりを求めなさい。

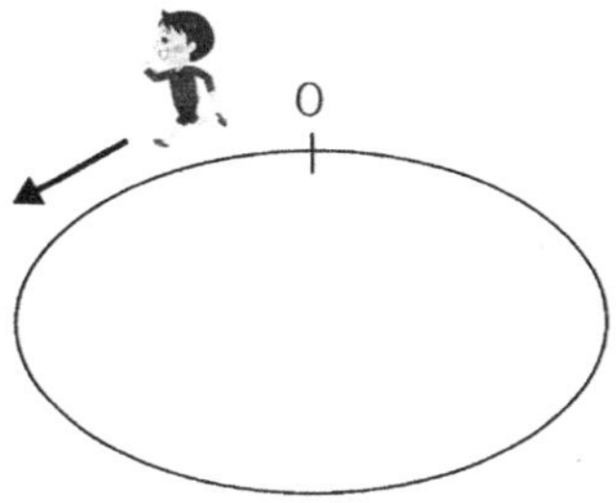

(2)　太朗君が 1500m 進むのは，何分後になるか求めなさい。

3．山形で行われる「日本一の芋煮会フェスティバル」で使われていた鍋の周の長さは 12π m である。
この鍋の半径を求めなさい。ただし，π は円周率とする。

3 1辺3 cmの正方形ABCDと，その辺上を動く点Pがある。点Pは点Aを出発し，秒速1 cmで辺AB上を移動する。点Bに到達後，秒速 $\frac{1}{3}$ cmで辺BC上を移動し，点Cに到達して止まる。点Pが点Aを出発してから x 秒後の三角形APCの面積を y cm^2 とするとき，次の問いに答えなさい。

1．$x=2$ のとき，y の値を求めなさい。

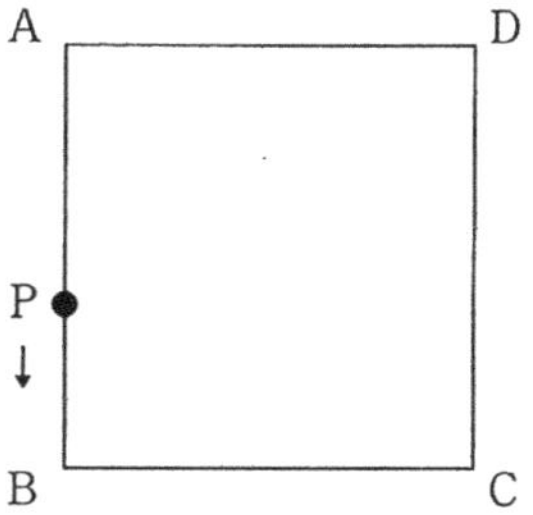

2．点Pが辺BC上を移動するとき，y を x の式で表しなさい。

3．$0 \leqq x \leqq 12$ のとき，x と y の関係を表すグラフをかきなさい。

4 図において，①は関数 $y=\frac{1}{2}x^2$ のグラフ，②は関数 $y=\frac{a}{x}$ のグラフである。
①と②の交点をＰとするとき、点Ｐの x 座標は４である。また，点Ｐを通り，y 軸に平行な直線を ℓ とする。ただし，点Ｏは原点である。このとき，次の問いに答えなさい。

１．①において，x が１から３まで変化するときの変化の割合を求めなさい。

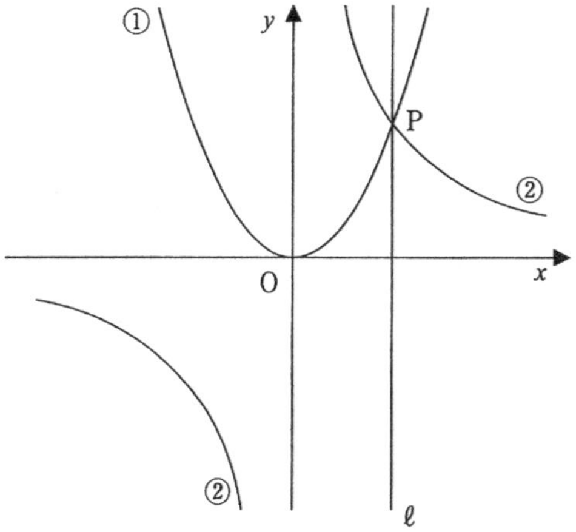

２．a の値を求めなさい。

３．直線 ℓ 上に点Qをとり，三角形OPQをつくる。三角形OPQの面積が12となるような点Qのy座標をすべて求めなさい。

5 図のように∠BADが鈍角である平行四辺形ABCDがある。辺CDの中点をEとし，直線ADと直線BEの交点をFとする。このとき，次の問いに答えなさい。

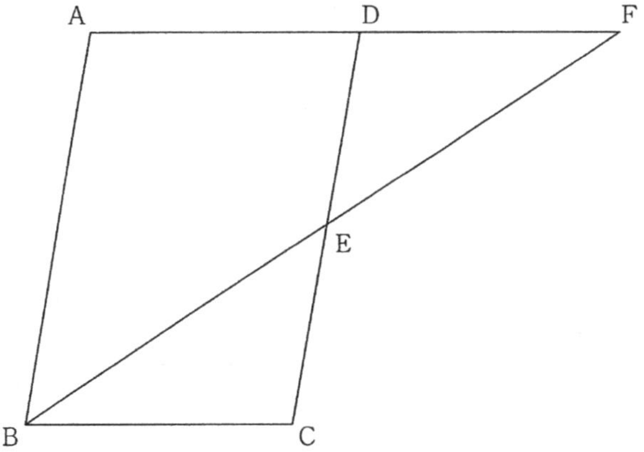

1．平行四辺形ABCDの面積が20のとき，△BCEの面積を求めなさい。

2．△EBC≡△EFDとなることを下のように証明した。(1)～(4)にあてはまるものとして適切なものを語群から選び，書きなさい。

（証明）

△EBCと△EFDにおいて

仮定から，CE＝ (1) …①

(2) は等しいことから，

∠BEC＝∠FED …②

BC∥AFより

(3) は等しいことから

∠BCE＝∠FDE …③

①，②，③より

(4) がそれぞれ等しいから，

△EBC≡△EFD

〈語群〉

AD　CE　DE　EF　FD　EB

平行　垂直　同位角　錯角　対頂角　円周角

３辺　２辺とその間の角　１辺とその両端の角

2021(R3)山形学院高
教英出版

2021 年 度

山形学院高等学校入学者選抜
学力試験問題

社　　会

（ 11：10 ～ 12：00 ）

注　　意

1 「開始」の合図があるまで、開いてはいけません。

2 問題は、7ページまであります。

3 「開始」の合図があったら、まず、解答用紙に受験番号を書きなさい。

4 答えは、すべて解答用紙に書きなさい。

5 「終了」の合図で、筆記用具をおき、解答用紙を裏返しにしなさい。

1　右の地図を見て、次の問いに答えなさい。

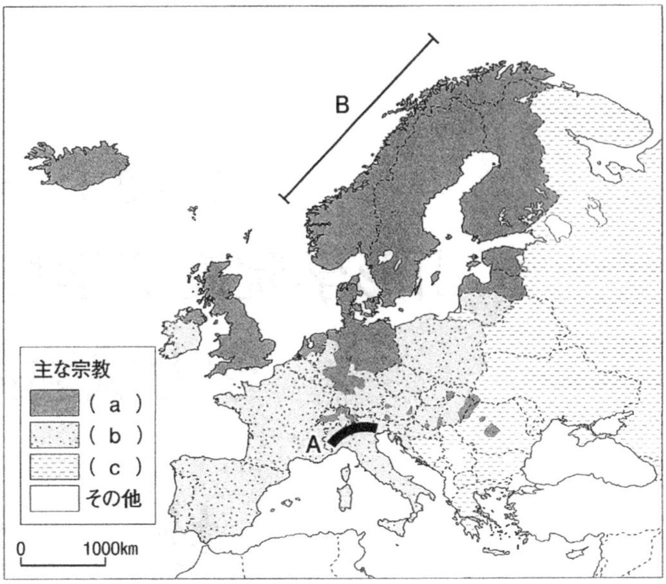

問1　自然について、次の問いに答えなさい。

(1)　地図中の**A**の山脈名を答えなさい。

(2)　地図中の**B**は氷河が形成した入り江が見られます。このような地形を何といいますか、次の**ア**～**オ**から1つ選び、記号で答えなさい。

【語句群】

ア　フィヨルド
イ　リアス海岸
ウ　エスチュアリ
エ　デルタ
オ　ラグーン

(3)　次の文の空欄に適語を答えなさい。

ヨーロッパは（　**1**　）大陸の西の端に位置し、北西部は暖流の（　**2**　）海流と（　**3**　）の影響を受けるため、緯度の割に温暖である西岸海洋性気候に属します。

問2　宗教について、地図中の**a**～**c**の宗教の分布について、正しい組み合わせを次の**ア**～**カ**から1つ選び、記号で答えなさい。

【組合せ】

ア	a.プロテスタント	b.カトリック	c.正教会
イ	a.プロテスタント	b.正教会	c.カトリック
ウ	a.カトリック	b.プロテスタント	c.正教会
エ	a.カトリック	b.正教会	c.プロテスタント
オ	a.正教会	b.プロテスタント	c.カトリック
カ	a.正教会	b.カトリック	c.プロテスタント

問3　工業について、**図Ⅰ**のように航空機の各部分を多くの国で分担するのはなぜですか、簡単に説明しなさい。

問4　ＥＵについて、次の問いに答えなさい。

(1)　ＥＵの正式名称を答えなさい。

(2)　ヨーロッパの国々が統合を進めた理由として、適当なものを次の**ア**～**オ**から２つ選び、記号で答えなさい。

ア　言語を統合しコミュニケーションを取りやすくするため
イ　宗教を統合し祝日を統一するため
ウ　政治・経済面でアメリカなどの大国に対抗するため
エ　ヨーロッパで二度と戦争を起こさないため
オ　域内のそれぞれの産業間の競争を高めるため

(3)　2020年にＥＵを離脱した国を答えなさい。

【図Ⅰ】

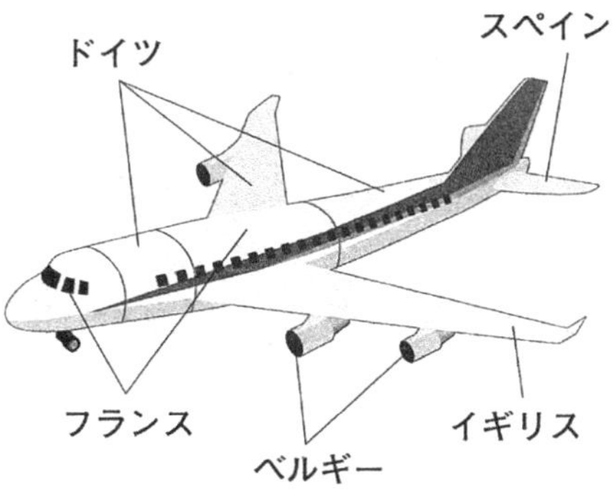

2

右の地図を見て、次の問いに答えなさい。

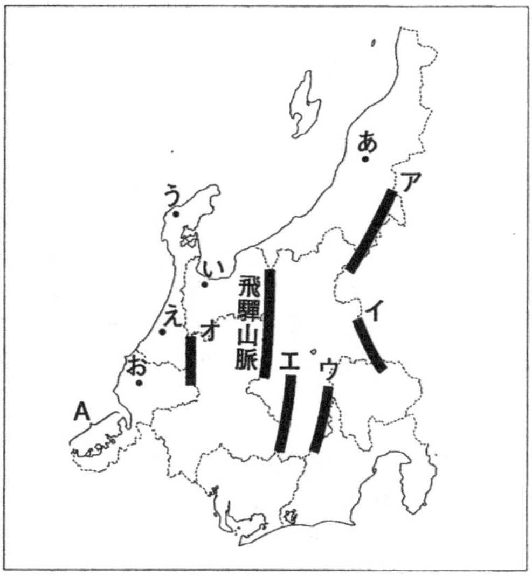

問1　中部地方には、日本アルプスと呼ばれる3000メートル級の山脈があります。日本アルプスに該当する山脈を地図中**ア**～**オ**の中から２つ選び、記号で答えなさい。また、選んだ記号の山脈名を答えなさい。

問2　地図中**A**の湾口と同様の地形の地域を次の**ア**～**カ**の中から２つ選び、記号で答えなさい。

ア　岩手県三陸海岸　　**イ**　富山県富山湾
ウ　千葉県九十九里浜　　**エ**　静岡県駿河湾
オ　高知県桂浜　　**カ**　三重県英虞湾

問3　中部地方の日本海側では、様々な地場産業が発達しています。これらの地場産業が発達した理由を簡潔に答えなさい。

問4　次の①～③は、主な地場産業の品目です。これらが、主にどの地域で生産されているのか、地図中**あ**～**お**の中から１つずつ選び、記号で答えなさい。

①　洋食器　　②　眼鏡フレーム　　③　輪島塗

問5　次の**ア**～**エ**の各文を読んで、**誤っているもの**を１つ選び、記号で答えなさい。

ア　静岡県富士市は造船業や石油化学工業などが多く集まっており、東海工業地域と呼ばれている。
イ　静岡県の浜松市周辺はオルガンやピアノといった楽器生産が発達した。
ウ　名古屋を中心とした工業地帯は中京工業地帯と呼ばれ、自動車工業が盛んである。
エ　岐阜県南部や愛知県西部には航空宇宙産業の工場が集まり、新しい産業として注目されている。

問6　次の**ア**～**エ**の各文を読んで、**誤っているもの**を１つ選び、記号で答えなさい。

ア　中央高地にある甲府盆地や長野盆地には扇状地が広がり、明治・大正時代は蚕のえさとなる桑の畑として利用されていた。
イ　岐阜県では電照菊の栽培が盛んで、菊の生産は全国でもトップである。
ウ　山梨県の甲府盆地ではブドウを原料とするワインの生産が明治時代から行われている。
エ　長野県東部では標高1000mの高原を活用し、現在は高原野菜の産地となっている。

3

真矢さんは、古代・中世までの各時代について調べました。次の表は、そのときに調べたことをまとめたものの一部です。表を見て、あとの問いに答えなさい。

【表】

縄文・弥生時代	古墳時代	飛鳥時代	奈良時代	平安時代
人口が増加し、定住するようになった。稲作が広まった。	古墳は、富と権力をもった支配者（豪族）が現れたことを示した。	大和の飛鳥地方を中心に最初の仏教文化が栄えた。	平城京（現在の奈良市）を中心に政治が行われた。	桓武天皇が都を平安京に移した。日本独自の文化がみられるようになった。

問1　縄文・弥生文化について次の問いに答えなさい。

(1)　**資料Ⅰ**と**資料Ⅱ**は、この時代につくられたものです。名称として正しいものを次の**ア**～**オ**からそれぞれ選び、記号で答えなさい。

ア　前方後円墳　　**イ**　寝殿造　　**ウ**　高床倉庫
エ　校倉造　　**オ**　たて穴住居

【資料Ⅰ】

【資料Ⅱ】

⑵　住居の近くにあるゴミ捨て場のことで、石器や土器などがふくまれ、当時の人々のくらしを知ることができるものを何というか、答えなさい。

問２　古墳時代について次の問いに答えなさい。

⑴　古墳の一角には、人や動物などの形をした**資料Ⅲ**が並べられました。これを何というか、答えなさい。

⑵　次の文の［　Ａ　］にあてはまる語句を答えなさい。

> 当時の日本列島には、［　Ａ　］をつくり出す技術がまだなく、**資料Ⅳ**（古墳から出土した延べ板）のような形で朝鮮半島からもたらされました。ときには、［　Ａ　］をめぐって大きな争いを起こしました。

【資料Ⅲ】

【資料Ⅳ】

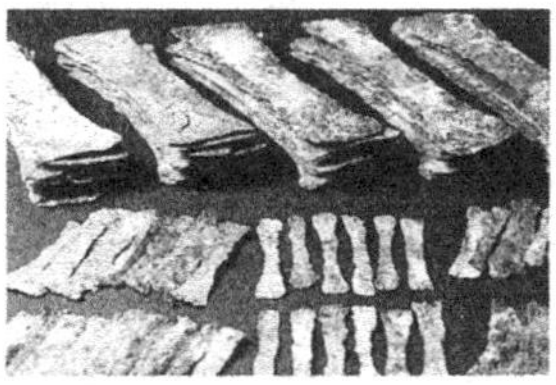

問３　飛鳥時代について次の問いに答えなさい。

⑴　次の出来事①～④を年代の古い順にならべた時に正しいものを下の**Ａ～Ｄ**から１つ選び、記号で答えなさい。

①　飛鳥文化を代表する、法隆寺が建立された。
②　蘇我氏をたおして政治改革に着手した。(大化の改新)
③　有能な役人を用いるために、冠位十二階の制度を設けた。
④　十七条の憲法を定め、役人の心得を示した。

Ａ：①→②→③→④　　**Ｂ**：①→②→④→③　　**Ｃ**：③→④→①→②　　**Ｄ**：③→④→②→①

⑵　次の文の（　Ｘ　）・（　Ｙ　）に入る語句の組み合わせとして正しいものを下の**ア～エ**から１つ選び、記号で答えなさい。

> 天武天皇のころ、国内の政治のしくみが整えられるなかで、君主の称号が「（　Ｘ　）」から「天皇」に改められました。さらに大宝律令では、正式な国の名前が、これまでの「（　Ｙ　）」から「日本」へと改められました。

ア　X：大王　Y：倭　　**イ**　X：倭　Y：大王　　**ウ**　X：皇帝　Y：大和　　**エ**　X：大和　Y：皇帝

問４　奈良時代について次の問いに答えなさい。

⑴　710年、都が平城京に移されました。それは、天皇の力を示すことや、ある身分を役人として住まわせるために大規模な都が必要となったからです。ある身分とは、一般的に何と呼ばれるか、答えなさい。

⑵　**資料Ⅴ**は、筑前国嶋郡（現在の福岡県）の戸籍です。戸籍にもとづき、家族ごとに口分田が与えられ、税は土地を与えられた農民にかけられました。このように、人々に土地を与える制度を何というか、答えなさい。

【資料Ⅴ】

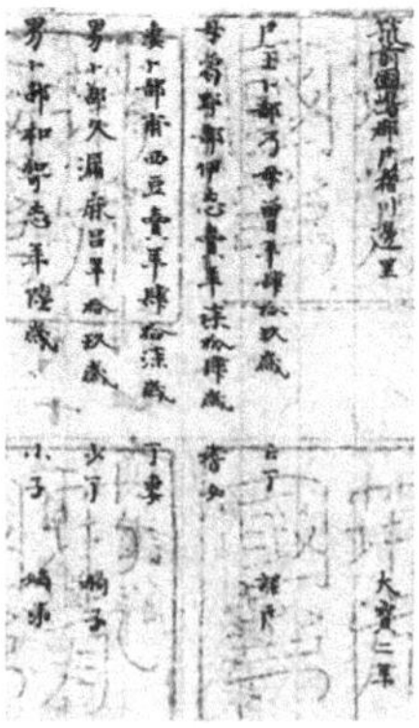

問５　平安時代について次の問いに答えなさい。

⑴　11世紀前半、藤原氏は、道長とその子頼通のころに最も栄え、天皇が幼い時には、政治を代行し、成人後は、後見役として天皇を補佐しました。この政治のしくみを何というか、答えなさい。

⑵　この時代の初め、遣唐使とともに唐に渡り、新しい仏教をもたらした人物、宗派、寺院の組み合わせとして正しいものを次の**ア～エ**から１つ選び、記号で答えなさい。

ア　空海－天台宗－比叡山延暦寺　　最澄－真言宗－高野山金剛峰寺
イ　空海－真言宗－比叡山延暦寺　　最澄－天台宗－高野山金剛峰寺
ウ　最澄－天台宗－比叡山延暦寺　　空海－真言宗－高野山金剛峰寺
エ　最澄－天台宗－高野山金剛峰寺　空海－真言宗－比叡山延暦寺

4　右の年表を見て、次の問いに答えなさい。

年　代	で　き　ご　と
1232年	北条泰時が御成敗式目を制定する
	↕ Ⅰ
1334年	後醍醐天皇が建武の新政を行う―――――――――a
	↕ Ⅱ
1467年	応仁の乱がおこる
	↕ Ⅲ
1573年	〈　X　〉が室町幕府を滅ぼす
1590年	〈　Y　〉が全国を統一する
1603年	〈　Z　〉が江戸に幕府を開く
1635年	日本人の海外渡航と海外からの帰国を禁止する―――――――――b
	↕ Ⅳ
1787年	老中（　①　）による寛政の改革が行われる
	↕ Ⅴ
1860年	江戸城の桜田門外で大老の（　②　）が暗殺される
1890年	初めての帝国議会が開かれる―――――――――c
	↕ Ⅵ
1931年	満州事変がおこる

問1　X・Y・Zに入る人物の説明文で、最も適するものを次の**ア**～**オ**からそれぞれ1つずつ選び、記号で答えなさい。

ア　明を征服するための案内役を朝鮮に求めたが、拒否されたため朝鮮に出兵した

イ　貿易を統制して、利益を得るために朱印船貿易を行った

ウ　甲府盆地の2つの川に堤防を築いて氾濫を防いだ

エ　武士として初めて太政大臣に任じられた

オ　尾張の小さな大名であったが、桶狭間の戦いで今川氏を破って名をあげた

問2　（　①　）・（　②　）に当てはまる人物について、組み合わせの正しいものを次の**ア**～**エ**から1つ選び、記号で答えなさい。

ア　①－田沼意次・②－井伊直弼　　　**イ**　①－松平定信・②－水野忠邦

ウ　①－松平定信・②－井伊直弼　　　**エ**　①－田沼意次・②－水野忠邦

問3　aの新政はわずか2年半でくずれ、朝廷が南朝と北朝に分かれてしまいます。これに関する次の文の（　　）に当てはまる人物名を答えなさい。

> 武家政治の再興をめざす（　**あ**　）が新しい天皇を立て、当面の政治方針を示す建武式目を発表した。これに対し、後醍醐天皇は京都を抜け出し吉野に逃れて対立した。全国の武士は南北に分かれ、60年近く戦いが続いたが、将軍（　**い**　）によって南北が統一された。

問4　下の資料はbと同じ年に出された大名を統制するための法令です。特に**下線部**は何という制度ですか、答えなさい。

> 一、大名が、<u>自分の領地と江戸を交代で住むように定める。毎年4月に参勤せよ。</u>
> 一、500石以上積める船をつくることを禁止する。

問5　次の文は、年表中のⅠ～Ⅴのどの期間の出来事か、それぞれ選び、記号で答えなさい。

(1)　猿楽や田楽などの芸能から生まれた能は世阿弥によって大成された

(2)　松尾芭蕉は芸術性が高く、商人や裕福な百姓の間で親しまれた俳諧を始めた

問6　cに向けて第1回衆議院議員総選挙が実施されましたが、この選挙について、次の説明文の（　　）に当てはまる数字を答えなさい。

> 第1回の衆議院議員選挙の有権者は、直接国税15円以上納める（　**う**　）歳以上の男性とされたため、裕福な地主や都市民に限られ、国民の約（　**え**　）％に過ぎなかった。

問7　年表中のⅥの期間に起こった出来事を次の**ア**～**オ**から2つ選び、記号で答えなさい。

ア　イギリスと清との間でアヘン戦争がおこった

イ　日本と清との間で戦争がおこり、翌年下関条約が結ばれた

ウ　サラエボ事件をきっかけに、ドイツ・オーストリアなどの同盟国とロシア・イギリス・フランスなどの連合国の間で戦争が始まった

エ　中国北京の郊外盧溝橋で中国軍と日本軍が衝突し戦争がはじまった

オ　アメリカで自由貿易や奴隷制をめぐって南部と北部が対立し戦争がおこった

5　次の文を読んで、あとの問いに答えなさい。

著作権に関係する弊社の都合により省略いたします。

教英出版編集部

※本文中の下線部
①国会
②衆議院
③「小選挙区比例代表並立制」
④参議院

（「政治のことよくわからないまま社会人になった人へ」池上彰著）より一部抜粋

問１　文中**A**にあてはまる適切な語句を答えなさい。

問２　**下線部**①について次の問いに答えなさい。

⑴　次の文の**X**・**Y**に当てはまる語句の組み合わせとして適切なものを**ア**～**カ**から１つ選び、記号で答えなさい。

> 国会は、主権者である（　**X**　）が直接選んだ代表者によって構成される、国権の最高機関です。また、国会は唯一の（　**Y**　）機関であり、その他のいかなる機関も法律をつくることはできません。

ア　X：天皇　Y：行政　　**イ**　X：天皇　Y：立法　　**ウ**　X：首相　Y：立法
エ　X：首相　Y：行政　　**オ**　X：国民　Y：行政　　**カ**　X：国民　Y：立法

⑵　国会の仕事の１つである、地位にふさわしくない行為をした裁判官を辞めさせるかどうかを判断する裁判を何というか答えなさい。

⑶　国会の種類のうち「臨時国会」について書いた文として適切なものを**ア**～**エ**から１つ選び、記号で答えなさい。

ア　毎年１回、１月中に召集される。
イ　内閣が必要と認めたとき、または、いずれかの議院の総議員の４分の１以上の要求があった場合に召集される。
ウ　衆議院解散後の総選挙の日から30日以内に召集される。
エ　衆議院の解散中、緊急の必要があるとき、内閣の求めによって開かれる。

問３　**下線部**②に「衆議院の優越」を認めている理由を、参議院とのちがいにふれながら説明しなさい。

問４　**下線部**③について次の問いに答えなさい。

⑴　この選挙制度は、小選挙区制と比例代表制を組み合わせたものです。次の**ア**～**オ**のうち、小選挙区制の特徴として適切なものを**ア**～**オ**から**すべて**選び、記号で答えなさい。

ア　大政党の候補者が当選することが多い。
イ　議会が小党乱立になることがある。
ウ　１つの選挙区で１人の代表を選ぶ。
エ　得票に応じて各政党へ議席を配分する。
オ　少数意見も代表されやすい。

(2) 次の文は選挙における課題の1つについて書いたものです。**Z**に適切な語句を答えなさい。

選挙区によって選出する議員1人あたりの有権者数に違いがあるため、一票の持つ価値が異なるという問題を「一票の（　**Z**　）」といいます。

問5　下線部④について次の問いに答えなさい。

(1) 次の文は参議院議員の任期について書いたものです。**イ**～**ハ**に適切な数字や語句を答えなさい。

参議院議員の任期は（　**イ**　）年で、（　**ロ**　）年ごとに（　**ハ**　）を改選します。

(2) 次の**ア**～**エ**のうち、参議院を衆議院と比較した際に同じであるものを1つ選び、記号で答えなさい。

ア　議員数　　**イ**　選挙権　　**ウ**　被選挙権　　**エ**　選挙区

6

次の文を読んで、あとの問いに答えなさい。

企業が（　①　）をあげるために、機械を増設し工場を拡張したり、新たに人を雇ったり、時には他企業を合併・（　②　）したりするには、多くの資金が必要になります。これらの資金を円滑に集めるために考えられた方法の一つが、**X株式会社**です。 株式会社は（　③　）を発行して資金を集めます。（　③　）とは、人々が会社にいくらお金を出したかということを示す証明書のようなものであり、人々が購入しやすいように少額になっています。多くの人から集めやすいため、多額の資金を得ることができます。そのため、日本の大企業の多くは、株式会社の形態をとっています。

問1　（　①　）～（　③　）に適当な語句を**ア**～**ク**から選び、記号で答えなさい。

ア　株式　　**イ**　国債　　**ウ**　吸収　　**エ**　倒産　　**オ**　利潤

カ　雇用　　**キ**　GNP　　**ク**　GDP

問2　下線部Xのしくみを示した**資料Ⅰ**をみて、次の問いに答えなさい。

【資料Ⅰ】

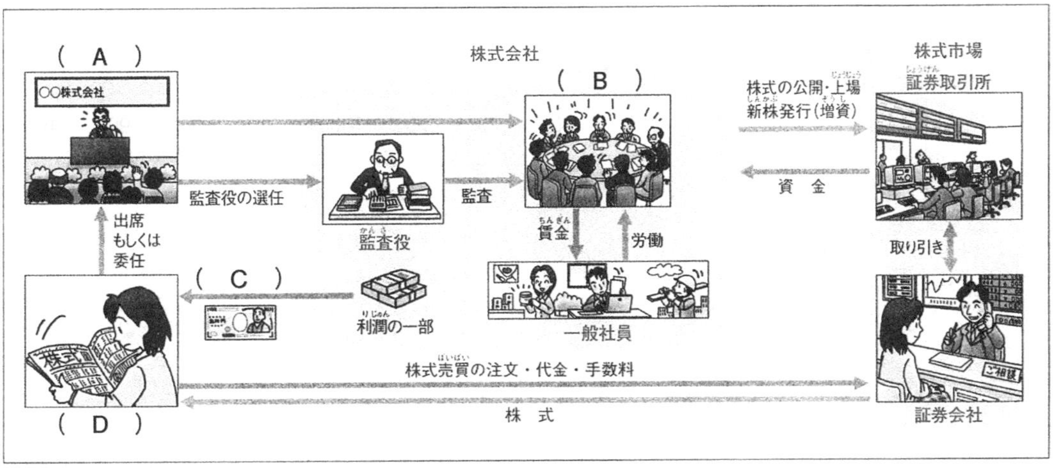

(1) （　**A**　）～（　**D**　）に適当な語句を答えなさい。

⑵　（　D　）には（　C　）を得る他に、どのような利益が考えられるか、**資料Ⅱ**の株式市況欄の新聞記事を参考に答えなさい。

【資料Ⅱ】

著作権に関係する弊社の都合により
省略いたします。
教英出版編集部

（「朝日新聞」2020年10月19日、20日）

⑶　（　A　）の役割として適当なものを**ア**～**エ**から**すべて**選び、記号で答えなさい。

ア　経営方針を決定する。　　**イ**　配当を決定する。
ウ　役員を選任する。　　**エ**　新製品を開発する。

問３　株式会社などの私企業の一方で利潤を目的としない公企業があります。次の**ア**～**エ**を私企業と公企業に分けて記号で答えなさい。

ア　農家　　**イ**　市営バス　　**ウ**　ＮＨＫ　　**エ**　個人商店

問４　**資料Ⅲ**は「中小企業と大企業」の割合を示した帯グラフです。**Y**・**Z**どちらが中小企業か答えなさい。また、「事業所数」「従業者数」「製造品出荷額等」の各分野の割合からどのようなことがわかるか、簡潔に説明しなさい。

【資料Ⅲ】

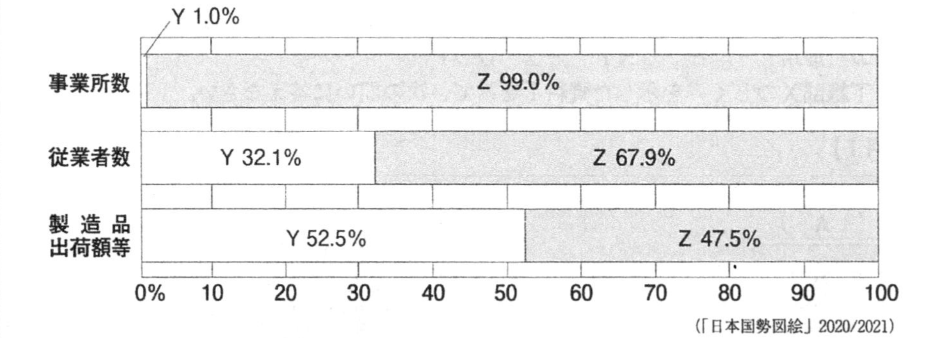

（「日本国勢図絵」2020/2021）

2021年度

山形学院高等学校入学者選抜
学力試験問題

理　　科

（ 12：40 ～ 13：30 ）

注　　意

1 「開始」の合図があるまで，開いてはいけません。

2 問題は，７ページまであります。

3 「開始」の合図があったら，まず解答用紙に受験番号を書きなさい。

4 答えは，すべて解答用紙に書きなさい。

5 「終了」の合図で，筆記用具をおき，解答用紙を裏返しにしなさい。

1

Kさんは身のまわりの物質を区別したり分離したりする実験を行った。下の表1は、固体や液体の物質の密度を示したものである。次の問いに答えなさい。

表1

固体の密度［g/cm³］		液体の密度［g/cm³］	
アルミニウム	2.7	水	1.0
鉄	7.9	エタノール	0.8
銅	9.0	過酸化水素水	1.4
銀	10.5	水銀	13.6

図1

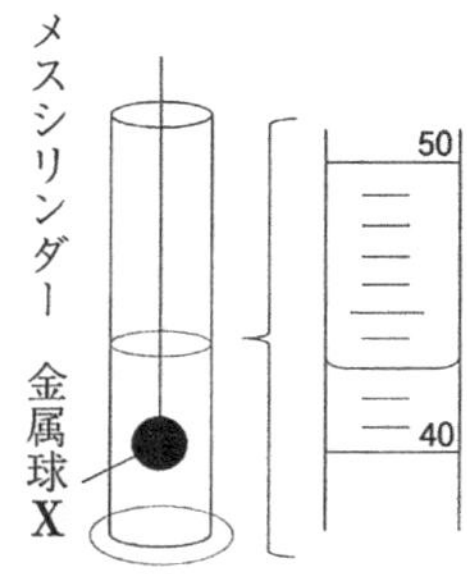

図2

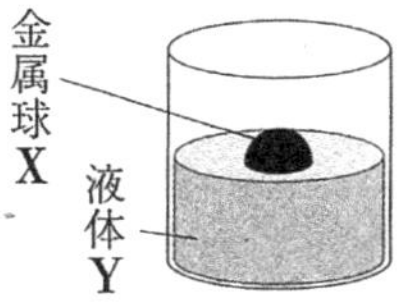

図3

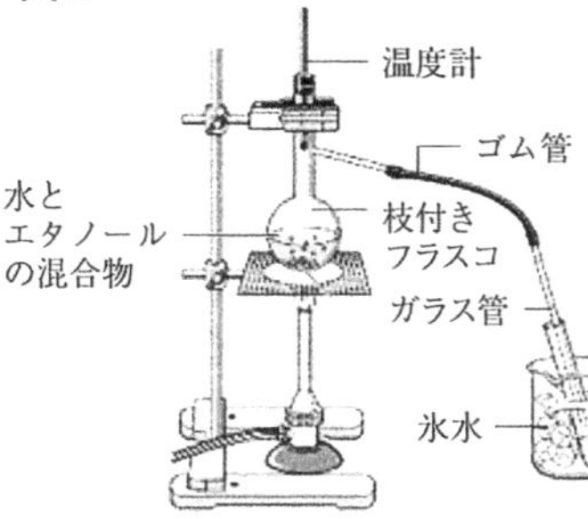

【実験Ⅰ】**物質X**でできた金属球の質量を測定したところ、27.0gであった。体積を調べるため100cm³のメスシリンダーに40cm³の水を入れ、金属球を糸で結び沈めたところ図1のようになった。さらに、この金属球を図2のように、ある**液体Y**に入れると金属球が浮いた。

【実験Ⅱ】①図3のようにエタノール10.0cm³に水を加えて質量を40.0gにした混合物を枝付きフラスコにいれ、分離操作を行った。

問1 **物質X**は何か、表の中から最も適当なものを選び、物質名を書きなさい。

問2 **液体Y**は何か、表の中から最も適当なものを選び、物質名を書きなさい。またその液体を選んだ理由を簡単に説明しなさい。

問3 下線部①についてエタノールを溶質、水を溶媒としたときの質量パーセント濃度は何％か求めなさい。

問4 実験Ⅱにおいて、安全に実験をするために枝付きフラスコ内に入れなければならないものがある。それは何か答えなさい。

問5 実験Ⅱにおいて、加熱中の蒸気の温度変化を表したグラフとして適当なものを、次のア～エから1つ選び、記号で答えなさい。

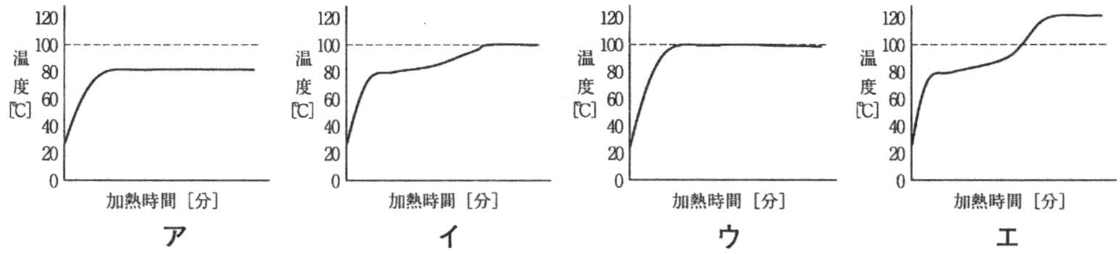

問6 実験Ⅱの分離操作を何というか、答えなさい。

2

次の問いに答えなさい。

Ⅰ H君は、学校で酸性とアルカリ性の水溶液の性質について学習した。このとき使った水溶液はうすい塩酸とうすい水酸化ナトリウム水溶液であった。

問1 H君が学んだ酸とアルカリの性質について以下の文章にまとめた。（　　）に最も適当な語句を答えなさい。

> 酸とは、電解質であり電離して（ ① ）イオンを生じる物質。また多くの金属と反応して（ ② ）を発生させる。このような性質を酸性という。
> アルカリとは、電解質であり電離して（ ③ ）イオンを生じる物質。また、赤色リトマス紙を青色に変化させる。このような性質をアルカリ性という。
> 酸性、アルカリ性の強さを表す単位にpHがあり、pHが7より小さい水溶液は（ ④ ）性を示す。
> 酸性の水溶液とアルカリ性の水溶液を混合させたときに、互いの性質を打ち消す反応を中和という。

問２　塩酸と水酸化ナトリウム水溶液を混合させたときの反応を化学反応式で答えなさい。

問３　うすい塩酸 15 ㎤ にうすい水酸化ナトリウム水溶液を 10 ㎤ 加えたときに、過不足なく中和がおこり混合液は中性になった。このうすい塩酸 15 ㎤ にうすい水酸化ナトリウム水溶液 15 ㎤ を加えると水溶液は何性になるか。

問４　問３の水溶液を中性にするには、うすい塩酸、うすい水酸化ナトリウム水溶液のどちらを何㎤加えたらよいか、答えなさい。

Ⅱ　H君のクラスでは身のまわりにある次のア～オの液体について調べることにした。

ア　食酢　　**イ**　砂糖水　　**ウ**　石けん水　　**エ**　食塩水　　**オ**　レモンのしぼり汁

問５　右図は学校で学習したときに使用した実験装置である。うすい塩酸のかわりにア～オの水溶液を用いたとき、電子オルゴールが鳴らないものを1つ選び記号で答えなさい。

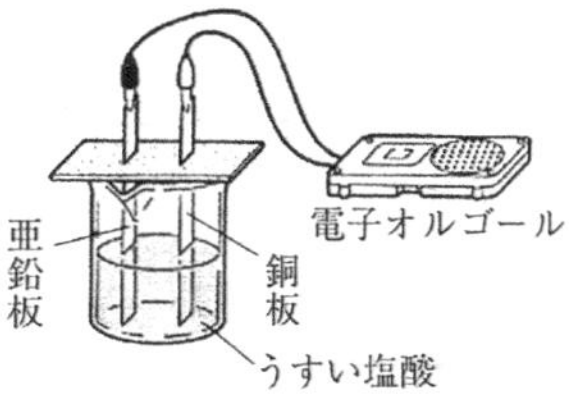

問６　中和反応が起きると考えられる液体の組み合わせとして正しいものを１つ選び、記号で答えなさい。

a　アとウ　　**b**　アとイ　　**c**　イとオ
d　イとエ　　**e**　アとオ

3

　K君は植物の増え方に関する理解が不十分だったので、自分でノートにまとめそれを持って先生のところに行った。

K君：先生、苦手な植物の生殖について自分なりにまとめてみました。これで間違いないか、見ていただけませんか。
先生：どれどれ……いいぞ、うん、間違いないよ。
K君：先生、これに関連した問題を出してくれませんか？
先生：いいよ。……次の休み時間にもう一度ここへきなさい。

先生はK君のノートのコピーに手を加え、プリントにして渡してくれた(下図)。次の問いに答えなさい。

（　ア　）植物の生殖の順序

① 受粉すると花粉管が伸びていき、（イ）の中の卵細胞に達する。
② 花粉管の中を移動してきた（エ）が卵細胞と合体する。これを受精といい、合体した細胞を受精卵という。
③ 受精卵はその後、体細胞分裂を繰り返して（オ）になる。
④ 受精卵の周りの（イ）は種子になり、その周りの（ウ）は果実になる。
⑤（ア）植物の場合、（オ）は発芽後に「芽生えた体」（実生）になっていく。

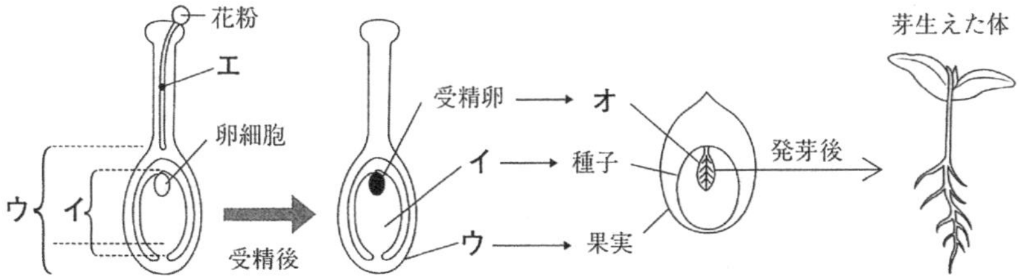

「（ア）植物とは、（イ）が（ウ）に包まれている植物のことである。」

問１　プリントの（ア）～（オ）に適する語句を答えなさい。

問２　K君がまとめた生殖は、次のa～cのどれに当たるか、正しいものを１つ選び記号で答えなさい。

a 有性生殖　　**b** 無性生殖　　**c** 植物ではこの分け方は当てはまらない

問３　受精卵が（オ）を経て成体になっていく過程を何というか答えなさい。

問4　親の染色体数と受精卵の染色体数が変わらない（倍にならない）のはなぜか、次の文の（A）に適する語句を答えなさい。

花粉ができる際におしべの「やく」の中で、また卵細胞ができる際にめしべの（イ）の中で、(A)が起きているから

4　Aさんは、メダカの血管の中を流れる血液の様子を観察した。また、ヒトの血液の循環について調べた。次の問いに答えなさい。

観察.

図4のように生きたメダカを少量の水といっしょにポリエチレンの袋に入れ、尾びれを顕微鏡で観察すると、血管の中を血液が流れる様子が見えた。図5はその様子を模式的に示したものである。

図4

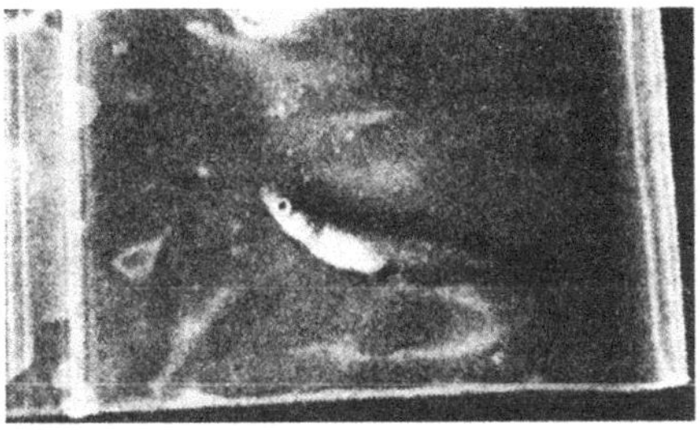

図5

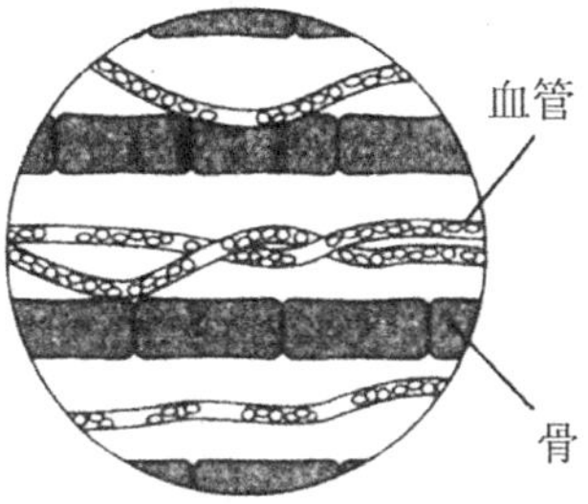

調べて分かったこと 1．観察された血液中には多くの赤血球が含まれていた。赤血球はえらからとり入れた酸素を細胞に運ぶはたらきをすることがわかった。また、このはたらきは、赤血球に含まれる物質が酸素と結びつくことで起こることがわかった。 2．細胞は、酸素を使って養分を二酸化炭素と水などに分解し、生きるために必要な（①）をとり出している。このはたらきを細胞の（②）という。

問1　図5の血管は動脈と静脈をつなぐ細い血管である。この血管を何というか答えなさい。

問2　下線部の物質の名称を答えなさい。

問3　下線部で示す物質は酸素の結びつきに関して、血液中の酸素が多いところと少ないところではそれぞれどのような性質を示すか。35字程度で答えなさい。

問4　①、②に入る語句を答えなさい。

問5　細胞が酸素を使って養分を分解する際にアンモニアが生じることがある。メダカはアンモニアのまま体外へ排出するがヒトはアンモニアを尿素に変えてから体外に排出する。ヒトの体内において、アンモニアを尿素に変えるはたらきをする器官は次のどれか、ア～エから１つ選び記号で答えなさい。

ア　心臓　　**イ**　じん臓　　**ウ**　すい臓　　**エ**　肝臓

5

重さ20Nの鉄のボールを水平なゆかにおき、真上から5Nの力でボールをおした。そのときにはたらく力を示したのが図6である。ただし、矢の長さは力の強さを表したものではない。次の各問いに答えなさい。

図6

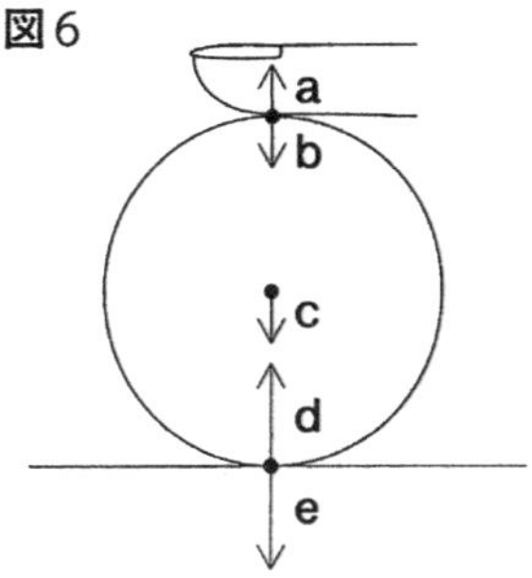

問1　次の文の①～⑦に図6に示した力a～eを入れなさい

・作用反作用の関係になる力のペアは2組あり、それは（　①　）と（　②　）、（　③　）と（　④　）である。 ・つりあいの関係になる力は、（　⑤　）＋（　⑥　）と（　⑦　）である。

問2　dの力の大きさを求めなさい。

問3　図6においてボールの重力をあらわすのはどれか。a～eから選び記号で答えなさい。

問4　鉄のボールをはかりの上にのせ、ボールの上に強力な磁石を固定したところ、磁石は1Nの力でボールに引っぱられた（磁石はボールを引っぱった）。このとき、はかりの目盛りはいくらになるか、次のア～オから1つ選び記号で答えなさい。

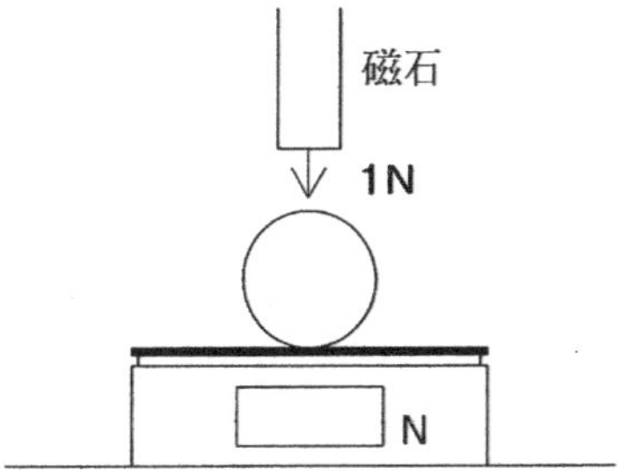

ア　1N　**イ**　10N　**ウ**　19N　**エ**　20N　**オ**　21N

6 Aさんは水力発電所に見学に行った際、エネルギーが変換されていることに気づき、理科室にあるものを使い実験を行うことにした。

これについて、次の問いに答えなさい。ただし、100gの物体にはたらく重力の大きさを1Nとする。

【実験】

操作. 図のように、砂を入れた袋（500g）をおもりとして発電機につないで、豆電球を点灯させる装置をつくった。

装置には、右図のように電流計と電圧計をつないだ。

おもりを1.0m巻き上げた後、静かに落下させて発電させた。電流と電圧はある程度安定したときの値を読んだ。

この実験を5回行った。

結果. 5回の平均値は、表のようになった。

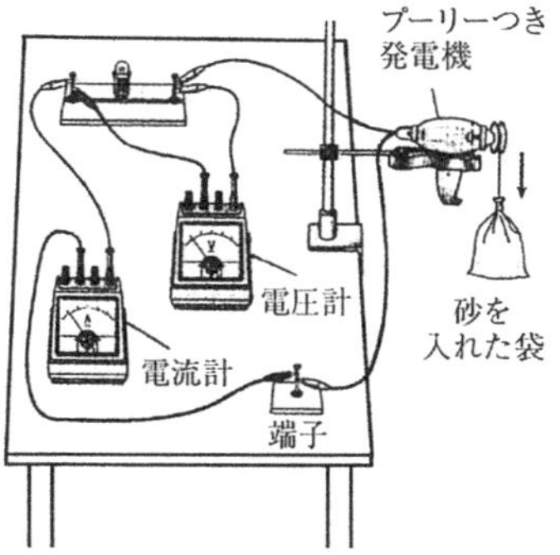

電圧	電流	落下するのにかかる時間
1.2V	0.15A	10秒

問1 下の文章は、Aさんが実験についてまとめたものである。（①）～（③）に当てはまる語句や数値を答えなさい。

Ⅰ：砂を入れた袋を持ち上げるのに必要な最低限の力は（①）Nである。
Ⅱ：砂を入れた袋を1.0m持ち上げた仕事の大きさは（②）Jであり、これは、地面から1.0mの高さにある砂を入れた袋が持っている（③）エネルギーと等しい。
Ⅲ：1.0mの高さから砂を入れた袋を落下させ、発電機を回転させることで（③）エネルギーから運動エネルギーに、さらに電気エネルギーに変換され豆電球が光る。

問2 この時生じた電気エネルギーは何Jか、答えなさい。

問3 実験について発電の効率は何%か、答えなさい。

問4 実験で生じた電気エネルギーは砂を入れた袋が持っていた位置エネルギーより小さいのはなぜか。エネルギーの移り変わりにふれて、簡単に説明しなさい。

7 下の表２を見て、次の問いに答えなさい。

表２

	惑星 A	惑星 B	地球	惑星 C	惑星 D	惑星 E
太陽からの距離	0.39	0.72	1.00	1.52	5.20	9.55

※太陽からの距離は太陽と地球の距離を１とした時の値で示している。

問１　惑星は自ら光を出さないが、太陽のように自ら光や熱を出す天体のことを何というか答えなさい。

問２　惑星Ａ～Ｅが自ら光を出さないのに、明るく見える理由を簡単に説明しなさい。

問３　惑星Ａ～Ｅの中で、真夜中に観察することができるものはどれか。次のア～オの中からすべて選び記号で答えなさい。

ア　惑星Ａ　　**イ**　惑星Ｂ　　**ウ**　惑星Ｃ　　**エ**　惑星Ｄ　　**オ**　惑星Ｅ

問４　惑星Ａ～Ｅは地球型惑星とそれ以外の惑星の２つに大きく分けられる。その境界線はどこか。次のア～エから１つ選び記号で答えなさい。

ア　惑星Ｂと地球の間　　**イ**　地球と惑星Ｃの間

ウ　惑星Ｃと惑星Ｄの間　　**エ**　惑星Ｄと惑星Ｅの間

問５　惑星Ｄと惑星Ｅの名称を答えなさい。また、これらの２つの惑星の大気の主な成分は同じである。惑星Ｄと惑星Ｅの大気の成分として正しいものを次のア～エから１つ選び記号で答えなさい。

ア　二酸化炭素　　**イ**　窒素と酸素　　**ウ**　水素とヘリウム　　**エ**　メタン

8　Ｔ君は、家にあった蔵王山頂付近で採取された岩石の標本を理科の先生に見せた。次に示す会話はその時のものである。これを読んで後の問いに答えなさい。

> Ｔ君：先生、この岩石を見てください。
> 先生：これは火成岩ですね。このつくりをルーペで観察してごらん。
> Ｔ君：あっ、この火成岩は（　①　）だと思います！なぜなら①大きな鉱物が粒のよく見えない部分に散らばっているからです。
> 先生：正解です。では、このような岩石のつくりを何と言いましたか？
> Ｔ君：えっと……、②等粒状組織でしょうか？
> 先生：正しいかどうか、自分で調べてみましょう！ところで、これは雲仙普賢岳の火山灰なのですが、これに含まれる③鉱物を一緒に観察してみませんか？

問１　会話文中の（①）に適する語句を答えなさい。

問２　①大きな鉱物を何というか、答えなさい。

問３　Ｔ君が最後に答えた②等粒状組織は、正しいか。正しければ○、誤りであれば正しい語句を答えなさい。

問４　Ｔ君と先生は③鉱物を一緒に観察してみることにした。右図はその準備の様子を示したものである。この図を参考に以下の手順にある（②）～（③）に適する語句を答えなさい。

・（　②　）に火山灰を入れる。
・（　③　）を加え、指で軽く押し洗いをする。これをにごりがなくなるまで繰り返す。

問５　問４の準備のあと、ルーペで観察したら、「白色で決まった方向に割れる鉱物」が見つかった。この鉱物の名称を答えなさい。

問６　雲仙普賢岳の火山灰は白っぽい色をしている。このことから、雲仙普賢岳の形をア～ウから１つ選び記号で答えなさい。

ア

イ

ウ

2021年度

山形学院高等学校入学者選抜
学力試験問題

英　語

（ 13：50 ～ 14：40 ）

注　意

1 「開始」の合図があるまで，開いてはいけません。

2 最初に，放送によるテストがあります。

3 問題は，６ページまであります。

4 「開始」の合図があったら，まず，解答用紙に受験番号を書きなさい。

5 答えは，すべて解答用紙に書きなさい。

6 「終了」の合図で，筆記用具をおき，解答用紙を裏返しにしなさい。

1 これはリスニングテストです。放送の指示に従って答えなさい。 **※音声と放送原稿非公表**

1 No.1

ア

イ

ウ
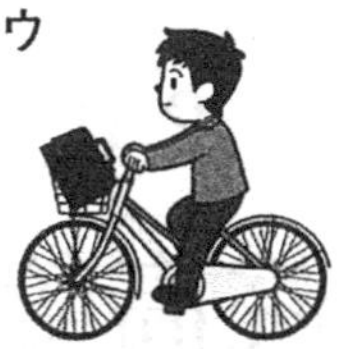

エ

No.2

ア
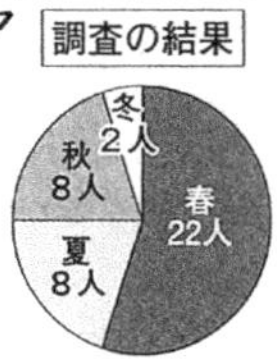

イ
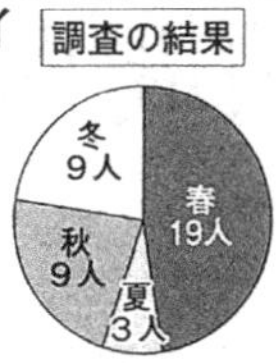

ウ
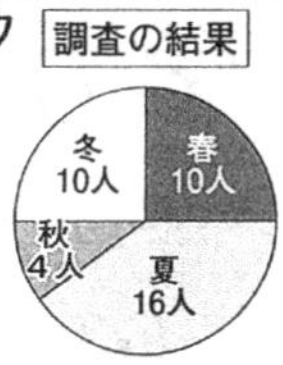

エ
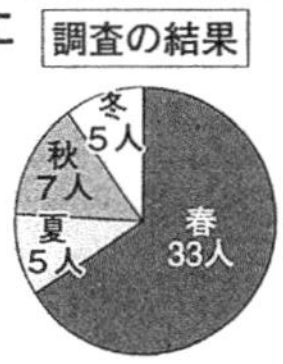

2 英文を聞き、その内容と一致するように、次の(1)〜(4)の（　　　　）に適切な日本語または数字を書き入れなさい。

(1) ジョンさんは（　　　　　　）か月前に日本に来た。
(2) ジョンさんは日本の（　　　　　　）に興味がある。
(3) 昨年の夏、大きな湖でジョンさんと父親は魚釣りと（　　　　　　）を楽しんだ。
(4) 毎朝、父親はジョンさんのために（　　　　　　）を作った。

3 対話文の内容を聞いて、それぞれの Question (1)〜(3)の答えとして最も適するものを、次のア〜エの中から１つずつ選び、その記号を答えなさい。

(1) Question : Why did Saki think that her speech had a problem?
　ア Because she gave the speech in Japanese in the English class.
　イ Because she didn't understand one of the questions from her friend.
　ウ Because there were too many people when she gave the speech.
　エ Because there were some words she couldn't remember in the speech.

(2) Question : What can we say about David and Saki?
　ア Saki is going to watch TV at school to make a paper bird with David.
　イ Saki is going to learn how to make a paper cat for David.
　ウ David is going to teach Saki how to make a paper bird at school.
　エ David is going to read a book about how to make a paper cat with Saki,

4 答えは、解答用紙に書きなさい。

A : Excuse me, but are you Mr. Smith?
B : No, I'm not. (　　　　　　　　　　　　　　).

2 次の問いに答えなさい。

1 次の対話文の（　　　　）の中に最も適する英語を、それぞれ１語ずつ書きなさい。

(1) Woman：I have a bad tooth. It hurts when I eat anything cold.
Man：Oh, really? You should see a（　　　　）.

(2) Woman：Excuse me. I'm looking for Meeting Room 3. Can you tell me where it is?
Man：Please（　　　　）me. I'll show you.

(3) Woman：I can't find my smartphone. Have you seen it?
Man：Oh, it's（　　　　）the computer and the book.

2 次の対話文の（　　　　）の中に最も適するものを、あとの**ア**～**エ**からそれぞれ一つずつ選び、記号で答えなさい。

(1) Woman：Hello?
Man：Hi, Julia. This is William. I have some questions about tomorrow's test.
Woman：I'm eating dinner now.（　　　　）
Man：Sure. I will talk to you later.

ア Can I call you back in an hour?
イ Can you ask your teacher about the test?
ウ How about answering the questions?
エ How many questions do you have?

(2) Daughter：Dad, will you take me to the department store?
Dad：I'm busy with the computer work.（　　　　）
Daughter：She is washing our clothes.
Dad：Well, I'll take you after lunch.

ア What does Mom want to buy?
イ Where is Mom working?
ウ Why does Mom wash the dishes?
エ Why don't you ask Mom?

3 次の対話文の下線部について、あとの**ア**～**カ**の語を並べかえて正しい英文を完成させ、（ **X** ）、（ **Y** ）、（ **Z** ）にあてはまる語を、それぞれ記号で答えなさい。

(1) Woman：Welcome to my house!
Man：Thank（　　　）（ **X** ）（　　　）（ **Y** ）（　　　）（ **Z** ）.

ア the party　**イ** for　**ウ** me　**エ** you　**オ** inviting　**カ** to

(2) Woman：How was the new action movie?
Man：That was（　　　）（ **X** ）（　　　）（ **Y** ）（　　　）（ **Z** ）.

ア I　**イ** movie　**ウ** ever　**エ** seen　**オ** have　**カ** the best

3 中学生の彩（Aya）さんは、「年代別で１週間にスポーツをする時間はどのように変化したのかについて」、統計局のホームページで「年齢階級別１週間のスポーツ時間の推移」を見て調べました。次はそのグラフ（graph）を見ている、彩さんと友人の健人（Kento）さんとの対話です。グラフおよび対話について、あとの問いに答えなさい。

Kento：In Japan, more and more old people are becoming interested in sports, aren't they? You know what? My grandmother likes walking. She walks for more than 1 hour every morning. She is also a member of a table tennis club and a swimming club.

Aya：Amazing! By the way, please look at the graph. It shows how many hours people play sports in a week.

Kento：In 2006, Japanese people over 60 enjoyed sports for about 2 hours. Their exercise time was 40 minutes longer than before. ① I was very surprised to learn that.

Aya：A similar *increase was seen among people in their 40s and 50s. They play sports about 20 minutes longer than before. My father likes fishing, so our family often goes fishing at *Shonai-Beach.

Kento：Really? My uncle often plays tennis in Nishi Park. Last year, he went to Tokyo to see a famous Japanese tennis player living in America.

Aya：However, 20 to 39-year-olds have shown *less interest in playing sports. Their exercise time is between 50 minutes and about 1 hour.

Kento：Playing sports is important both for our health and our mind.

Aya：Let's enjoy swimming at *Yunohama-Beach this Sunday.

（注） increase　増加　　Shonai-Beach　庄内浜　　less ～　～よりすくない
Yunohama-Beach　湯野浜

年齢階級別１週間のスポーツ時間の推移（1986年～2006年）－20歳以上－

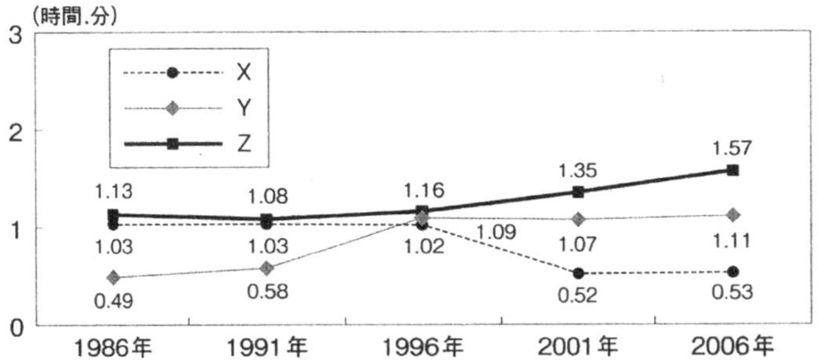

資料：「社会生活基本調査」

1 表中の**X～Z**には**(あ)20～39歳　(い)40～59歳　(う)60歳以上**のいずれかの記号が入ります。対話の内容に即して、**X～Z**のそれぞれにあてはまる年代を、**(あ)～(う)**から選び、記号で答えなさい。

2 健人さんが下線部①について驚いたのはなぜですか。その理由を、日本語で書きなさい。

3 グラフと対話文の内容に合うものを、次の**ア～オ**から二つ選び、記号で答えなさい。

ア Aya's grandmother goes walking every day in the morning.

イ In 2006, old people living in Japan spent more time playing sports than 20 years ago.

ウ In 2006, 20-30 year old people played more sports than in 1996.

エ Kento thinks that it is dangerous to play sports for such a long time.

オ Aya wants to go swimming with Kento this Sunday.

二〇二二

国語 解答用紙

一

問一 ア
い
イ
ウ

問二 A
B
C

問三

問四

問五

問六 A
B
C

問一. 2点×3
問二. 2点×3
問三. 2点
問四. 2点
問五. 2点
問六. 2点×3

二

問一

問二

問三

問四 A
B

問五 Ⅰ
Ⅱ

問一. 3点
問二. 3点
問三. 3点
問四. 3点×2
問五. 3点×2

三

1

2

3
ぐ

4
やかな

5

2点×5

※100点満点

受験番号	得点

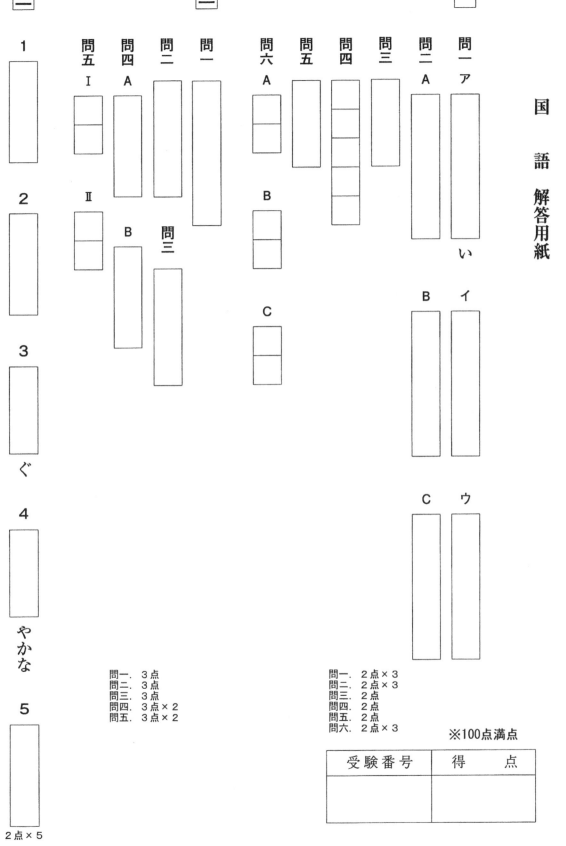

5点×5

2

1	(1)	cm
	(2)	cm
2	(1)	m
	(2)	分後
3		m

5点×3

4

1	
2	$a=$
3	$y=$

1．5点×1　2．3点×4

5

1		
2	(1)	
	(2)	
	(3)	
	(4)	

点×２
点
点×２
点×２
点×２
点
点

④ 問１．１点×３
問２．１点
問３．２点×２
問４．２点
問５．１点×２
問６．１点×２
問７．１点×２

⑤ 問１．２点
問２⑴１点
⑵２点
⑶１点
問３．２点
問４⑴完答１点
⑵２点
問５⑴２点×３
⑵１点

⑥ 問１．１点×３
問２⑴１点×４
⑵２点
⑶完答１点
問３．完答１点×２
問４．記号１点
記述２点

※100点満点

受験番号	得点

5

問1			
問2	(1)		
	(2)		
	(3)		
問3			
問4	(1)		
	(2)		
問5	(1)	イ	
		ロ	
		ハ	
	(2)		

6

問1	①		
	②		
	③		
問2	(1)	A	
		B	
		C	
		D	
	(2)		
	(3)		
問3	私企業		
	公企業		
問4	中小企業		

点×5
点
点
点

点
点
点
点×2
点

⑤ 問1．１点×７
問2．２点
問3．１点
問4．２点

⑥ 問1．２点×３
問2．２点
問3．２点
問4．３点

⑦ 問1．１点
問2．３点
問3．完答３点
問4．２点
問5．ＤＥ１点×２
記号２点

⑧ 問1．２点
問2．１点
問3．２点
問4．２点×２
問5．２点
問6．１点

※100点満点

受験番号	得　　点

5

問1	①		②	
	③		④	
	⑤		⑥	
	⑦			
問2	N			
問3				
問4				

6

問1	①	
	②	
	③	
問2	J	
問3	%	
問4		

7

問1		
問2		
問3		
問4		
問5	D	
	E	
	記号	

8

問1	①	
問2		
問3		
問4	②	
	③	
問5		
問6		

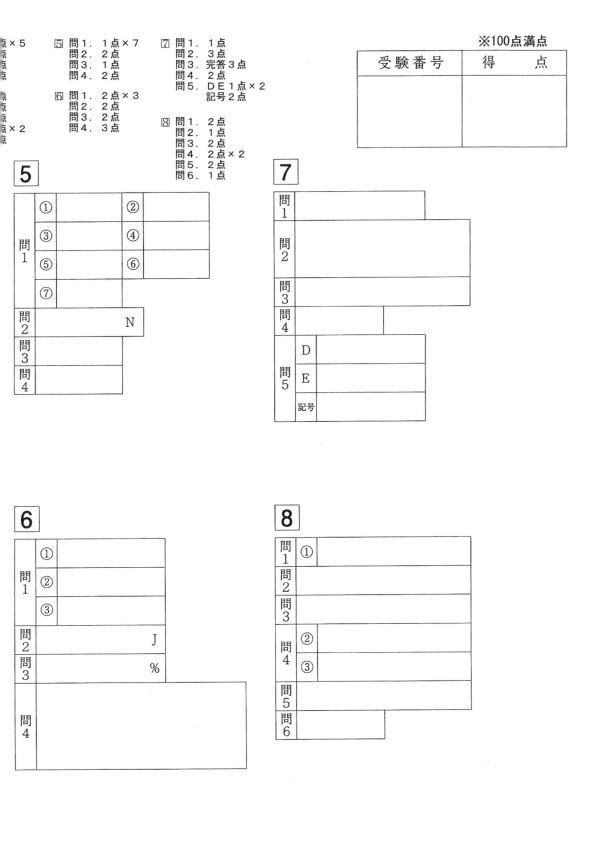

3			2点×2

4

1		4点
2		3点
3		3点

4	X		Y		Z		3点×3

5	1		3点×2
	2		

5

	3点×3

2021

※100点満点

英語解答用紙

受験番号	得点

1

1

No. 1		No. 2	

2点×2

2

(1)		(2)	
(3)		(4)	

3点×4

3

(1)		(2)	

2点×2

4

4点

2

1

(1)		(2)		(3)	

3点×3

2

(1)		(2)	

2点×2

3

(1)	X(　　　) Y(　　　) Z(　　　)
(2)	X(　　　) Y(　　　) Z(　　　)

2点×6

3

1

X		Y		Z	

3点×3

２０２１

理　科　解　答　用　紙

1 問１．２点
問２物質名１点
理由２点
問３．２点
問４．１点
問５．２点
問６．１点

2 問１．１点×４
問２．２点
問３．１点
問４．３点
問５．２点
問６．２点

3

4

1

問1		
問2	物質名	
	理由	
問3	%	
問4		
問5		
問6		

2

Ⅰ

問1	①	
	②	
	③	
	④	
問2		
問3	性	
問4	を	cm³

Ⅱ

問5	
問6	

3

問1	ア	
	イ	
	ウ	
	エ	
	オ	
問2		
問3		
問4		

4

問1		
問2		
問3		
問4	①	
	②	
問5		

社 会 解 答 用 紙

1 問1(1)2点
(2)1点
(3)2点×3
問2．1点
問3．2点
問4(1)2点
(2)1点×2
(3)2点

2 問1．記号1点×2
名称2点×2
問2．1点×2
問3．3点
問4．1点×3
問5．1点
問6．1点

3

1

問1	(1)		
	(2)		
	(3)	1	
		2	
		3	
問2			
問3			
問4	(1)		
	(2)		
	(3)		

2

問1	記号： 山脈名：	
	記号： 山脈名：	
問2		
問3		
問4	①	
	②	
	③	
問5		
問6		

3

問1	(1)	資料Ⅰ	
		資料Ⅱ	
	(2)		
問2	(1)		
	(2)		
問3	(1)		
	(2)		
問4	(1)		
	(2)		
問5	(1)		
	(2)		

4

問1	X	
	Y	
	Z	
問2		
問3	あ	
	い	
問4		
問5	(1)	
	(2)	
問6	う	
	え	
問7		

2021

数 学 解 答 用 紙

※100点満点

受験番号	得　　点

4点×7（2(2)は完答）

1

1	(1)	
	(2)	
	(3)	
	(4)	
2	(1)	$x=$
	(2)	$x=$
		$y=$

5点×3

3

1	$y=$
2	
3	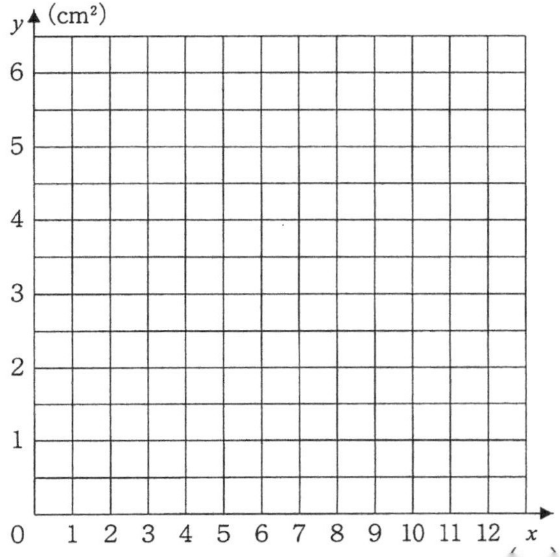

【解答用

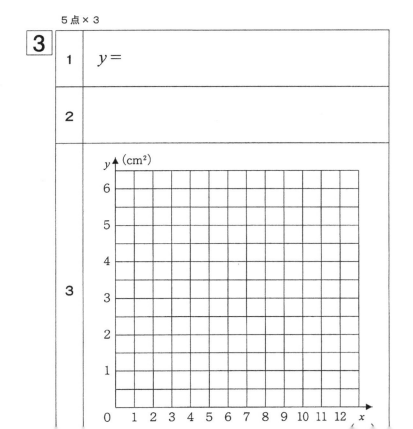

四

問一　ア　　　えた

イ

ウ

問二　A

B

問三

問四　　　　身体

問五　「心」を必要とするのは、

問六

問七

問一．２点×３
問二．３点×２
問三．３点
問四．３点
問五．６点
問六．３点
問七．３点

五

250字　200字　100字　15点

4 次の英文は留学している次郎(Jiro)さんが、友人のボブ(Bob)さんとアパルトヘイトと現在のアメリカの状況について話した内容です。次の英文を読んで、あとの問いに答えなさい。

Jiro started college near New York. He was very nervous about living in New York. For the first few weeks, he was lonely because he didn't have any friends there.

One day Jiro was eating lunch alone at college. Then, he was spoken to by Bob. Like this, Jiro met his friend Bob. Bob was a black man from South Africa. Jiro's first *impression of Bob was not good. Jiro felt scared of Bob because he was very big and seemed to have strong arms. However, Jiro found that Bob had a warm heart. (**a**) After they got to know each other, they talked about many things. For example, their family, favorite songs, favorite movie stars, favorite sports, video games and so on. In this way, they became good friends. Jiro spent many hours with Bob. When they enjoyed talking, Bob said to Jiro with a sad face, "Have you ever heard of the word *Apartheid? Under *Apartheid, black people lived *separately from white people in South Africa. Black people were not given *fundamental human rights. And they always had to carry their *identification cards with them. If they did not carry their ID cards, they were sometimes killed. *Apartheid ended in 1990. *Nelson Mandela became the first black president in South Africa. The country was changed by *Nelson Mandela. (**b**) But even now, in America, black people are sometimes killed by white people like during *Apartheid. Some white people still believe that black people are dangerous because there were battles between them. ①<u>What do you think?"</u> Jiro thought a little and said, "Well, I have heard about killing of some black people in this country. For example, a police officer killed a black man in the street. ②<u>(　　　)that,</u> the police officer was arrested. The police officer was a white person. (**c**) And then *protests broke out in many cities. I think the battle is not over." Bob listened to Jiro and said, "Did you see this year's *US Open Tennis Championships on TV? (**d**) At the *US Open Tennis, Championships, Naomi Osaka wore a black mask for each match. The name of a black person killed by police was written on it." Jiro answered, "Yes, I watched it on TV. I was wondering why she wore the black masks." Bob said, "③<u>Maybe she thinks such a *terrible thing should never happen again. To show that feeling, she wore the mask in every tennis match. Her action was great, I heard many people were *encouraged by her message.</u> There is still *a serious conflict between black and white people in America now. (**e**)" Jiro agreed.

(注) impression　印象　Apartheid　アパルトヘイト(人種隔離政策)　separately　別々に
fundamental human rights　基本的人権　identification card　身分証明書
Nelson Mandela　ネルソン・マンデラ　protests broke out　暴動が起こった
US Open Tennis Championships　全米オープンテニス大会　terrible　ひどい
encouraged　勇気づける　a serious conflict　深刻な対立

1　下線部①はボブさんが次郎さんに『What do you think?』と尋ねていますが、その時の次郎さんの考えとして最も適切な英文１文を、文中より抜き出しなさい。

2　下線部②の（　　　　）内に入る最も適当な語を下記よりひとつ選び、解答欄に書きなさい。

before　　after　　ago　　soon

3　次の英文を本文の流れに合うように入れるとすればどこに入れるのが最も適切ですか。（　a　）～（　e　）からひとつ選び、記号で答えなさい。

If black people and white people can understand each other better, this country will be more wonderful.

4　下線部③のように大坂なおみ選手が今年の全米オープンテニス大会で黒いマスクを着けていた時のことを、ボブさんが次郎さんに次のように話しました。適切なまとめになるように、空欄の（　X　）～（　Z　）に入る日本語を文中の本文に即して書きなさい。

おそらく大坂なおみ選手はこのようなひどいことは、もう２度と（　X　）と思っているのだろう。だから彼女はそのような感情を示すためにマスクをつけて毎回（　Y　）臨んだ。彼女の行動は（　Z　）。そして多くの人々が彼女からのメッセージで勇気づけられたんだ。

5　本文に即して、次の問いに答えなさい。

1　How did Jiro and Bob become good friends?

2　Did black people live separately from white people under Apartheid?

5 昨年アメリカに帰ったALTのマイルズ先生から次のようなメールが届きました。あなたの学校の英語の授業で、マイルズ先生からの質問について、あなたの考えを書くことになりました。その答えとして、まとまりのある内容になるように、3文の英語で書きなさい。

> Hi, everyone. I'm Miles. These days, many people in the world have stayed at home more than before. I think that you are also staying at home. What do you like to do at your home? And why? I am waiting for your answers.

2021(R3)山形学院高
K 教英出版